과학기술과 법의 대화

윤 권 순

法 文 社

과학기술과 법에 대하여

과학기술이 말을 걸어 올 때,
법은 오랜 시간이 흐른 후 답하기도 하며
법이 무언가를 부탁 할 때,
과학기술은 모르는 척 하기도 한다.

과학기술과 법은 미래의 연인이며,
연인은 대화로 사랑을 시작한다.

서 문

과학이 행복을 약속한 적이 있었는가? 과학은 진실을 약속했고,
이제 사람들이 진실에서 행복을 찾을 수 있을 지가 문제이다.

– 프랑수아 자콥 –

인류는 과학기술로 인해 행복한 삶을 누리는 데 많은 도움을 받아왔다. 그러나 어느 시점이 지나자, 과학기술 자체가 행복을 약속해 주는 것이 아니라, 인간이 지혜롭게 과학기술의 방향을 끌고 가는 것이 중요하다는 것을 알게 되었다. 예컨대, 원자력은 오늘날 중요한 에너지원이지만, 핵무기로 사용될 경우 인류를 멸망시킬 수도 있다. 복제기술의 경우도 인류를 치료해 줄 수도 있지만, 복제인간 탄생의 우려를 낳고 있다. 한편, 인류문명이 인간의 지배에서 법의 지배로 변해가고 있다.

이제 과학기술과 법은 우리의 일상에 깊이 개입하고 있다. 이 책은 오늘날 세상을 움직이는 커다란 힘인 과학기술과 법의 본질을 이해하고, 법이 과학기술을 바람직한 방향으로 유도해 갈 수 있는 방안을 모색해 보고자 하는 목적에서 집필되었다. 현대의 과학기술은 다양한 분야가 융합되어 있어서 전문가들도 이를 종합적으로 이해하기 어렵다. 따라서, 현대 과학기술이 가지는 유용성과 위험성을 판단하고 적절하게 조정하는데 있어서 시민의 이성적 판단이 중요하다. 저자는 시민이 그러한 판단을 하는 데 필요한 과학기술과 법적 지식을 객관적으로 전달하고자 노력하였다.

플라톤은 '정의' 등과 같은 주제에 대한 '대화'라는 책을 집필하였으며, 갈릴레오는 1632년 천동설과 지동설이라는 당시의 두 세계관에 대한 '대화'라는 책을 발간하였다. 과학기술에 힘입어 인간이 지구의 운명

을 손에 쥐게 된 현 시점에서는 '과학기술'과 '법' 간의 '대화'가 시대의 화두가 되어야 한다고 필자는 생각한다. 대화와 소통이 이루어지기 위해서는 공통의 언어가 필요하다. 다행스럽게도, 과학기술과 법은 인간의 '이성'에 바탕을 두었다는 동일한 뿌리를 가지고 있다. 그러나 과학기술 지식과 법조문에서 이성의 빛을 찾기 위해서는 그 근원까지 파고들어야 한다는 어려움을 넘어서야 한다. 이를 위해 필자는 '대화' 를 서술하는 데 있어서 다음과 같은 사항에 유의했다. 첫째, 과학기술지식과 법의 역사적 기원과 그 발전과정을 기술함으로써, 긴 시야를 확보하여 그 아래 흐르고 있는 '이성'을 감지 할 수 있도록 노력하였다. 둘째, 법을 다루는 데 있어서 '법조문의 해석' 보다는 '바람직한 법의 설계'라는 관점에서 접근함으로써, 법조문에 조용히 숨 쉬고 있는 이성을 일깨우고자 했다. 셋째, 특정 과학기술의 속성이 어떻게 특정 법조문에 영향을 주었는지에 주목함으로써 통합적 사고라는 이성이 가진 본질을 드러내고자 했다. 넷째 저자의 주관적 지식보다는 객관적 지식을 전달하기 위해, 가급적 원전을 직접 인용하고자 했다. 이러한 저자의 시도가 화석연료기반의 문명을 성찰하고, 과학기술의 발전방향을 바르게 유도하는 법제도를 설계하는 데 작게나마 기여하기 바란다.

필자는 이 책을 3부로 나누어 집필하였다. 제1부(과학기술과 법의 만남)에서는 과학기술과 법에 대한 개별적 쟁점을 다루기 전에 알아야 할 과학기술관련 법에 대해서 설명하였다. 제2부(과학기술 발전과 법의 대응)에서는 각 분야의 과학기술의 발전 과정과 이에 대한 법적 대응 방식을 기술하였다. 제5장에서는 정보통신, 제6장은 의약품, 제7장은 생명공학, 제8장은 유전자변형식품, 제9장은 핵무기, 제10장은 원자력이라는 기술의 발전과정을 서술하고, 우리 사회가 이들 기술을 진흥하거나, 통제하거나, 재산권으로 보호하기 위해, 어떻게 법을 설계해 왔는지를 살펴보고 있다. 제3부(과학기술과 법의 미래)에서는 과학기술과 법의 미래에 대해서 열린 질문을 던지고 있다. 제11장에서는 기후변화 현상과 이에 대한 법적 대응을 살펴보면서, 이것이 인류 문명과 과학기술에 던지는 의미를 생각해 보고자 하였다. 마지막으로 제12장에서는 적정기술을 살펴보면서, 과학기술을 좋은 방향으로 이끌고 가기 위해 법제도를 어떻게 설계할 것인가에 대해 기술하였다.

제1부의 경우 법에 대한 설명이기 때문에 다소 흥미가 떨어지고, 어렵게 느껴질 수 있다. 따라서 관심 있는 주제를 먼저 읽고, 이를 깊이 이해하기 위해 제1부를 나중에 읽는 것도 이 책을 읽는 하나의 방법으로 추천하고 싶다. 이러한 점을 잘 알면서도 저자가 제1부에서 법학 전문가에게도 어렵게 느낄 수 있는 주제를 원문에 근거해 정면으로 다룬 것은, 시민이 변화하는 과학기술에 대해 능동적이고, 지혜롭게 대처하기 위해서 거쳐가야 할 관문이라고 판단했기 때문이다.

필자는 이 책을 집필한 후, 아침에 일어나서 신문을 보면서 여기서 다룬 주제들이 얼마나 우리의 일상과 맞닿아 있는지를 체험하고 있다. 폴 우드러프가 「최초의 민주주의」에서 말한 바와 같이, 민주주의를 꽃피우기 위해서는 아테네의 '파이데이아(Paideia)', 즉 전문가의 주장에 대해 올바른 판단을 내릴 수 있는 지혜를 주는 시민교육이 필요하다. 아카데미즘과 저널리즘을 결합 시키고자 한 필자의 시도가, 이성이 숨 쉬는 사회를 만들어가는 데 조금이나마 도움이 되기를 바란다.

2012년 9월 8일

감사의 글

이 책을 쓰는 과정에서 많은 분들이 도움을 주셨음을 밝히고자 한다. 이 책의 기획단계부터 발간까지 깊은 전문지식과 따뜻한 마음으로 도와주신 법학자 이승현님과 생명공학자 손은화님께 감사를 드린다. 국제법과 지식재산권법에 대한 지식으로 본 저서의 완성도를 높여주신 이인혜 연구원님께 감사를 드린다. 생명공학에 대한 지식으로 본 저서의 완성도를 높여주신 손은수 연구원님께 감사를 드린다. 지식재산권법의 쟁점에 대해 깊은 지식으로 도움을 주신 심미랑 박사님께 감사를 드린다. 과학기술과 법이라는 새로운 세계에 입문하도록 도움을 주신 윤종민 교수님과 과학기술과 법을 문명사적 관점에서 접근하도록 조언해 주신 최철 교수님께 감사를 드린다. '과학기술과 법의 대화'의 중요성을 공감하시고 세상에 알리게 해주신, 법문사 여러분, 특히 김영훈 부장님과 최문용, 김명희 차장님께 감사를 드린다. 융합과 소통이라는 이 책의 저술 방향에 영감을 주고, 격려해 준 사랑하는 아내 김민선과 두 아들 윤형모, 윤성모에게 고마운 마음을 전한다. 유럽의 지적 풍토 속에서 지식의 지평을 넓힐 기회를 주신 윤태순, 윤석순 형님께 뒤늦게 감사를 드린다.

학문에 몰입 할 수 있도록 평생 사랑으로 보살펴주신 어머님, 故 이경열님과 아버님, 윤광현님께 이 책을 바친다.

차 례

제1부
과학기술과 법의 만남

제 1 장
과학기술과 법의 관계

두 문화가 충돌하는 지점은 … 창조의 핵심을 이루는 최상의 기회를 준다.

– C.P. 스노우 –

제1절 두 문화

과학자와 법률가는 둘 다 가설에서 출발한다.[1] 그러나 서로 다른 전통을 가지고 있다. 과학은 진실을 추구하는 세계이고, 법은 정의를 추구하는 세계이다. 대체로 과학기술자의 세계와 법률가의 세계는 구분되어 있으며, 소통이 원활하지 않는 모습을 보이고 있다.

C.P.스노우는 1959년 캠브리지 리즈 강연에서 자연과학과 인문과학 사이의 문화적 단절 현상과 그 부정적 측면을 다음과 같이 지적하였다.[2]

'서구의 지적생활은 갈수록 두 개의 극단적인 그룹으로 갈려지고 있다. 한 쪽은 문학적 지식인이고, 다른 한 쪽은 과학자이다. 이러한 양극화는 개인으로서나 사회를 위해서나 막대한 손실이 아닐 수 없다. 동시에 그것은 현실적으로나 창조적인 면에서도 손실인 것이다. 두 문화는 서로 만날 만한 공간이 없는 것처럼 보인다. 이러한 사태는 중대한데, 두 주제, 두 규율, 두 문화가 충돌하는 지점은 반드시 사상이나 창조의 핵심

---

1) Sheila Jasanoff, 「Science at the Bar」, the Twentieth Century Fund, Inc., 1995, p. x.
2) C.P. 스노우(오영환 옮김), 「두 문화」, 민음사, 1996, 29면.

을 이루는 최상의 기회를 주기 때문이다.'

2001년 상반기에 있었던, '생명윤리기본법'제정의 논의 과정을 보면 '두 문화'의 한국적 상황을 엿볼 수 있다.[3] 과학기술부는 2000년 11월에 생명윤리자문위원회를 구성하였다. 자문위원회에는 총 20명의 위원 중 생명공학 및 의학계 대표 10명과 인문학 배경의 생명윤리학자가 참여하고 있었다. 생명윤리학자는 대체로 생명과학의 육성도 중요한 일이지만 그것은 생명을 존중하는 정신을 해치지 않는 범위 안에서 이루어져야 한다는 입장이었다. 과학기술자와 인문학자들은 토론 및 타협을 통해 인간배아 복제 문제에 관한 합의를 이루어 2001년 5월 22일 생명윤리기본법(안)을 공청회에 부쳤다. 그러나 공청회 이틀 후 300명의 생명공학자들이 '생명윤리법 시안에 대한 건의문'을 발표하여 연구의 자율성이 법의 제정으로 제약받을 것이라는 우려를 표명하였다. 이를 두고 과학 대 윤리를 대립적으로 인식하고 있는 '두 문화' 인식이 나타난 사례라고 보는 시각도 있다.[4]

한국에서는 청소년 시기부터 제도적으로 이과와 문과가 분리될 정도로 '두 문화' 현상이 두드러지게 나타나고 있다고 보여진다. 이러한 '두 문화'의 괴리현상이 심하면 과학기술자와 비과학기술자는 서로 다른 지식의 세계 속에 갇혀 의사소통이 어려울 수 있으며, 그 결과 과학기술이 가져오는 새로운 환경을 올바로 이해하고 대처하기가 어려워진다.[5] 현대사회의 중요한 학문인 과학기술과 법은 서로간의 대화를 통해 사회에 긍정적인 역할을 할 수 있으며, 이러한 맥락에서 '과학기술과 법'의 접점을 아는 것은 의미가 있다.

---

3) 김환석, 「과학사회학의 쟁점들」, 문학과 지성사, 2006, 252-267면.
4) 위의 책, 256면.
5) 위의 책, 7면.

제2절 근대과학과 근대법

13세기에서 14세기까지 비서구 문명세계(인도, 중국, 이슬람 등) 중에는 화약, 나침반 등과 같이 서양보다 앞선 문화와 과학을 보유하고 있는 국가도 있었다.[6] 많은 학자들이 왜 세계적으로 과학기술을 선도했던 이슬람이나 중국이 아닌 유럽에서 근대과학이 정착되었는지 궁금해 한다.

이러한 물음에 대해 유럽의 경우 인간의 이성을 중시하는 지적인 토양이 그 원인이며, 이를 제공한 것이 교회법이라는 가설이 있다. 즉 중세의 국가는 왕에 의한 지배였던 반면에, 교회는 로마법에 기반을 둔 교회법을 매우 정교하게 발전시켰고, 교회법은 종교적 색채를 담고 있기는 하지만 근본적으로 이성에 바탕을 둔 것이라는 점이다. 이러한 교회법은 세속법이 체계화되는 데 영향을 주었다는 것이다.

11세기와 13세기 초 사이에 서유럽에서는 근본적인 질적 변화가 일어났는데, 여러 차원의 자치권과 재판권, 그리고 법률 전문가 집단의 등장과 함께 바로 법체계의 개념이 만들어졌다.[7] 12세기와 13세기 유럽의 법학자들은 인간의 이성과 자연법을 그 기준으로 하여 특정한 개별사례가 가지고 있는 특징을 뽑아 내어 하나로 종합하여 만들어 낼 수 있다고 생각했다. 이러한 근대법의 발전은 인간의 이성에 권위와 정당성을 불어넣었다. 이제 이성과 양심의 자유가 법의 영역에서 인정 받으면서, 새로운 지식의 가능성이 넓어졌고, 자유로운 지식탐구의 영역이 열렸다. 반면에, 이슬람이 법 체계를 발전시키는 방법은 신성한 법의 권위를 바탕으로 했으며, 인간의 이성이 독립된 판결을 내릴 수 있다거나 자연법을 따른다는 생각을 하지 않았다. 이로 인해 아라비아-이슬람 문명의 경우 유럽과 같은 법의 혁명이 19세기가 될 때 까지는 발생하지 않았다.[8] 과

6) 토비 E. 하프(김병순 옮김), 「사회 · 법체계로 본 근대과학사강의」, 모티브, 2008, 33면.
7) 위의 책, 206-217면.

학기술의 발전은 이성을 바탕으로 한 활동이기 때문에 이러한 법적 인프라가 취약했던 이슬람이나 중국에 앞서서 유럽에서 과학기술이 획기적으로 발전되었다는 학설이 있다.

이와 같이 12~13세기에 만들어진, 이성에 바탕을 둔 유럽의 법체계는 근대과학이 발전하는 데 필요한 토양을 제공하였다고 볼 수 있다. 이러한 관점에서 본다면, 법과 과학기술의 관계는 뿌리가 깊고 근본적이라고 하겠다.

제3절 과학기술과 법의 만남

1. 과학기술 활동의 환경 변화

어떤 종류의 연구가 행해졌고, 어떤 것은 연구가 되지 않았는지, 누가 어떤 종류의 연구를 행할 지 결정하는지, 과학의 사회적 책임은 누가 지는가와 같은 문제는 과학활동을 체계적으로 이해하는 데 있어서 중요한 문제들이다.[9)]

과학기술 활동의 환경은 크게 제2차대전 전의 소과학시기, 제2차대전 후의 대과학시기, 민간부문이 강화된 최근의 거대과학시기로 구분할 수 있다.[10)] 제2차대전 이전에는 과학이 독립적인 개인에 의해 대체로 자율적으로 운영되어 왔다. 이 시기 유럽에서 과학활동을 지배했던 주체는 과학자라고 할 수 있다. 과학기술은 과학기술자의 동기와 도덕에 의존해 왔으며, 적은 재원으로 대부분의 연구가 수행될 수 있었다. 이러한 과학의 이미지는 제2차대전, 특히 최초의 원자폭탄이 만들어진 '맨해튼 프로젝트'에서 변형되었다. 프로젝트의 규모가 더 커졌으며, 군대와 산업은

8) 위의 책, 229면.
9) 제롬 라베츠(이혜경 옮김), 「과학, 멋진 신세계로 가는 지름길인가?」, 이후, 2007, 74면.
10) 위의 책, 74-89면.

더욱 긴밀히 연결되었다. 과학기술 활동에 필요한 자금은 대개 정해진 임무가 있는 정부나 의료를 목적으로 하는 민간 자선단체에서 지원되었다. 대과학에서 거대과학으로 전환된 시기는 민간기업이 주도적으로 연구개발을 시작한 때이다. 거대 주류과학이 거대 기업과 점차 통합되면서, 과학은 생산의 또 다른 요소가 되어 단기적 이윤추구에 활용되게 되었다.

이와 같이 현대의 과학조직은 대규모의 투자와 인력을 필요로 한다는 점에서 과거와 차이를 보인다. 과학 사업의 전체 크기는 계속 증가했고, 개별 연구규모도 거대해졌다. 따라서, 민간과 정부의 투자에 따라 연구내용이 결정되며, 이에 따라 과학기술의 발전 방향도 정해질 가능성이 높아지게 되었다. 민간 연구개발 자금이 공공 연구개발 자금을 능가하게 됨에 따라(〈표 1-1〉), 민간기업의 투자의 방향이 기술발전에 큰 영향을 줄 것으로 보인다.

:: 표 1-1 민간연구개발 자금과 공공연구개발 자금의 비중 비교[11]

구 분	한국 (2010)	미국 (2008)	일본 (2009)	독일 (2008)	프랑스 (2008)	영국 (2010)	중국 (2009)
공공(%)	28.0	32.7	24.3	28.7	41.2	36.8	23.4
민간(%)	71.8	67.3	75.3	67.3	50.7	45.4	71.7
외국(%)	0.2	–	0.4	4.0	8.0	17.7	1.3

한편, 과학기술의 발전과 관련하여 두 가지 입장이 있다.[12] 과학기술이 스스로 발전한다는 입장과 사회적 조건에 의해 만들어진다는 입장이다. 통상 전자를 '기술결정론', 후자를 '사회적 구성론'이라고 부른다. 기술결정론은 기술 변화의 방향은 기술의 내적논리에 따라 미리 결정되며,

11) 교육과학기술부, 「2010년도 연구개발활동조사보고서」, 2011, 7면: 다음 자료 인용 OECD, 「Main Science and Technology Indicators 2011-1」.

12) 김환석, 앞의 책, 189-194면.

기술은 사회에 대해 자율적이라고 본다. 기술결정론을 비판하고 1980년에 등장한 것이 '사회적 구성론'이다. 사회적 구성론은 기술변화의 결과뿐만 아니라 기술의 창출과정도 중시하고 있으며, 기술을 그 창출과 사용을 둘러싼 조건에 따라 구성되는 사회적 산물의 하나로 간주한다.

과학기술 활동이 개인적 차원에서 거대 규모로 변화하였으며, 큰 연구비 투자가 이루어진다는 점에서, 현대 과학기술의 발전을 설명하는 데 있어서는 '기술결정론' 보다는 '사회적 구성론'이 더 설득력이 높아 보인다. 또한 과학기술환경을 구성하는 법제도가 과학기술의 발전 방향에 큰 영향을 줄 것으로 보인다.

2. 국가와 과학기술과의 관계

국가와 과학기술과의 관계는 크게 두 가지 입장으로 구분할 수 있다. 첫 번째는 국가가 과학기술을 단지 시장경제원리에 방임하는 것이고, 두 번째는 국가가 과학기술의 진흥에 대해서 적극적으로 계획하는 것이다. 헌법이 국민과 국가와 과학기술과의 관계를 어떻게 설정하고 있는지를 살펴보면 다음과 같다.[13] 우리나라는 국민주권국가(제1조)이고, 인간의 존엄을 기본가치로 정하고 있는 민주국가(제10조)이며, 국가의 급부 · 배려를 요구하는 사회적 법치국가이다(제34조). 과학기술에 대해서는 '국가는 과학기술의 혁신을 통해 국민경제발전에 노력해야 한다(제127조 제1항)'고 규정하고 있다. 이를 종합하면 헌법은, 국가가 국민이 인간다운 생활을 누릴 수 있도록 과학기술혁신을 적극적으로 실행해야 한다는 관점에서 바라보고 있음을 알 수 있다.

13) 김재호, "과학기술에 대한 행정법적 고찰-원자력법령체계의 문제점과 개선방향을 중심으로-", 「법학연구」, 9(1), 1998, 4면.

3. 과학기술과 법의 힘

과학기술의 힘은 크다. 모든 지표로 볼 때 과학은 17세기 이후 인구를 비롯한 다른 모든 사회적 변수보다 빠르게 성장했다.[14] 특히 제2차대전 중에 이루어진 미국의 원자폭탄 개발과 사용은 두 가지 관점에서 과학기술에 대한 인식을 바꾸어 놓았다.[15] 첫 번째, 정부가 거대한 규모의 지원을 통해 과학기술을 실용적 목적에 이용하였다는 점이다. 이 사건은 과학의 잠재적 실용성을 극적으로 보여 주었으며, 정부가 풍부한 자원으로 거대 규모의 연구개발을 지원할 때, 어떤 일이 발생할 수 있는 지를 보여 주었다. 두 번째, 특정 기술이 인간에게 미치는 위험성이 인류의 멸망에 이를 정도로 커졌다는 사실이다. '현대의 지성세계는 과학의 제국주의와 철학의 사대주의로 요약할 수 있다'는 주장에서 알 수 있듯이 오늘날 과학은 현대 지성의 최정점에 있다고 해도 과언이 아니다.[16]

법은 힘이다. 힘이 없이는 법도 없다는 것을 칸트는 엄밀하게 환기시킨 적이 있다.[17] '강제성'은 법이 되는 것으로서의 정의에 본질적으로 함축되어 있는 것이다. 또한 법체계는 모든 사회의 문명과 사회구조를 이루는 가장 강력하고 영속하는 요소이다.[18] 인권이 발달함에 따라 '인간의 존엄'을 최고의 가치로 삼고 있는 법의 힘이 매우 커지고 있다.[19] 2012년 8월 7일, 이아무개(78세)씨는 불과 7천원 때문에 국민기초생활 수급대상에서 탈락한 것을 알고 자살하면서, '사람이 법을 만드는데 이럴 수 있소'라는 내용이 담긴 유서를 남겼는데, 법이 가지고 있는 힘을 보여주는 사례라고 하겠다.

---

14) 제임스 E 매클렐란 3세 · 해럴드 도른 공저(전대호 옮김), 「과학과 기술로 본 세계사 강의」, 모티브, 2006, 546면.

15) 위의 책, 549면.

16) 안경환(서울대학교 기술과법 센터편저), "과학기술과 인권", 「과학기술과 법」, 박영사, 2007, 21면.

17) 자크 데리다(진태원 옮김), 「법의 힘」, 문학과지성사, 2004, 15면.

18) 토비 E. 하프(김병순 옮김), 앞의 책, 232면.

19) 안경환, 「안경환의 시대유감」, 라이프맵, 2012, 228면.

이와 같이 인간 삶에 과학기술과 법은 각각 매우 강력한 힘을 가지며 점점 그 영향력이 커지고 있다. 과학기술은 자연법칙을 활용하여 물질세계를 지배할 수 있도록 하고 있으며, 법은 인간의 행동을 어느 정도 조정할 수 있는 힘을 가지고 있다. 전통적으로 과학기술과 법 또는 과학기술자와 법학자는 별개의 세계를 구축하고 있었다. 그러나 과학기술이 가지는 영향력이 확대됨에 따라 법이 과학기술에 개입하기 시작했다. 과학기술은 절대적 힘을 가지게 되었고, 또 다른 힘인 법에 의해서 조정 될 필요성이 높아지면서, 과학기술과 법은 만나게 되었다.

제4절 '과학기술과 법'의 영역

영미에서는 과학기술과 법과의 접점 분야를 표현하는데 '(과학)기술과 법'이라는 용어가 널리 사용되고 있다.[20]

과학기술과 법이 만나는 접점은 크게 두 가지로 대별된다. 첫째는 법이 과학기술이라는 거대한 힘을 능동적으로 조정하려는 시도이다. 두 번째는 과학기술로 인한 환경 변화에 법이 수동적으로 대응하는 영역이다. 이를 상술하면 다음과 같다.

과학기술은 인류 삶에 긍정적인 역할과 부정적인 역할을 동시에 수행하고 있다. 예를 들어 자동차의 발명으로 인해 편리한 점도 많아졌지만, 교통사고로 인한 인명피해와 환경오염도 발생하게 되었다. 과학기술의 긍정적인 역할을 강화하고, 부정적인 역할을 약화시키는 수단이 있다면, 인류의 삶의 질을 크게 높여줄 것이다. 과학기술은 결국 인간이 만들어 내는 것이고, 인간의 행위는 법률을 통해 어느 정도 통제가 가능하다는 점에서, 법은 과학기술에 대해서 주도적인 역할을 수행할 수 있다. 이는

20) 이하 다음 논문을 수정 보완함: 윤권순, "독립적 법체계로서의 과학기술법 개념 고찰", 「과학기술법연구」, 17(2), 2011, 283-291면.

과학기술의 변화가 빨라서, 법이 항상 과학에 뒤처져 있다고 생각하는 것과 달리 법이 사전에 과학기술을 특정한 방식으로 발전할 조건을 만들 수 있다는 시각이다. 예컨대, 1980년 '다이아몬드 대 차크라바르티'건에 대한 미국 연방대법원의 판결로 생물체에 대한 특허보호가 인정되자 생명공학 발명품이 시장에 등장했다.[21)]

한편, 과학기술은 인간의 삶에 새로운 환경을 만들어 준다. 달라진 환경 속에서 생활하기 위해서는 변화된 환경에 적합한 법률이 필요할 수도 있다. 이 경우 앞서의 사례와는 달리 과학기술이 주도적인 역할을 하는 가운데, 법은 과학기술이 가져온 새로운 환경에 대응하는 수동적인 역할을 하는 것이다. 예컨대, 정보통신기술의 발달로 인해서 사이버공간이라는 새로운 영역이 만들어지게 되었다. 온라인에서의 금융거래, 매매 등이 오프라인 공간에서와는 다른 특성을 가지고 있다는 점에서 이에 적합한 규칙이 필요하게 되었다. 또한 유전자 기술의 발전은 DNA에 의한 증거를 어느 정도까지 인정해야 하는지에 대한 기준이 필요하게 형사법의 환경을 바꾸어 놓았다. 이는 DNA 증거 기술을 강화시키느냐, 또는 억제하느냐의 문제가 아니라, 어떤 기준이 타당하느냐가 주요 쟁점이 된다고 하겠다. 또 다른 예로서 혼외정사 금지, 과외금지 등이 인간의 본성과 배치된다는 진화심리학의 연구결과는 효율적 법제정에 기여할 수도 있다.[22)]

필자는 '과학기술과 법'을 앞서 설명한 두 영역, 즉 과학기술에 대한 법의 능동적 개입 부분과 수동적 수용부분을 모두 포괄하는 개념으로 보고자 한다. 또한 이중에서 과학기술의 능동적 조정 부분을 '과학기술과 법' 보다 좁은 개념인 '과학기술법'으로 정의하고자 한다(〈표 1-2〉).

과학기술법은 과학기술의 진흥과 과학기술의 통제 영역으로 대별 할

---

21) 쉴라 재서너프(박상준 옮김), 「법정에 선 과학」, 동아시아, 2011, 11면.

22) 윤진수(서울대학교 기술과법 센터편저), "진화심리학과 가족법", 「과학기술과 법」, 박영사, 2007, 178면.

:: 표 1-2 과학기술과 법 관련 법제분류[23)]

<table>
<tr><th>대분류</th><th>중분류</th><th>소분류</th><th>개별법</th></tr>
<tr><td rowspan="3">과학기술의 조정(진흥 및 통제)</td><td rowspan="2">과학기술의 진흥</td><td>과학기술진흥법(직접진흥)</td><td>[과학기술 진흥 일반]
과학기술기본법, 과학교육진흥법
[기술 진흥법]
발명진흥법, 기술개발촉진법, 원자력진흥법, 생명공학육성법, 뇌연구촉진법
[산업진흥법]
산업발전법, 항공우주산업개발촉진법
[기술활용 진흥법]
기술이전 및 사업화 촉진법
[표준] 국가표준기본법, 산업표준화법
[지식재산진흥] 지식재산기본법</td></tr>
<tr><td>지식재산권법(간접진흥)</td><td>특허법, 실용신안법, 디자인보호법, 저작권법, 종자산업법, 부정경쟁방지 및 영업비밀 보호에 관한 법률</td></tr>
<tr><td>과학기술의 통제</td><td colspan="2">오존층 보호를 위한 특정물질의 제조규제 등에 관한 법률, 원자력안전법, 생명윤리 및 안전에 관한 법률</td></tr>
<tr><td colspan="2">과학기술의 수용</td><td colspan="2">[정보기술]
전자거래기본법, 전자서명법
[생명공학]
경찰 및 형사증거법(Police and Criminal Evidence Act 1984, 영국) 중 유전자증거 관련 조항</td></tr>
</table>

수 있으며, 과학기술의 진흥은 다시 기존의 행정법체계인 '과학기술의 직접적 지원' 영역과 민법적 체계인 '지식재산권 영역'으로 분류할 수 있다. 전자는 연구자금 지원 등 직접적 지원 방식을 취하고 있으며, 후자는 연구결과물에 대해 재산권의 일종인 특허권 등을 부여함으로써 과학기술활동에 대한 인센티브를 부여하고 있다.

이 책에서는 과학기술의 직접적 지원을 대상으로 하는 법제를 과학기술진흥법, 통제를 담당하는 법을 과학기술통제법, 재산법적 체계로 과학기술을 간접적으로 촉진시키는법을 과학기술재산법으로 명칭을 부여하

23) 개별법의 경우 모든 법이 아닌, 저자가 임의로 대표적인 법안만 나열함.

:: 표 1-3 과학기술법의 체계

분 류	관련 법령
과학기술진흥법	과학기술기본법, 원자력진흥법, 생명공학육성법 등
과학기술통제법	원자력안전법, 생명윤리 및 안전에 관한 법률 등
과학기술재산법	특허법, 저작권법 등

고자 한다.

기존에는 새로운 과학기술에 대한 법의 반응은 크게 법제도적 장려, 자유방임, 통제, 금지의 4가지 형태로 나타났다.[24] 과학기술이 급속히 발전하고, 그 특성과 위험성이 다양한 형태를 가짐에 따라 이에 대한 법적 대응방식도 독창적이고 다양해지고 있다. 예컨대, 기후변화에 대해서는 온실가스배출권 거래제도라는 포괄적이고 자율적인 측면을 중시한 방식이 도입되었으며, 유전자변형생물체에 대해서는 표시를 통해 소비자가 위험부담을 선택하는 방식이 도입되었다.

24) Susan R. Martyn, "Human Cloning: The Role of Law", Univ. of Toledo Law Review, 32, 2001, p. 375.

제 2 장
과학기술을 진흥시키는 법

레이더는 전쟁을 승리로 이끌었고, 원자폭탄은 전쟁을 끝냈다.

제1절 과학전쟁과 과학기술진흥법제

오늘날 전쟁은 상당 부분 과학기술이 지배하고 있다. 과학기술진흥법제를 설명하는 데 있어서 가장 흥미로운 사례 중의 하나는 제2차 세계대전 당시의 연구개발 지원 체제이다. 동 전쟁의 승패가 원자폭탄이나 레이더와 같은 연구개발 결과에 달려 있었고, 따라서 과학전쟁이라고 부를 수 있다는 시각도 있다.[1] 만약 원자폭탄을 독일이 먼저 개발했다면, 전쟁의 승자가 달라졌을 것이라는 점에서 설득력이 있는 주장이라고 하겠다.

전쟁이라는 절박한 상황은 인간이 어떻게 가장 효율적으로 연구개발 수행 체제를 구축하는가를 알아내는 데 적합한 상황이다. 미국은 명확한 목적을 가지고 단시간 내에 필요한 무기를 만들기 위해 가용 가능한 인적, 물적자원을 최대한 동원하여 전쟁 중 연구개발을 진행하였다. 통상 전쟁 중에는 대통령에게 강력한 권한이 부여 되어, 인적자원과 물적자원 동원이 효율적으로 이루어질 수 있는 조건이 갖추어진다. 예컨대, 전쟁권한법(The War Powers Act)은 일본의 진주만 공격 후 2주가 채 지나지

1) William Aspray · Martin Campbell-kelly, 「Computer: a history of the information machine」, BasicBooks, 1996, p. 69.

않은 1941년 12월 18일 제정되었다. 동 법은 대통령에게 전쟁을 효율적으로 할 수 있도록 행정부의 재조직, 독립적 정부부처의 신설 등과 같은 광범위한 권한을 부여하였다.

미국의 경우 바네바 부시(Vannevar Bush)라는 전자공학 교수가 제2차대전 당시 국방연구개발체제를 효과적으로 구축하고 실행하는 데 주도적인 역할을 수행했다고 알려져 있다. 제1차대전 당시 민군의 협력이 원활하지 못했던 것을 경험한 그는 미국의 전쟁참여 약 1년 6월 전인 1940년 6월 프랭클린 루즈벨트 대통령을 면담하고, 국가방위연구위원회(the National Defence Research Committee: NDRC)라는 민군을 이어주는 조직의 창설을 건의하였다. 대통령은 이를 받아들였고, NDRC는 1940년 6월 27일 대통령의 명령으로 국가방위위원회의 한 부분으로 설립되었으며, 부시가 동 조직의 위원장을 맡았다. 부시는 NDRC 산하에 해군부와 전쟁부 소속 연구실과 수백개의 민간연구실을 결합시켰다. 동 위원회는 전쟁무기의 개발, 생산, 사용과 관련한 문제에 대해 과학연구개발을 조직하고, 자문하고, 수행하는 역할을 했다. 동 위원회는 일단 연구과제에 대한 승인이 떨어지면, 이것이 결실을 맺도록 최적의 연구자, 최적의 연구기관 등을 빠르게 선정하고, 지원하였다.[2) 예컨대 NDRC의 연구개발에 대한 심의는 1주일 내로 끝났고, 다음날 연구책임자가 승인되고, 의향서가 발송된 후 바로 연구가 진행되는 방식을 취하였다. 때로는 공식적인 연구승인이 나기도 전에 연구개발이 진행되기도 했다. NDRC는 자금과 자원에 대한 권한을 가졌으며, 프랭클린 루즈벨트 대통령에게만 보고를 했다.

부시는 프랭클린 루즈벨트 대통령에게 NDRC 보다 더 포괄적인 권한을 갖는 조직을 신설할 필요가 있다고 설득하였다. 그 결과 과학연구개발청(the Office of Scientific Research and Development: OSRD)은 미국연방정부의 한 부서로서, 대통령 행정명령 8807(1941년 6월 28일)에 근거하

2) Ibid. p. 70.

여 설립되었으며, NDRC는 OSRD의 한 부분이 되었다.

OSRD 설립을 위한 대통령 행정명령 8807(〈표 2-1〉)은 과학기술진흥법제의 특성을 담고 있으며, 그 효과가 컸다는 점에서 과학기술진흥법제의 역사에 있어서 중요한 위치를 차지한다.

동 대통령령은 제2차대전 비상상황에서의 국방 과학기술개발 추진주체, 추진계획, 계획을 실행하기 위한 지원체계라는 세 가지 요소로 구성되어 있다. 먼저 추진주체로서 OSRD를 설립하였다(제1조). OSRD는 국방연구개발 수행을 위한 포괄적인 계획을 수립한다는, 추진계획 수립의 법적 근거를 제공하고 있다(제2조 (d)). 지원체계에 대한 규정으로는 OSRD가 국가적 차원의 인적자원과 물적자원의 배분을 담당하도록 하고 있으며, 연구자금의 제공 및 연구계약 체계의 법적 근거를 제공하고 있다(제2조 (b)(c)(e)). 특히, 연구자 및 연구주제의 선정과 관련해서는 기술분야별 전문위원회에서 추천하도록 하여, 전문가의 참여를 보장하고 있다(제7조). 이러한 규정은 현대의 과학기술진흥법제의 구조와 기본적으로 유사하다고 하겠다.

동 명령의 특이한 점은 민간과 군부의 상호협력을 원활하게 하기 위한 장치가 만들어져 있다는 점이다. 민간연구기관과 군부의 대표적 인력으로 구성된 자문위원회를 만들어서, 민간과 정부연구 조직에 의해 수행되는 연구활동의 조정에 대해서 OSRD 책임자에게 조언하고 연구그룹간의 정보 및 데이터 교환을 촉진하도록 하고 있다(제6조). 부시는 동 조직의 활동을 소개하는 책자에서 '규율을 중시하는 군인과 자율성을 중시하는 과학자가 애국심과 급박한 의무감으로 이 차이를 극복하고 훌륭한 성과를 내었다'고 회고하고 있다.[3] 이는 연구개발활동에 있어서 이질적인 요소의 통합이 주요한 과제임을 보여주는 사례라고 하겠다.

결론적으로 제2차대전 당시 미국의 국방연구개발은 OSRD가 추진 주

3) Irvin Stewart, 「Organizing Scientific Research for War」, An Atlantic Monthly Press Book, 1948, p.ix.

체였으며, OSRD 내의 기술분야별 전문위원회가 무기개발에 대한 계획을 수립했으며, 구체적 실행단계로서 연구자와 시설을 선정하고, 자금을 지원하였다.

:: 표 2-1 과학연구개발청(OSRD) 설립을 위한 대통령 행정명령의 구조[4]

조 문	주요 내용
전문(목적)	국가방위와 관련된 과학 및 의료 문제 연구를 위한 규정을 마련하기 위함.
제1조(조직 위상) 대통령 직속 기관	OSRD는 대통령비상관리실의 내부에 두며, 책임자는 대통령이 임명한다. 책임자는 대통령의 지시에 따라 임무를 수행한다.
제2조(조직의 임무)	a. (대통령 자문) 대통령에게 국가방위와 관련된 과학 및 의료 문제 연구에 대한 자문을 수행한다.
	b. (연구자원 배분) 방위목적의 과학연구결과물의 개발과 적용에 있어서 과학기술인력과 자원의 최대한의 효율성을 보장하기 위해서 과학기술인력과 자원의 동원 센터로서 기능을 수행한다.
	c. (연구활동 지원) 연방기관에 의해 수행되는 국가방위와 관련된 과학연구활동을 조직하고 지원하고, 필요한 경우 보완한다.
	d. (연구계획 수립 및 통합조정) 전쟁부, 해군부와 협력하여 방위프로그램에 있어서의 과학연구의 수행을 위한 포괄적이고 협조된 계획을 수립한다. 전쟁부와 해군부, 기타 연방기관이 만든 현재 존재하는 과학연구프로그램에 대해 심사하고, 전체 프로그램과의 관계와 관련하여 조언한다.
	e. (연구활동 개시 및 지원) 국가방위를 위한 전쟁 기기와 기계장치에 대한 과학연구를 시작하고 지원한다.
	g. (국제협력) 미국방위에 매우 중요한 것으로 대통령이 간주하는 국가의 정부에 의해 요청된 과학연구를 시작하고 지원한다.
제3조(조직 구성)	동 조직의 책임자는 하부조직의 설치와 부서장 임명시 대통령의 승인을 받아야 한다.

4) Executive Order 8807 Establishing the Office of Scientific Research and Development, 1941. 6. 28.

제4조(정부기관 연구자원의 활용과 계약체결 권한)	임무를 수행하는 데 있어서, 가용가능한 정부기관의 실험실, 기기, 서비스를 활용할 수 있다. 동 명령의 목적을 위해 책정된 예산의 범위 내에서 OSRD 책임자는 산학연과 연구계약을 체결할 수 있다.
제6조(자문위원회: 통합 · 조정기능)	동 조직의 내부에 자문위원회를 들 수 있다. 그 구성원은 위원장으로서 OSRD 책임자, 위원은 항공국가자문위원회 의장, NDRC 의장, 의료연구위원회 의장, 전쟁부에 의해 지명된 육군 대리인, 해군 대리인으로 구성한다. 자문위원회는 민간과 정부연구 조직에 의해 수행되는 연구활동의 조정에 대해서 OSRD 책임자에게 조언하고 지원하고, 연구그룹간의 정보 및 데이터 교환을 촉진한다.
제7조(기술분야별전문위원회)	동 조직의 내부에 국가방위위원회(NDRC)를 둔다. 동 위원회는 위원장, 대통령이 지명한 3명의 위원, 국가과학아카데미 의장, 특허청장, 전쟁부에 의해 지명된 육군 대리인, 해군부에 의해 지명된 해군 대리인, 대통령이 향후 지명할 수 있는 위원으로 구성된다. 동 위원회는 국가의 과학인력과 자원의 배분에 대해서 OSRD 책임자에게 자문하고 지원한다. 이러한 목적을 달성하기 위해서, 동 위원회는 대학, 연구기관, 산업체연구소와의 연구계약의 성격과 필요성에 대해 OSRD 책임자에게 권장한다. 동 위원회는 더 나아가, 국방연구에 대한 연구의 적절성, 진전, 결과를 OSRD 책임자에게 권고한다.

OSRD가 수행한 대표적인 프로젝트는 20억 달러가 투자된, 원자탄 개발사업(맨해턴 프로젝트), 30억 달러가 투자된 레이더 사업이다. 전자가 전쟁을 끝냈다면, 후자는 전쟁을 이기게 했다는 평가도 있다. 또한 현대적 의미의 컴퓨터의 기원이라고 할 수 있는 에니악(ENIAC: Electronic Numerical Integrator and Computer)을 개발한 Project PX가 있다.

이와 같이, 제2차 세계대전 당시 미국은 정부가 주도가 되어 특정기술을 개발하려는 목표를 가지고 계획적으로 인력과 자원을 투입하여 주요기술을 개발하였다. 제2차대전 당시의 미국의 국방연구개발에 대한 정책과 법제는 과학기술의 발전 방향에 큰 영향을 준 것으로 평가된다.

제2절 과학기술진흥법제의 구조와 내용

과학기술진흥법제는 과학기술을 직접 지원하는 법제와 간접적으로 지원하는 특허법 등과 같은 재산법으로 구분할 수도 있으나, 여기서는 전자만을 의미하는 좁은 의미로 사용하고자 한다. 과학기술의 진흥을 위한 법제는 크게 연구개발을 진흥하는 법제와 개발된 기술의 상용화를 촉진하는 기술로 대별할 수 있다. 상용화를 촉진하는 법제가 연구개발의 주제를 유도할 수 있다는 점에서 두 종류의 법제는 종합적으로 검토되어야 할 것이다.

제2차대전 중의 과학기술연구에서 볼 수 있었던 것처럼, 현대의 과학기술활동은 정부의 체계적 지원에 큰 영향을 받는다. 거대과학이라는 특성을 가진 현대의 과학기술개발을 국가적 차원에서 체계적으로 추진하기 위해서는, 국가차원의 과학기술개발 추진주체, 추진계획, 계획을 실행하기 위한 지원체계라는 세 가지 요소가 필요하다. 지원체계는 크게 인력양성에 대한 인적차원의 지원과 물적 차원의 지원으로 나눌 수 있으며,[5] 다시 물적 차원은 연구기관 설립 · 운영 지원과 연구비 지원 등으로 구분할 수 있다. 이러한 활동의 지속성을 보장하기 위해서는 법체계가 필요하며, 이와 관련하여 많은 개별법이 만들어지고 있다.

여기서는 과학기술진흥법제에서 가장 중심이 되는 법인 과학기술기본법과 개별 기술분야 진흥법의 하나인 뇌과학촉진법을 분석함으로써 과학기술진흥법제의 구조와 내용을 살펴보고자 한다.

---

5) 성재호 · 김민호 · 김일환, "법친화적 과학기술사회의 구축을 위한 법제정비방향에 관한 고찰", 「법조」, 제570권, 2004. 3, 17면.

1. 과학기술기본법

한국의 경우 과학기술은 경제성장을 실현하는 정책도구로서 사용되어왔다.[6] 1960년대 정부는 과학기술의 산업화를 통한 근대화를 달성하기 위해 과학기술정책과 제도를 수립하였다. 과학기술의 진흥을 체계적으로 촉진하기 위해서 1967년에 '과학기술진흥법'이 제정되었다. 동 법은 과학기술진흥에 관한 종합계획의 수립과 지원체제의 강화에 관한 사항을 규정함으로써 경제·산업의 발전에 이바지함을 목적으로 삼고 있다. 동 법은 2001년 과학기술기본법이 제정되면서 폐기되었다.

과학기술기본법은 많은 과학기술관련 법령의 기본이 되는 법이라고 할 수 있다. 동 법은 법체계상으로는 다른 법과 같은 지위이지만, 과학기술관련 법제의 기준이 된다는 점을 명시하고 있다(제3조).

동 법은 과학기술발전을 위한 기반을 조성하여 과학기술을 혁신하고 국민의 삶의 질을 높이는 것을 목적으로 하고 있어서(제1조), 과학기술의 통제 보다는 과학기술의 진흥에 무게 중심을 두고 있다. 그러나, 과학기술의 역기능을 감안한 규정도 일부 포함하고 있다. 첫째, 과학기술혁신이 인간의 존엄을 바탕으로 자연환경 및 사회윤리적 가치와 조화를 이루도록 하고 있다(제2조). 둘째, 새로운 과학기술의 발전이 경제·사회·문화·윤리·환경 등에 미치는 영향을 사전에 평가하고 그 결과를 정책에 반영하도록 규정하고 있다(제14조). 셋째, 정부는 과학기술정책을 형성하는 과정에서 투명성과 합리성을 높이기 위하여 일반 국민의 다양한 의견을 모을 수 있는 방안을 마련하도록 하고 있다(제5조). 그러나, 동법이 국가의 책무로서 '과학기술혁신과 이를 통한 경제·사회 발전을 위하여 종합적인 시책을 세우고 추진하여야 한다'라고 규정(제4조)하고 있는 것으로 보아, 종합적으로 본다면 과학기술의 통제적 측면이 아닌 진흥적인

6) 김인자·박형준, "과학기술규제 정책의 형성과 변동 과정분석 – '생명윤리 및 안전에 관한 법률'을 중심으로–", 「한국정책학회보」, 20(1), 2011, 112면.

관점에서 설계되었다고 하겠다.

또한 정부가 '과학기술혁신체제'를 구축하도록 규정하고 있어서(제6조), 과학기술기본법의 대상이 기술개발 활동 뿐만 아니라 개발된 기술의 상용화를 포함한 포괄적인 내용을 담고 있음을 보여주고 있다. 기술혁신이라는 용어는 통상 '기술개발' 뿐만 아니라 '개발된 기술의 상용화' 등을 포함한 폭넓은 개념으로 이해되고 있다.

동 법을 추진주체, 추진계획, 지원체계라는 관점에서 분석하면 다음과 같다.

첫째, 동 법은 국가차원의 과학기술개발업무의 총괄적인 추진주체로서 '국가과학기술위원회'를 두고, 그 기능을 과학기술기본계획의 수립 및 시행, 정부 연구개발사업 예산의 배분 · 조정, 국가연구개발사업의 평가에 관한 사항 등으로 규정하고 있다(제9조). 또한 동 위원회 설치의 실효성을 높이기 위해, 동 위원회의 심의를 거친 주요 국가연구개발사업 예산의 배분 등에 대해서 특별한 경우를 제외하고는, 기획재정부장관은 심의 결과를 반영하여 예산을 편성하도록 규정하고 있다(제12조의 2).

둘째, 동 법은 국가차원의 과학기술연구의 기본 설계도라고 할 수 있는 '과학기술기본계획'을 작성하도록 하고 있으며(제7조), 이를 근거로 관계 중앙행정기관의 장은 맡은 분야의 국가연구개발사업과 그 지원시책을 세워 추진하도록 하고 있다(제11조).

셋째, 지원체계에 대한 사항이다. 동 법은 연구비 지원(제21조, 제22조), 연구소 설립(제32조), 과학기술인력양성(제23조) 등과 같은 물적, 인적 지원근거를 두어 과학기술활동에 대한 체계적이고 지속적인 지원체계를 구축하도록 하고 있다.

또한 기술혁신이라는 넓은 관점에서 접근하여, 기술상용화에 대한 지원 근거를 마련하고 있다. 즉 과학기술기본계획에 '연구 성과의 확산, 기술이전 및 실용화 촉진'이 포함되도록 하고 있다(제7조). 또한 연구성과물의 활용을 촉진하기 위해서 연구개발 결과물로부터 발생한 특허권을 연구기관이 소유할 수 있도록 하고(제11조의 3), 라이센싱으로 발생한 수익의 일부를 연구자와 기술확산기여자에게 줄 수 있도록 하였다(제11조의 4). 또한 동 법은 과학기술표준(제27조), 연구개발시설 · 장비(제28조), 과학기술정보(제26조) 등과 같은 연구개발인프라에 대한 지원규정도 포함하고 있다.

:: 표 2-2 과학기술기본법의 구조와 내용

조 문	주요 내용
제1조(목적)	이 법은 과학기술발전을 위한 기반을 조성하여 과학기술을 혁신하여 국민의 삶의 질을 높이는 것을 목적으로 한다.
제2조(기본이념)	과학기술혁신이 인간의 존엄을 바탕으로 자연환경 및 사회윤리적 가치와 조화를 이루고 경제 · 사회 발전의 원동력이 되도록 한다.
제3조(다른 법률과의 관계)	과학기술에 관한 다른 법률을 제정하거나 개정할 때에는 이 법의 목적과 기본이념에 맞도록 하여야 한다.
제4조(국가 등의 책무)	국가는 과학기술혁신과 이를 통한 경제 · 사회 발전을 위하여 종합적인 시책을 세우고 추진하여야 한다.
제5조(과학기술정책의 절차적 투명성)	① 정부는 필요한 자원을 최대한 동원하여 과학기술혁신활동을 적극적으로 지원하여야 한다. ③ 정부는 과학기술정책을 형성하고 집행하는 과정에서 투명성과 합리성을 높이기 위하여 국민의 의견을 모을 수 있는 방안을 마련하여야 한다.
제6조(과학기술혁신체제 구축)	정부는 효과적인 국가과학기술혁신체제를 구축하여야 한다.
제7조(과학기술기본계획)	① 정부는 과학기술발전에 관한 중 · 장기 정책목표와 방향을 설정하고, 이에 따른 과학기술기본계획을 세우고 추진하여야 한다. ② 국가과학기술위원회는 5년마다 관계 중앙행정기관의 과학기술 관련 계획과 시책 등을 종합하여 기본계획을 세우고 추진하여야 한다. 기본계획에는 과학기술의 발전목표 및 정책의 기본방향, 과학기술투자의 확대, 과학기술인력의 양성 등을 포함하여야 한다.
제9조(국가과학기술위원회의 설치)	① 과학기술 주요 정책을 조정하고 예산의 효율적인 운영 등에 관한 업무를 수행하기 위하여 대통령 소속으로 국가과학기술위원회를 둔다.
제9조의7(위원회의 심의 · 의결사항)	위원회는 과학기술진흥을 위한 주요 정책 및 계획의 수립 · 조정에 관한 사항, 기본계획, 과학기술 관련 예산의 확대방안, 매년도 국가연구개발사업 예산의 배분 및 조정과 효율적 운영에 관한 사항 등을 심의한다.

제11조(국가연구개발사업의 추진)	관계 중앙행정기관의 장은 기본계획에 따라 맡은 분야의 국가연구개발사업과 그 지원시책을 세워 추진하여야 한다.
제11조의3(국가연구개발사업결과물의 소유)	① 국가연구개발사업의 결과물은 원칙적으로 연구기관 등의 소유로 한다. 다만, 국가안보상 또는 공공의 이익을 목적으로 활용하기 위하여 필요한 경우, 연구기관이 국외에 있는 경우 등의 사유가 있을 때 중앙행정기관의 장은 국가의 소유로 할 수 있다. ② 중앙행정기관의 장은 제1항에 따라 국가가 소유하게 된 연구개발결과물을 전문기관 등에 위탁하여 관리하게 할 수 있다.
제11조의4(기술료 사용)	연구개발결과물 소유기관의 장은 연구개발결과물 실시계약시 기술료를 징수하여, 원칙적으로 참여연구원이나 기술확산에 기여한 직원 등에 대한 보상금이나 연구개발재투자 등의 용도로 사용해야 한다.
제12조의2(예산의 배분·조정·심의)	⑤ 위원회는 국가연구개발사업을 심의하고 그 결과를 기획재정부장관에게 알려야 한다. ⑦ 기획재정부장관은 특별한 경우를 제외하고는 위원회의 심의 결과를 반영하여 다음 연도 예산을 편성하여야 한다.
제14조(기술평가)	정부는 새로운 과학기술의 발전이 경제·사회·문화·윤리·환경 등에 미치는 영향을 사전에 평가하고 그 결과를 정책에 반영하여야 한다.
제21조(과학기술투자의 확대)	정부는 과학기술발전을 촉진하는 데에 필요한 재원을 지속적이고 안정적으로 마련하기 위하여 최대한 노력하여야 한다. 필요한 재원을 마련하기 위하여 정부연구개발투자의 목표치와 추진계획을 기본계획에 반영하여야 한다.
제23조(과학기술인력 양성)	정부는 과학기술 인력자원을 양성·개발하고 과학기술인의 활동 여건을 개선하기 위한 조치를 취하여야 한다.
제32조(정부출연연구기관 등의 육성)	정부는 국가연구개발사업을 효율적으로 하기 위하여 정부가 출연하는 연구기관, 연구지원기관 및 교육·연구기관 등을 적극 육성하여야 한다.

2. 과학기술진흥법제 예시: 뇌연구 촉진법

과학기술진흥법제는 대상으로 하는 과학기술에 따라 다양하다고 할 수 있으나, 진흥법이 가지는 특성으로 인해서 구조가 매우 유사하다. 즉 추진주체, 추진계획, 지원체계(연구비지원, 인력양성, 기관설립 등)의 법적 근거를 제시하고 있다. 또한 과학기술에 대한 전문지식이 필요하다는 점에서 전문가가 참여하는 위원회를 설치하도록 하고 있다.

예를 들어 '뇌연구 촉진법(〈표 2-3〉)'의 경우, 목적, 정의, 정부의 책무, 뇌연구촉진계획의 수립, 뇌연구실무추진위원회 설치, 뇌연구 투자의 확대, 연구소의 설립 등으로 구성되어 있다. 그러나 과학기술진흥법이라고 하더라도, 그 내용에 과학기술에 대한 통제가 일부 포함될 수 있으며, 과학기술통제법이라고 하더라도 일부 조항에 과학기술진흥 내용이 포함될 수 있다. 예컨대, 뇌연구 촉진법은 정부가 실험지침을 작성하고, 여기에 생물학적 위험성, 인간에 미치는 악영향 등을 사전에 방지하기 위한 안전기준을 포함시키도록 하고 있다(제16조). 과학기술통제법이라고 할 수 있는 생명윤리 및 안전에 관한 법률도 '국가 또는 지방자치단체는 성체줄기세포의 연구를 위하여 필요한 재정지원을 할 수 있다'라고 규정하여 과학기술진흥의 내용을 담고 있다.[7]

표 2-3 뇌연구 촉진법의 구조와 내용

조 문	주요 내용
제1조(목적)	이 법은 뇌연구 촉진의 기반을 조성하여 뇌연구를 보다 효율적으로 육성 · 발전시키고 그 개발기술의 산업화를 촉진하여 국민복지의 향상 및 국민경제의 건전한 발전에 이바지함을 목적으로 한다.
제2조(정의)	뇌연구, 뇌과학, 뇌의약학, 뇌공학
제3조(적용범위)	뇌연구에 관하여는 다른 법률에 특별한 규정이 있는 경우를 제외하고는 이 법에 따른다.
제4조(정부의 책무)	정부는 뇌연구 촉진을 지원하기 위한 시책을 마련하고, 추진하여야 한다.
제5조(뇌연구 촉진기본계획의 수립)	② 교육과학기술부장관은 관계 중앙행정기관의 장이 제출한 뇌연구 촉진을 위한 계획을 종합 · 조정한 후 뇌연구촉진기본계획을 수립하고, 이를 관계 중앙행정기관의 장에게 통보하여야 한다.
제6조(뇌연구 촉진시행계획의 수립)	관계 중앙행정기관의 장은 기본계획에 따라 매년 뇌연구촉진시행계획을 수립하고 시행하여야 한다.

7) 생명윤리 및 안전에 관한 법률 제45조.

제6조의2(뇌연구실무추진위원회)	심의회에 상정할 안건을 사전에 심의하기 위하여 교육과학기술부장관 소속으로 뇌연구실무추진위원회를 둘 수 있다.
제9조(뇌연구 투자의 확대)	정부는 투자재원의 확대 방안 및 추진계획에 따라 예산의 범위에서 뇌연구 투자를 확대하기 위하여 최대한 노력하여야 한다.
제15조(임상 및 검정)	정부는 뇌연구 관련 제품에 대한 임상 및 검정체제를 확립한다.
제16조(실험지침의 작성 · 시행 등)	정부는 뇌연구와 그 산업화의 촉진을 위한 실험지침을 작성 · 시행하여야 한다. 실험지침에는 뇌연구와 그 산업화 과정에서 예견될 수 있는 생물학적 위험성, 인간에게 미치는 악영향 및 윤리적 문제의 발생을 사전에 방지하기 위하여 필요한 조치 및 안전기준이 마련되어야 한다.
제17조(연구소의 설립)	뇌 분야에 관한 연구 등의 기능을 수행하기 위하여 정부가 출연하는 연구소를 설립할 수 있다.

제3절 과학기술 상용화 촉진 법제의 구조와 효과

기술개발이 성공적으로 이루어진다고 하더라도, 산업현장에서 활용되지 못한다면 국민경제에 미치는 영향이 제한적일 것이다. 이러한 맥락에서 공공연구자금이 투입된 연구개발활동이 사회적으로 의미 있는 역할을 하느냐에 대한 논의가 지속적으로 이루어지고 있다. 여기서 창출되는 지식이 결국은 사회적으로 확산되고, 이것이 사회발전의 기반이 된다고 주장하는 사람도 있고, 여기서 나온 연구개발결과가 직접적으로 창업이나 기술혁신에 연결되어야 의미가 있다고 주장하는 사람도 있다.

여기서 소개할 법제는 연구성과의 직접적 활용이 중요하다는 관점에서 접근한 것이다. 기업의 연구개발활동은 상업적 활용을 염두에 두고 진행하고 있고, 법적 규제에는 한계가 있기 때문에 상용화 관련 법제는 주로 대학과 같은 공공연구기관이 수행하는 연구개발에 초점을 맞추고 있다.

공공자금에 의해 개발되는 기술에 대한 민간이전이 경제에 미치는 긍정적인 영향이 커짐에 따라, 미국 정부는 1980년 초 이를 활성화시키기 위한 여러 가지 정책 수단을 강구하기 시작했다. 관련법 중 가장 대표적인 것은 1980년에 제정된 기술혁신법(Stevenson-Wydler Innovation Act)과 바이돌법(Bayh-Dole Act)이라고 할 수 있다. 기술혁신법은 계속해서 1986년 연방기술이전법(Federal Technology Transfer Act: FTTA) 등으로 보완되었다. 1980년대의 다양한 기술이전촉진법의 제정을 계기로 해서 산학간의 기술이전이 급속하게 진행되어 벤처기업의 설립이나 고용창출로 이어졌다고 평가되고 있다. 미국의 생명공학기관(BIO)이 발간한 자료에 따르면, 대학 등 공공연구기관 발명이 1996-2010년의 15년 동안 미국에 약 3백만 명의 고용과 3,880억 달러의 GDP 창출 효과를 가져왔다고 한다.[8)] 그러나, 이러한 법제와 정책으로 인해 대학 등 공동연구기관이 단기적 수익이 창출 되는 연구만을 수행하는 경향이 높아지고, 발생되는 특허권이 특정 기업의 이익에만 기여한다는 비판도 제기되고 있다. 대학의 자본화 현상에 대한 우려의 목소리도 있다.

미국의 사례에 자극을 받은 일본도 1998년 5월 '대학 등에서의 기술에 관한 연구성과의 민간사업자에 대한 이전촉진에 관한 법률'을 제정 · 시행하여 대학발명이 산업계에 활용되도록 하는 노력을 기울이고 있다. 한국의 경우 2000년 '기술이전촉진법'이 제정되었으며, 2010년 '기술의 이전 및 사업화 촉진에 관한 법률'로 명칭변경하여 그 범위를 확대하였다. 동법의 주요 목적은 대학과 같은 공공부문과 민간부문 연구성과의 사회적 활용을 촉진 시키는 것이다(제1조).

주로 공공자금에 의해 연구개발이 진행되고 있는 공공연구기관의 연구개발 결과물의 직접적인 사회적 활용이 활발해지기 위해서는 다음과 같은 환경이 필요하다. 첫 번째, 기술이전 및 사업화를 전담하는 조직이

8) Lori Pressman et al., 「The economic contribution of university/nonprofit inventions in the United States: 1996-2000」, the Biotechnology Industry Organization, 2012.

필요하다. 두 번째, 연구기관이나 연구자에 대해 기술의 사회적 활용에 대한 인센티브가 필요하다. 이 두 가지 관점에서, 한국과 미국의 과학기술 상용화 촉진 법제를 설명하면 아래와 같다.

1. 기술이전 · 사업화 전담 조직 설치

과학기술자가 기술수요자에게 직접 기술이전을 하는 데는 한계가 있다. 처음부터 공동연구를 한 경우가 아니라면 우선 기술수요자를 찾기가 어렵다. 또한 개발된 기술에 대한 특허권의 취득 및 권리 유지를 위해서는 많은 비용이 들어가며, 개발된 기술이 그만한 시장가치가 있는지를 평가하는 작업도 전문가의 도움을 필요로 한다. 따라서 기술이전이 원활하게 되기 위해서는 개별 대학이나 연구소에 기술이전사무소나 요원을 두는 것이 효율적일 수 있다.[9)]

미국의 기술혁신법(1980년)은 연방연구소에 기술이전사무소를 설치하고 인력을 배치하도록 강행규정으로 두고 있다. 즉 모든 연방연구기관은 연구기술응용실을 설립하며, 연구기술응용실의 직원과 자금규모는 연방기관과 협의하여 결정토록 하되, 총예산이 2천만 달러를 초과하는 연구기관은 해당 연구기술응용실에 최소한 1인의 전문가를 상근 직원으로 투입하도록 규정하고 있었다. 또한 기술이전예산을 의무적으로 설립하고 책정하게 되어있었다.

반면에 대학의 경우에는 바이돌법에 의해 연방자금 개발 기술에 대한 특허권을 대학이 소유할 수 있게 됨으로써, 기술이전으로 인한 이익을 대학이 가질 수 있게 되었고, 이는 대학이 기술이전사무소(Technology Licensing Office: TLO)를 자발적으로 설치하는데 영향을 주었다.

일본의 경우에는 기술이전사무소를 연구소나 대학에서 설치할 경우 자금을 지원하는 방식으로 사무소 설치를 유도하고 있다. 한국의 '기술

9) 연구개발규모가 작은 조직은 외부 전문기관을 활용하는 것이 적합할 수 있다.

의 이전 및 사업화 촉진법'은 일정한 요건에 해당하는 대학을 포함한 공공연구기관의 경우 기술이전 · 사업화전담조직을 설치하도록 규정하고 있다(제11조). 이에 따라 대부분의 국내대학의 경우 '산학협력단'이라는 이름으로 기술이전전담조직이 설치되어 운영되고 있다.

2. 연구기관 및 과학기술자에 대한 인센티브

연구개발결과물의 사회적 활용을 촉진시키기 위해서는 연구기관 및 연구자에게 이에 대한 인센티브를 부여할 필요가 있다. 이에 대해 현행 법제는 대체로 연구기관에게는 연구개발에 따른 특허권을 주고, 연구자에게는 금전적 보상을 받을 수 있도록 규정하고 있다.

(1) 연구기관에 대한 인센티브

공공자금으로 개발된 연구결과물과 관련한 특허권을 연구기관에 귀속시킨 대표적 법인 미국의 바이돌법을 상술하면 다음과 같다.[10)]

가. 바이돌법의 입법 배경

미국은 제2차 세계대전 이전까지는 대부분의 정부 발명이 공무원에 의해서 이루어졌기 때문에 정부 특허정책에 대한 관심이 적었다.[11)] 그러나 전쟁 중 또는 그 이후에는 대학이나 민간부문에서 정부와의 계약에 의해서 연구가 이루어지는 경우가 증가함에 따라, 공공자금에 의해 개발된 발명을 누가 소유할 것인가에 대한 논란이 벌어지게 되었다. 이에 대한 정부의 종합적인 특허정책이 없었고, 각 부처나 연구개발 프로그

10) 이하 다음 보고서를 수정 · 보완함: 윤권순 · 정성창 · 임근영, 「미국의 글로벌 특허전략 분석을 통한 지식기반경제에서의 산업정책 방향에 대한 연구」, 한국발명진흥회 지적재산권 연구센터, 2000, 163-170면.

11) James, E Denny, "Federal Patent Policy- Its Development and Present Status", American Chemical Society, 1978, p. 3.

램에 따라 그 기준이 다르게 적용되었다. 이 문제에 대한 정부의 관심은 관련 위원회의 많은 보고서를 통해서 확인할 수 있는데, 루즈벨트 대통령은 1941년 "국가 특허 기획 위원회(the national patent planning commission)"를 구성하여 보고서를 발간하였다. 이 보고서에는 발명의 소유권을 국민의 건강 및 안전을 제외하고는 정부가 소유하는 것을 반대하고 있다. 그 이유는 누구나 실시할 수 있는 발명에 대해서는 아무도 사용하지 않으리라는 것이다.

바이돌법이 통과되기 이전에도, 많은 연방기구들, 에컨대, 국방부, 국립보건원과 국립과학재단은 이미 연구기관이 특허권을 가질 수 있도록 허용하였다. 그러나, 다른 연방기구, 예컨대, 농림부, 국립항공우주국과 동력부 등은 오래된 정책으로서 또는 규정에 의해서 그들로부터 지원받은 발명에 대한 특허권은 정부가 갖는다는 정책을 유지해 왔다. 이러한 불일치에 대한 불만과 카터 행정부의 조셉 칼리파노 장관이 국립보건원의 계약자에게 특허권을 주는 정책을 폐기할 지도 모른다는 우려가 바이돌법의 입법을 촉발시켰다. 또한 1980년 당시 연방기관이 보유한 전체 특허 28,000개 중에서 라이센스가 이루어진 것은 5% 미만인데 비해서, 정부가 기업으로 하여금 해당 발명에 대한 독점권을 가지도록 한 경우에는 25% 내지 30%가 라이센싱이 이루어졌다는 통계도 바이돌법 입법을 정당화 시켜주었다.

미국의 회계감사원(General Accounting Office: GAO)은 연구중심대학들이 바이돌법의 각종 규정을 실제로 적용, 운영되는 실태를 조사하여 발표한 바 있다. GAO가 현장방문 시 면담한 연방기관 및 대학의 관계자들은 바이돌법이 미국 경제에 긍정적인 효과를 가져오고 있고, 의회의 의도대로 운영되고 있다고 답하였다. 대학과 연구자들은 동법으로 인해 정부가 발명을 소유할 때보다 기술이전이 활발하게 이루어짐과 동시에 발명으로 인한 수입의 증대를 보고하고 있다. 1996년 회계연도에 대학이 공개한 발명의 수는 전년대비 9.3% 증가하였으며, 라이센싱 수입은

총 3억6천5백20만 달러로, 22.1% 증가한 것으로 나타났다. 이와는 달리, 1980년대와 1990년대 미국 경제성장과 산업혁신에 미국 대학이 공헌하는데 있어서 바이돌법이 기여했다는 증거가 없다는 비판적 시각도 있다.[12] 즉 경제적 공헌의 많은 부분은 특허나 기술이전이 아닌 미국대학과 외부집단(지역사회, 기업) 사이의 긴밀한 연계에서 비롯되었다는 것이다.

나. 바이돌법의 내용

바이돌법은 독자적인 법이 아니고 특허법의 일부조항을 지칭하는 것으로서, 동 법을 주도적으로 제안한 두 국회의원(Birch Bayh, Bob Dole)들의 이름으로 많이 불리우고 있다. 본 서에서도 편의상 바이돌법이라고 지칭하고자 한다.[13]

동 법은 정부자금에 의한 발명에 대하여 대학, 비영리기관 및 중소기업이 소유권을 취득할 수 있는 선택권을 부여하였다. 1983년 2월 대통령 비망록에 의해 적용대상이 중소기업을 넘어 대기업에까지 확대 적용되기 시작하였다.

동 법은 연방정부가 대학에 양도한 발명이 적절하게 활용되는지를 관리하기 위해 연구기관에게 일정한 절차를 밟게 하고 있다. 연구기관이 특허권을 가지기 위해서는, 다음과 같은 일정한 절차를 지켜야 한다. 즉, 대학 등은 발명을 하였을 경우, 발명자가 대학 등에 문서로 보고한 때로부터 2개월 내에 연방기관에 발명 사실을 보고 해야 한다.[14] 또한 대학 등이 특허권을 소유하고 싶으면 발명사실 보고 시점을 기준으로 2년 내에 그 결정을 연방기관에 통보해야 한다.[15] 또한 선택의사를 통보

12) 데이비드 마우어리 · 리처드 넬슨 · 브헤이븐 샘팻 · 아비즈 지도니스(차소영 옮김), 「산학협력의 좌표를 찾아서-미국 대학의 기술이전과 바이돌법-」, 소명출판, 2011.

13) 동법은 United States Code(USC), Title 35, Chapter 18 제200조부터 212조로 미국의 특허법의 일부개정형식으로 1980년 12월 12일에 제정되었다. 바이돌법은 입법목적(제200조), 정부지원연구성과물의 지적재산 귀속(제202조), 강제실시권(제203조), 미국기업의 우대(제204조), 정부권리보유발명의 보호(제205조, 제207조, 제209조), 다른 법률과의 관계(제210조, 제211조)로 구성되어 있다.

14) 37C.F.R §401.14 (c)(1).

한 시점에서 1년 내에 최초 특허출원을 해야 한다.[16] 공공자금이 투입된 연구개발결과물을 특정 민간기관이 소유하는 것이 특혜라는 문제점을 해소하기 위해, 바이돌법은 다음과 같은 일정한 제한규정을 두고 있다. 이는 바이돌법의 목적이 신기술개발을 촉진하고 개발된 신기술은 최대한 응용되도록 함으로써 미국산업의 발전을 도모하는 것이라는 점을 반영한 것이다.

첫째, 미국은 연구참여기관에게 지식재산권을 귀속시키는 경우, 무상의 통상실시권을 정부가 보유할 수 있도록 규정하고 있다. 이는 보건이나 안전 등 공익적인 목적으로 연방정부가 사용할 필요가 있을 경우를 대비한 사항이다. 예컨대, 에이즈 치료제에 대한 특허권을 대학이 소유할 경우라도 정부에서 필요하다면 그 기술을 사용할 수 있는 권리를 가진다는 것이다. 실제로 미국에서는 에이즈 치료제의 개발과정에서 공공자금이 투입되었으면서도 특정기업이 특허권을 소유하여 높은 가격에 판매하는 현실을 비판하는 목소리가 있다.

둘째, 일정 조건이 합치되는 경우에는, 특허권자가 실시를 희망하는 제3자에게 실시권을 부여하도록 강제하고 있다(제203조: March-in rights). 만일 권리자가 그와 같은 요구를 거부하는 경우에 연방기관은 일정한 조건에 해당한다고 판단한 때에는 실시를 허용할 수 있다(제203조(1)).[17] 바이돌법을 시행함에 있어서 미국 정부가 우려하였던 사항 중의

---

15) 37U.S.C §202(c)(2).

16) 37C.F.R §401.14 (c)(3).

17) 35U.S.C 18 §203(1) (a) 이용할 필요가 있는 당해 발명을 실제적으로 활용하기에 필요한 유효한 절차를 계약자나 양수인이 합리적인 기간 내에 밟지 않거나 밟기를 기대할 수 없어서 소송이 필요한 경우, (b) 계약자나 양수인 또는 그들의 실시권자들에 의하여 합리적으로 충족되지 않는 건강 또는 안전 문제를 해결하기 위하여 소송이 필요한 경우, (c) 연방규칙이 특정하고 있는 공중의 이용이라는 요구에 응하여야 함에도 그와 같은 요구가 계약자, 양수인 또는 그들의 실시권자에 의하여 합리적으로 충족되지 못하여 소송이 필요한 경우, (d) 법 제204조(미국내 우선실시)에 의하여 요구되는 합의가 행하여지지 못하였거나 그와 같은 합의가 포기된 경우 또는 미국 내에서 해당 발명의 매매나 이용을 위한 배타적 권리의 실시허락이 제204조에 의하여 이루어진 합의를 위반하는 것이 되어 소송이 필요한 경우.

하나는, 일부기업들이 자사 기술과 경쟁관계에 있는 기술을 계약을 통하여 확보한 후 실시하지 않음으로써 자사의 시장 지배력을 유지하려고 하지 않을까 하는 점이었으며, 이를 염두에 두고 만든 규정이다.

셋째, 특허권을 보유하게 된 연구기관이 특허를 양도하거나 독점적 실시권을 허락할 경우, 계약상대방을 정하는 데 있어서 미국 내에서 특허를 실질적으로 활용할 대상에 한정하도록 하고 있다(제204조).[18] 예컨대, 스탠포드 대학이 연방자금으로 개발한 의약품 특허를 한국기업이 양도받기 위해서는 미국 내에서 의약품을 생산하는 것과 같은 '실질적 활용'이 이루어져야 한다는 것이다. 우리나라의 경우도 유사한 조항이 필요하다는 의견이 있다.

한편, 한국의 과학기술기본법도 연구성과물의 활용을 촉진하기 위해서 연구개발결과물로부터 발생한 특허권을 연구기관이 소유할 수 있도록 하고(제11조의 3) 있다. 공공자금이 투입된 연구개발결과물에 대한 소유권을 개별 연구기관에 귀속하도록 하는 것은 특혜로 볼 수도 있다. 그러나, 이러한 조치로 인해 기술이전이 활성화 된다면, 결국 산업발전에 도움을 준다는 것이 입법배경이다.

(2) 과학기술자에 대한 인센티브

'논문발표 안 하면 살아남지 못한다(Publish or Perish)'라는 말처럼 대학사회에서 연구에 대한 중요성은 늘 강조되어 왔다. 교수평가에 있어서 연구논문이 차지하는 비중이 절대적이기 때문에 연구활동에 대한 특허권을 취득하여 실용화시키는 활동보다는 학술잡지에 발표하는 것이 우선시 되어왔다. 기술이전활동은 기술제공자와 기술수여자 사이에 지속적인 협력이 유지되는 것이 중요하기 때문에 연구자의 적극적인 참여없이는 효과를 거두기가 어렵다고 알려져 있다. 따라서 기술상용화 활동에 대해 연구자에게 금전적 보상을 줄 필요성이 생기게 되었다.

18) 동 조항은 일정한 경우 예외를 인정하고 있다.

미국의 연방기술이전법(FTTA 1986년)은 기술이전 실적을 연방연구소 연구자의 근무평정에 반영하는 것을 의무화하였고, 발명자에 대한 실시료 분배원칙(최저 15%)을 설정하도록 하였다. 한국의 과학기술기본법은 공공자금으로 개발된 연구성과의 라이센싱으로 발생한 수익의 일부를 연구자 뿐만 아니라 기술확산기여자에게도 줄 수 있도록 규정하고 있다(제11조의 4). 미국 및 한국의 많은 대학은 발명 보상에 대한 내부 규정이 정비되어 있다.

제 3 장
과학기술을 통제하는 법

지구의 현 문명이 금세기 말까지 살아남을 수 있는 확률은 50 대 50이다.

– 마틴 리스 –

제1절 과학기술통제의 중요성

과학기술의 중요성과 위험성을 한스 요나스는 다음과 같이 표현하고 있다. '오늘날 기술은 인간에 관한 모든 문제에 – 삶과 죽음, 사고와 감정, 행위와 고통, 환경과 사물, 욕구와 운명, 현재와 미래 – 침투해 있다. 기술은 인간이 지구상에서 영위하는 삶의 핵심일 뿐만 아니라 삶을 위협하는 문제가 되었다'.[1] 한편, 고전적 산업사회에서는 '부 생산'의 논리가 '위험생산'의 논리를 지배했다면, 위험사회에서는 그 관계가 역전된다고 독일의 사회과학자 울리히 벡은 말하고 있다.[2] 산업혁명 이후 과학기술에 의한 부의 생산과정에서, 불가피하게 위험이 수반되었으며, 어느 시점부터는 후자가 더 중요한 요소가 되었다는 것이다. 이러한 맥락에서, 과학기술로 인한 위험의 효과적 통제는 인류의 문명의 방향을 결정지을 정도로 중요한 의제가 되었다.

1) 한스 요나스(이유택 옮김), 「기술 의학 윤리」, 솔, 2005, 17면.
2) 울리히 벡(홍성태 옮김), 「위험사회 – 새로운 근대성을 향하여 –」, 새물결, 2006, 43면.

제2절 갈릴레오 재판과 과학기술통제법제

고전적 의미에서 과학기술을 통제하는 방법으로서 생각해 볼 수 있는 것은 지식의 창출활동 및 창출된 지식의 통제이다. 지식의 창출자에 대해서는 사형이나 투옥 등의 방법이 있을 수 있다. 지식에 대해서는 출판 전 사전 검열이나, 출판 후 판매금지 등의 조치가 있을 수 있다. 1633년 이루어진 갈릴레오에 대한 종교재판은 이 같은 과학기술 활동에 대한 통제방법이 총 망라 되었다는 점에서, 현대적 의미의 과학기술통제법제를 이해하는 데, 거쳐 갈 가치가 있는 관문이라고 하겠다.

1. 갈릴레오 재판의 배경

동 재판을 이해하기 위해서는 태양이 멈춰있고, 지구가 움직인다는 과학적 주장이 종교재판의 주제가 될 수 있는 것에 대한 이해가 필요하다. 1564년 이후의 카톨릭적 사고는 이 해에 공포된 트렌토공의회(1545-1563)의 교령에 의해 지배되었다. 성경에 따르면, 최후만찬에서 예수가 제자들에게 빵과 포도주를 주면서, 이것이 자신의 몸과 피라고 말했다. 여기에 근거해서 미사 중에 신부는 신자들에게 작은 빵을 주고 있으며, 이를 성체성사라고 한다. 이에 대해 종교개혁가들은 문자 그대로 의미가 아닌 영적 의미를 강조했으며, 트렌토공의회는 그리스도가 빵과 포도주에 실제로 존재한다는 입장을 취했다. 즉 빵과 포도주의 실체는 그리스도로 변화하며, 그 다음에 남는 색, 맛, 향기 등은 단지 겉모습에 지나지 않는다는 입장을 가지고 있었다. 당시 원자설 지지자는 색, 맛, 향기 등은 우리의 감각기관과 관련이 있는 것이고, 크기, 모양만이 객관적 실체라는 입장이어서, 카톨릭의 성체성사에 대한 입장과 배치되었다. 쟁점화되지는 않았지만, 원자론에 호의적이라는 이유로 갈릴레오를 비난하는 사람도 있었다.

지동설과 관련한 에피소드는 당시 사람들의 인식을 잘 말해주고 있다.[3] 피렌체를 수도로 하는 토스카나 대공국의 크리스티나 대공 부인은 1613년 겨울, 한 모임에서 지구가 움직인다는 주장이 성경 구절과 맞지 않는다고 말했다. 즉 구약 여호수아 10장 12-13절에는 태양이 여호수아의 명령에 따라 멈추는 대목이 있는데, 만약 지구가 움직인다면 지구를 멈추도록 했을 거라는 이야기다. 이에 대해 갈릴레오는 '크리스티나 대공부인께 보내는 편지'에서 성경은 천계(the heaven)가 어떻게 운행하는지가 아니라 우리가 어떻게 천계로 올라 갈 수 있는지를 가르쳐 줄 뿐이라고 주장했다. 이 같은 이야기는 지동설이 단순히 자연과학적인 주제를 넘어서서 성경의 해석에까지 결부 될 수 있음을 보여주고 있다. 즉 성경을 자구 그대로 해석해야 하는가, 아니면 의미를 중심으로 해석해야 하는가라는 근본적인 문제와 연결된다.

당시 카톨릭 교회 내에서도 코페르니쿠스주의가 성경과 상관이 없다고 믿는 사람도 있었다. 그러나 교황 우르바노 8세와 당시 교황청의 입장은 지동설이 다음과 같은 관점에서 위험하며, 이단이라고 하였다.[4] 즉 지구가 태양주위를 돈다면 지구는 세상의 중심이 아니고, 여러 행성 가운데 하나며, 다른 행성들에도 생물체의 존재가 가능할 수 있다는 생각까지 이어질 수 있다. 따라서, 원죄와 그리스도의 강림 등의 교리를 위협할 수 있다는 것이다. 이러한 배경하에 종교개혁가와 세속권력과의 갈등관계에 있었던 교황청은 과학기술지식이 그들의 존재기반을 무너뜨릴 수 있다는 점에서 지동설에 대해 강력한 제재를 가하게 된다.

3) 윌리엄 쉬어 · 마리아노 아르티가스(고종숙 옮김), 「갈릴레오의 진실」, 동아시아, 2006, 101면.

4) 위의 책, 207면.

2. 재판의 법적 근거와 결과

당시 카톨릭 교회는 종교재판과 출판통제라는 두 가지 측면에서 과학기술을 통제 할 제도적 수단을 가지고 있었다. 1564년 교황 비오 4세는 트렌토공의회의 교령에 따라 검사성(Holy Office), 금서성(Congregation of the Index) 등의 로마교황청 조직을 정비하였으며, 전자는 종교재판을 후자는 출판통제를 담당하게 되었다.[5)]

종교재판은 이단에 대한 처벌 제도이다. 이단에 대한 종교재판은 세 가지 종류가 있다. 12세기 시행된 중세 종교재판과 교황의 묵인하에 스페인에서 시행된 에스파냐 종교재판, 그리고 로마의 종교재판이다. 로마의 종교재판은 세력이 강해지던 신교에 대항하기 위해 1542년 바오로 3세가 만들었다.

종교재판의 법적 근거는 교회법에 기초하고 있다. 교회의 법규는 2세기부터 교황의 칙령, 주교회의의 결의 등을 토대로 형성되었고, 수도승 그라티아누스가 1140년 처음으로 자신의 교령집을 집대성하였다.[6)] 이 교령집은 1234년 교황 그레고리아 9세의 교령집이 추가되는 등의 과정을 거쳐 1582년 교회법대전(Corpus Iuris Canonici)이라고 명명된 교회법이 만들어졌으며, 동 법은 1917년 교회법(The Codex Juris Canonici)으로 개정되었다. 갈릴레오 종교재판은 교회법 발달과정을 볼 때 1582년 교회법대전에 근거한 것으로 보인다. 동 법은 이단문제를 다루고 있으며(동법 1685, 1686), 이단자에 대한 추방도 규정하고 있다(동법 1671.70).[7)] 교황 이노슨트 4세는 1252년 종교재판시 고문을 허용하였으며, 고문은 1917년 교회법에 의해 폐지되었다. 갈릴레오는 종교재판 당시 고문의 위협을 받게 된다.

---

5) 위의 책, 30면.

6) Rolf Knutel(신유철 옮김), 「로마법 산책」, 법문사, 2008, 77면.

7) 1582년 교회법대전(Corpus Iuris Canonici) 원본은 미국의 UCLA 대학 웹사이트에 공개되어 있다. 동 자료 1685, 1686면에 이단에 대한 처벌이 규정되어 있다. :http://digital.library.ucla.edu/canonlaw/librarian?ITEMID=CJC2_0871&SIZE=Medium

출판통제는 사전 검열과 사후적 금서목록 발표라는 두 가지 방식으로 행해졌다. 1515년 교황 레오 10세는 칙령을 내려 책을 펴내는 사람은 해당지역의 주교나 그 대리인의 검열을 받아야 한다고 선포했다.[8] 허가없이 출판할 경우 출판업자는 벌금, 파문, 분서 등의 처벌을 받도록 했다. 트렌토공의회 이후 출판업자 뿐만 아니라, 저자, 독자도 처벌의 대상이 되었다. 이에 따라 갈릴레오도 책을 출판할 때마다 검열을 받았다. 금서목록은 1515년 제4차 라테란공의회 때부터 만들어졌으며, 각 지역의 주교나 대학이 담당하였다. 바오로 4세는 금서목록을 로마에서 관장하는 것이 타당하다고 보아 1559년 최초의 공식적 금서목록을 발표하였다. 여기에는 각 나라 고유어로 번역된 모든 성서가 포함되어 있다. 교황 비오 5세부터는 감시와 검열을 상시적으로 행하기 위해 1570년대 초에 금서성을 설립하였다. 코페르니쿠스의 '천체의 회전에 관하여'는 1616년 금서가 되었고, 피렌체에서 1632년 출판된 갈릴레오의 '두 세계관에 대한 대화'는 재판 후 금서가 되었다.

이러한 법제도적 환경하에 갈릴레오는 1633년 4월 12일 시작되어 6월 22일 끝난 재판에서 다음과 같이 유죄 판결을 받았다.[9] '그대는 거짓일 뿐 아니라 거룩한 성경에 어긋나는 극히 이단적인 주장, 즉 태양은 세계의 중심이므로 동에서 서로 움직이지 않는 반면 지구는 세계의 중심이 아니어서 움직인다는 주장이 성경과 어긋난다고 규정 및 선언된 뒤에도 성립 가능한 한 가지 견해로서 견지하거나 옹호할 수 있다는 생각에 빠져들었다.' 판결 결과는 그를 투옥하고 저서는 금서로 지정되는 것이었다. 그러나 선고 다음날인 6월 23일 투옥은 가택연금으로 바뀌게 되었다. 결론적으로, 교회는 교회법에 근거하여, 지동설을 지지한 갈릴레오에 대해서 형사적 처벌을 하였으며, 그의 책에 대해서는 판금시키는 조치를 취하였다.

---

8) 윌리엄 쉬어 · 마리아노 아르티가스(고종숙 옮김), 앞의 책, 205면.
9) 위의 책, 298면.

한편, 1632년 9월 28일, 갈릴레오 재판과 관련해서 검사성에 근무한 경험이 있던 시에나 대주교 피콜로미니는 갈릴레오가 과학적 수준에서 물리쳤던 사람들이 이제는 싸움을 신학적 영역으로 끌어들이고 있다고 비판하고 있다.[10] 갈릴레오의 재판과 처벌은 17세기 후반기 이탈리아의 과학활동을 중단시키지는 않았지만 과학의 수준과 질에 큰 지장을 초래했다고 평가받고 있다.[11]

결론적으로, 당시 로마교황청의 '지동설'이라는 과학기술연구결과에 대한 형사적 제재와 출판통제는 상당부분 효과를 발휘했다고 평가할 수 있다. 그러나, 종교적 관점에서 과학기술 사상을 통제하는 시도가 정당하냐는 문제는 별개의 쟁점이라고 하겠다.

고전적 소과학 시대의 이러한 과학기술통제법제가 현대의 거대과학 시대에도 작동할 수 있는지, 아니면 새로운 접근 방법이 필요한지에 대해서 아래에서 상술하기로 한다.

제3절 과학기술통제법제의 구조와 내용

1. 일반론

행정법상 비례원칙은 목적 실현을 위한 수단과 목적 사이에는 합리적인 비례관계가 있어야 한다는 것을 말한다.[12] 이러한 접근법을 과학기술통제법제에 대응시킨다면 과학기술의 통제는 위험성이 높을수록 통제수단이 강력해야 한다. 그러나 통제수단이 강력하다고 해서 반드시 통제효과가 높다고 할 수는 없다. 예컨대 특정 국가만 특정연구에 대해 절대적

10) 위의 책, 278면.
11) 제임스 E 매클렐란 3세 · 해럴드 도른 공저(전대호 옮김), 「과학과 기술로 본 세계사 강의」, 모티브, 2006, 370-372면.
12) 김동희, 「행정법 I」, 박영사, 2011, 56면.

으로 금지한다면 다른 나라로 연구공간을 옮길 수 있다. 따라서, 과학기술통제법제는 위험의 심각성 뿐만 아니라, 통제수단의 효과에 대해서도 동시에 고려해야 한다.

과학기술이 가져오는 위험은 심각성 정도에 따라 다음과 같이 분류할 수 있다. 첫째, 과학기술로 인해 재산권이 침해되는 경우이다. 사례로서 인터넷으로 인해 불법복제의 가능성이 높아지는 경우를 들 수 있다. 둘째, 과학기술로 인해 인격권이 침해되는 경우이다. 인터넷상의 프라이버시 침해가 여기에 해당한다. 셋째, 과학기술로 인해 인간의 신체나 생명이 피해를 입는 경우이다. 여기에는 유전자조작생명체가 해당될 가능성이 있다. 넷째, 과학기술로 인해 인류의 종말이 올 수 있는 경우이다. 단기적으로는 핵무기가 여기에 해당될 수 있다. 장기적으로는 과다한 탄소배출로 인한 지구 온난화로 이상기후 현상이 발생하는 경우이다.

과학기술의 위험성을 예측하기 어려운 경우 법적으로 대응하기가 어렵다. 석면의 경우 위험성이 없다고 생각했으나, 결국 큰 위험성을 가지는 것으로 나타났으며, 2000년을 앞두고 Y2K에 대한 위험성은 높다고 보았으나, 결과적으로 큰 위험성이 없는 것으로 나타났다.[13)] 기후변화의 경우 2009년에 와서야 그 위험성이 보다 확실하게 인정되었다. 오존층 파괴에 대한 위험의 경우 이에 대한 사회적 합의가 늦어져서 더 큰 비용을 지불하고 있다고 평가되고 있다. 이와 관련하여 인류전체의 생존을 위협할 가능성이 있는 과학기술의 위험성에 대해서는 그 가능성이 적다고 하더라도, 미리 대비해야 한다는 국제적인 움직임이 있으며, 통상 '사전 예방의 원칙'이라고 불리고 있다. 동 원칙은 특히 환경 분야에서 널리 받아들여지고 있다. '사전예방원칙'을 도입한 대표적인 사례가 기후변화와 관련된 리우선언(1992년)이다.[14)]

---

13) 오병철(손경환편저), "과학기술 안전법", 「과학기술법」, 진원사, 2010, 177면.

14) 리우선언 제15조는 '환경을 보호하기 위해 각 국은 자신의 능력에 따라 사전예방 접근을 폭넓게 적용해야 한다. 심각하거나 회복불가능한 손상의 위험이 있을 경우, 충분한 과학적 확실성이 결여되어 있다는 것이 환경파괴를 예방할 비용효과적 조치를 연기하

2. 과학기술통제법제의 구조

여기서는 현대적 환경에서 작동하는 과학기술통제법제의 구조에 대해서 분석해 보기로 한다. 과학기술로 인해 발생하는 위험성을 통제하는 법제는, 당연하게도 '과학기술 위험성'이라는 고유의 특성을 반영하고 있으며, 대체로 다음과 같은 특성을 나타내고 있다.

첫째, 현대의 과학기술은 계속해서 변화하고 있고, 그 변화의 속도도 빠르다. 따라서 이러한 변화에 시기를 놓치지 않고 과학기술의 위험에 적극적으로 대응하기 위해서 과학기술통제법제는 '유연성' 있는 구조를 가지고 있다.

둘째, 과학기술의 문제는 그 위험성을 판단하는 데 있어서, 특정 과학기술분야의 전문가의 판단이 요구된다. 따라서 과학기술의 위험성을 판단하는 절차에 과학기술자를 참여시키고 있다.

셋째, 과학기술자와 과학기술 활동은 자율성이 강하다는 특성을 가지고 있다. 따라서, 법에서의 절대적 금지가 현실에서 그대로 작동하지 않을 우려가 있다. 과학기술통제법제는 통제 기관과 과학기술자의 상호 소통적인 구조를 가질 필요가 있으며, 다양한 종류의 인·허가 제도가 적절한 방식 중의 하나로서 널리 활용되고 있다.

넷째, 과학기술의 위험성에 대한 지식은 대체로 어느 정도의 불확실성을 가지고 있다. 과학기술의 위험성에 대한 대응 수단이 결과적으로 적절했느냐도 중요하지만, 그러한 의사결정을 하는 과정이 투명하고, 합리적이고, 많은 사람들이 참여했는지 하는 절차가 중요하다. 따라서, 과학기술통제법제는 절차적 합리성을 중시하는 구조를 취하고 있다.

다섯째, 과학기술 위험성의 피해 규모를 고려하고 있다. 때에 따라서는 고유의 손해배상제도를 갖추고 있다.

는 이유로 이용되어서는 안된다'라고 명시하고 있다.: 김환석, "유전자 재조합식품 표시제에 관한 연구: 유전자변형식품에 대한 사회적 논쟁과 규제방향", 「환경법연구」, 제22권, 2000, 113면.

여섯째, 위험의 피해 범위가 전 지구적인 경우가 많다. 따라서 국제적 차원에서 대응하는 것이 효율적이며, 국제협약에 따라 규제되는 경우가 많다.

일곱째, 피해가 치명적일 경우가 많아서, 안전규제의 기준이 엄격하거나, 사전배려적 측면이 강하다.

여덟째, 과학기술의 위험성은 그 특성에 따라 매우 다양한 모습을 보이고 있다. 핵무기처럼 위험에 대한 지식이 확실하고, 단시간에 나타날 수 있는 위험이 있는 반면에, 유전자변형식품처럼 위험에 대한 지식의 확실성이 핵무기보다는 높지 않고, 장기적으로 나타나는 경우도 있다. 또한 핵무기는 위험원이 특정되어 있으나, 기후변화의 위험원은 모든 인간의 활동에 산재해 있다. 따라서 과학기술통제법제는 그 위험원의 성격에 따라 매우 다양한 접근이 이루어지고 있다는 특성을 가진다.

현대 행정의 경우 사회현상이 복잡해지고 전문화됨에 따라, 앞서 지적한 과학기술통제법제의 특성을 담아내는 방향으로 변화하고 있다. 행정학자 랜디스는 설계의 유연성, 적극적 참여, 전문화라는 측면에서 행정과정이 사법과정에 대해 우월성을 가진다고 지적하였다.[15] 특히 전문화는 의사결정에 대한 책임 추궁의 대상을 특정할 수 있게 해준다는 점에서 투명성을 높여주어, 규제 분야에서 그 장점이 드러난다고 지적하였다. 과학기술 위험성의 분야는 다른 어느 분야보다도 전문성이 높고, 의사결정의 결과가 인류 모두에게 치명적일 수 있다. 따라서 현대 행정학이 추구하는 유연성, 전문성, 절차적 타당성의 모습을 과학기술통제법제가 적극적으로 수용할 필요가 있다고 하겠다.

앞서 서술한 과학기술통제법제의 특성을 상술하면 다음과 같다.

15) 홍준형, 「행정과정의 법적 통제」, 서울대학교출판문화원, 2010, 11면.

(1) 유연성: 위임입법

빠르게 변화하는 과학기술에 능동적으로 대응하기 위해서는, 유연성이 있는 법제가 필요하다. 예컨대, 새로 발견된 지식에 의해서 규제의 기준을 시급히 높여야 할 경우도 있으며 반대의 경우도 있을 수 있다.

만약 국회가 상세한 법률을 작성하는 대신 그 의도를 일반적 형태로 표현하여 행정부로 하여금 변화하는 사회적, 기술적 상황에 맞게 법률을 조정할 수 있도록 해준다면, 행정부는 효과적으로 대응 할 수 있다.[16] 이를 통상 위임입법이라고 부른다. 그러나, 법률에 의하지 않고, 국민의 권리가 제약을 받는 것을 방지하기 위해서 위임입법은 헌법에 의해 제한된다.[17] 즉 위임명령은 집행명령과 달리 법률의 명시적 수권에 의해서만 발할 수 있다. 수권 법률은 구체적으로 그 법규명령의 제정에 관하여 내용, 목적, 그리고 적용기준, 범위 등을 명확히 규정하고 제한하여 수권하여야 한다.

예를 들어, 원자력안전법은 수권 규범의 성격을 보여주고 있다.[18] 발전용원자로 및 관계시설의 건설을 예로 들면, '… 대통령령으로 정하는 바에 따라 …, 허가를 받아야 한다(제10조).', 제11조의 허가기준에 있어서도 '건설에 필요한 기술능력을 확보하고 있을 것', '대통령령으로 정하는 기준에 적합할 것' 등과 같이 많은 위임 규정과 불확정개념을 사용하고 있다. 한편, 생명윤리 및 안전에 관한 법률 제6조는 체세포핵이식행위를 할 수 있는 연구의 종류 · 대상 및 범위에 대한 사항을 국가생명윤리위원회에서 심의하도록 하고 있는데, 이는 본질적인 사항은 의회가 직접결정해야 하는 의회유보원칙에 어긋난다는 비판도 있다.[19]

---

16) 위의 책, 12면.
17) 위의 책, 20면.
18) 김재호, "과학기술에 대한 행정법적 고찰-원자력법령체계의 문제점과 개선방향을 중심으로-", 「법학연구」, 9(1), 1998, 145면.
19) 김인자 · 박형준, "과학기술규제 정책의 형성과 변동 과정분석 – '생명윤리 및 안전에 관한 법률'을 중심으로-", 「한국정책학회보」, 20(1), 2011, 114면.

결론적으로, 과학기술통제법제를 설계하는데, 전문기술적인 사항에 대해서는 위임입법을 통해서, 유연하게 대처할 수 있도록 함과 동시에 중요한 원칙에 대해서는 법률에 명시하는 것이 바람직하다. 즉, 기술과 관련된 규정의 경우, 일반적 중요성이 있는 사항은 법률로 성문화하며, 특정 활동이나 시설에 관한 사항인 경우 국내 법체계의 하위 단계인 부령을 통해 고시나 기준으로 취급하는 것이 적절하다.

(2) 전문성: 전문위원회

과학기술의 통제의 방식은 절대적 금지인 경우도 있지만, 많은 경우 상대적 통제방식인 인 · 허가제도를 활용하고 있다. 인 · 허가 제도는 특정 연구개발활동과 관련한 위험성에 대한 판단을 포함하게 되는데, 이는 과학기술 전문지식을 필요로 한다. 따라서 과학기술통제법제는 대부분 전문가들로 구성된 위원회를 활용하고 있다.

행정위원회 제도는 19세기 말에서 20세기에 걸쳐 영미에서 자본주의의 발전에 따라 야기되는 여러 가지 사회, 경제적 문제를 행정적으로 규제하기 위하여 도입 · 발전된 것이었다.[20] 새로운 행정분야 사무처리는 그 담당기관의 정치적 중립성, 전문성, 신중한 절차 등이 요청되었으며, 이에 따라 설치된 것이 행정위원회이다. 한편, 위원회라는 명칭이 같더라도, 그 위원회가 가지는 권한에 따라 법적 지위는 다양하다고 할 수 있다.

위원회를 설계하는 데 있어서, 각 분야 과학기술의 특성을 고려하여 목적을 효율적으로 달성할 수 있도록 위원회의 법적 성격, 위원회의 구성원, 심의 방식을 구성하는 것이 필요하다. 원자력분야의 경우 원자력안전위원회를 설치하여 원자력안전에 관한 중요사항을 심의 의결하도록 하고 있다.[21] 또한 생명공학 분야에서는 '생명윤리 및 안전에 관한 법률'에서 국가적 차원의 '국가생명윤리심의위원회'와 개별 연구기관 차원의

20) 김동희, 「행정법 II」, 박영사, 2011, 42면.
21) 원자력안전위원회의 설치 및 운영에 관한 법률 제3조.

'기관생명윤리심의위원회'를 두도록 하고 있다. 국가생명윤리심의위원회의 경우 자연과학자와 인문학자를 동시에 구성원으로 선정하여, 정책결정과정에서의 균형을 유지하려고 하고 있다.

(3) 사전적 통제와 의사소통 구조: 인 · 허가 제도

과학기술의 위험성을 통제하는 데 효과적인 방법은 위험이 발생한 후에 이를 처벌하는 것 보다, 그러한 일이 벌어지기 전에 통제하는 것이다. 과학기술 활동에서 발생하는 위험성의 규모와 그 파급효과를 감안하면 사전적 통제는 과학기술분야에서 매우 중요한 사항이라고 하겠다. 인 · 허가 제도는 국가와 사인간의 법률관계의 발생 · 변경 · 소멸에 있어서 통제수단으로 행정법이 발전시킨 전형적인 유형으로서, 사전적 통제 기능을 가지고 있다.

인 · 허가 제도가 가지는 또 다른 장점은 인 · 허가 과정에서 기구와 절차를 통해 과학기술자와 규제자 간의 의사소통이 가능하다는 점이다. 절차법은 법규범을 의사소통체계로 파악하는데, 이러한 속성이 연구영역에 적합한 방식이라고 하겠다. 이러한 절차 규범(허용규범)이 아닌 금지 규범이 가지는 한계는 독일의 배아보호법의 사례를 통해 알 수 있다. 1990년에 발효된 독일 배아보호법은 체외배아연구를 엄격히 금지하고 있는데, 대부분의 연구자들이 법의 흠결을 이용해 2002년 이스라엘로부터 배아줄기세포주를 수입하거나 배아줄기세포 연구가 허용된 국가로 이동하여 연구를 했다. 이와 같이 독일 배아줄기법은 과도한 금지규범의 성격을 가짐으로써 직접적인 규제기능과 방향설정 기능을 상실하게 되었다는 평가가 있다.[22]

(4) 절차적 합리성

복잡한 행정현실에서는 무엇이 최선의 결정인지보다는 어떠한 논의

22) 고봉진, "생명과학기술 연구에 대한 법정책의 책무", 「안암법학」, 25, 2007, 468면.

과정을 거쳐 결론에 도달할 것인지가 더 중시될 수밖에 없다.[23] 현대 행정의 과제를 수행하기 위해 점점 확대되어 온 행정재량의 경우 절차적 통제의 중요성이 강조된다.

이것은 전문가들도 어려움을 느끼는 과학기술 위험성에 대한 판단이 중요한 요소인 과학기술통제 분야에도 적용된다고 하겠다. 한국의 과학기술기본법도 정부가 과학기술정책을 형성하고 집행하는 과정에서 투명성과 합리성을 높이기 위하여 국민의 의견을 모을 수 있는 방안을 마련하도록 하고 있다(제5조 제3항). 원자력안전법은 발전용원자로를 건설하려는 자 등은 일정한 요건에 해당하는 경우 주민들의 의견을 수렴하거나 공청회를 개최하도록 하고 있다(제103조).

또한 과학기술안전성을 판단하는 데 있어서 사법부의 판단보다 행정부의 판단에 우선권이 주어져야 한다는 근거가 행정절차의 합리성이라는 견해도 있다. 따라서 과학기술통제법을 설계하는 데 있어서, 청문절차의 도입 등 절차적 합리성을 강화시킬 필요가 있다.

(5) 법적 수단의 다양성 및 복합적 처방

과학기술을 통제하는 법적 수단은 다양하다. 크게 과학기술 활동 자체를 금지하는 절대적 통제법제와 일정한 범위내에서 허용하는 상대적 통제법제로 구분할 수 있다.

상대적 통제법제의 경우도 다양한 접근 방법이 있다. 첫째, 인 · 허가제도와 같은 전통적인 규제규범이 있다. 둘째, 신약개발에서의 임상실험 등에 많이 적용되고 있는 사전동의를 이용한 통제 방식이 있다. 셋째, 유전자변형생물체에 적용되고 있는 표시제도를 이용한 통제방법이 있다. 넷째, 환경세나 보조금을 통해 위험유발행위의 사회적 비용을 내부화하도록 유도하는 '가격수단'이 있다.[24] 다섯째, 온실가스배출권 거래제와

23) 홍준형, 앞의 책, v면.

24) 조홍식(조홍식 · 이재협 · 허성욱 편저), "기후변화의 법정책", 「기후변화와 법의 지배」, 박영사, 2010, 8면.

같이 위험유발행위를 할 수 있는 권한의 상한선을 정한 후 이 권한의 거래를 허용함으로써 위험유발행위를 통제하는 '수량수단'이 있다.

이와 같이 과학기술을 통제하는 방법은 매우 다양하며, 복합적으로 사용되고 있는 경우가 많다. 예를 들어 '생명윤리 및 안전에 관한 법률'은 인간복제의 절대적 금지(제11조), 유전자은행 개설에 대한 허가제도(제32조), 체세포복제배아연구에 대한 등록제도(제23조), 사전동의제도(제5조), 보고 또는 자료제출 의무(제38조) 등의 다양한 수단을 복합적으로 가지고 있다.

과학기술의 위험성에 대해 효과적으로 통제하기 위해서는, 과학기술의 특성과 특정 과학기술 위험원의 고유성에 근거하여 통제법제를 설계하는 것이 필요하다.

제4절 과학기술 통제의 한계와 폭력에의 의지

많은 선진국에서는 '인간복제' 실험은 불법이다. 한국의 '생명윤리 및 안전에 관한 법률'도 인간배아복제를 금지하고 있고, 위반할 경우 10년 이하의 징역에 처하는 것으로 규정하고 있다(제11조). 그러나 모든 곳에서 그런 실험을 불법으로 만들기도 어렵고, 국제무역이 가능한 상황에서 법은 사소한 불편에 불과 할 수도 있다. 따라서 인간복제를 못하게 하기 위한 효과적인 규제와 제재가 불가능하다는 시각도 있다.

과학기술활동을 법으로 통제하는 것에는 일정한 한계가 있다. 법이 아닌 강제수단을 사용하는 것이 대안이 될 수 있는가에 대한 고민이 시작되는 지점이다. 강제력이 있다는 점에서 법과 폭력은 쌍둥이이고, 전자는 적법한 폭력이고 후자는 비적법한 폭력이라는 차이가 있다.

과학기술활동에 대한 폭력의 사용은 이미 1811년에 일어났었다. 영국에서 일어난 러다이트 운동은 대규모적인 기계부수기 운동이었고, 노팅

엄·요크셔·랭커셔를 중심으로 수많은 기계가 파괴되었다. 또한 제2차 대전 당시 미국 공군은 독일의 핵개발을 저지하기 위해서 독일이 감속재로 활용하고 있는 중수를 생산하는 노르웨이 소재 공장을 파괴하였다. 다만, 이 경우 전시의 전쟁행위라는 점에서 합법적이라고 할 여지도 있다고 보여진다. 최근에는 이란의 핵개발에 대한 경고가 계속되고 있는 가운데, 2년간 이란의 핵물리학자들이 살해되었다.

과학기술로 인한 위험성의 통제수단으로서 폭력이 허용되는 것이 정당화될 수 있는가에 대한 논의는 과학기술통제법제를 윤리와 연결시켜 주는 접점이라고 보여진다.

:: **표 3-1 이란의 핵물리학자 피살 현황**

■ **2010년 1월 12일 마수드 알리 모하마디**(51세 테헤란대 입자물리학 교수)
테헤란 북부 케이타리에 자택에서 출근길에 나섰다가 자택 앞에 세워진 폭탄 적재 오토바이가 원격 조정에 의해 폭발하면서 사망.

■ **2010년 11월 29일 마지드 샤흐리아리**(41세 샤히드 베헤슈티대 원자력공학과 교수)
오토바이를 탄 괴한이 출근하던 마지드 샤흐리아리의 차량에 접근해 달리던 차량에 폭탄을 부착했으며 이후 차량이 폭발하면서 사망.

■ **2011년 7월 23일 다리우시 레자에이**(35세 핵물리학 박사이자 대학교수)
테헤란의 자택 앞에서 오토바이를 탄 괴한의 총격으로 사망.

■ **2012년 1월 11일 모스타파 로샨**(32살 테헤란 공대 핵물리학 교수)
오토바이를 탄 괴한이 출근하던 모스타파 로샨이 탄 푸조차량에 접근해 자석폭탄을 부착했으며, 이후 차량이 폭발하면서 사망.

제 4 장
과학기술을 재산권으로 만드는 법

1474년 베니스공화국 의회는 찬성 116, 반대 10, 기권 3으로 특허법을 통과시켰다.

과학기술에 대한 투자주체가 정부에서 민간으로 무게 중심이 변화되고 있다. 이에 따라 과학기술진흥법제를 설계하는 데 있어서, 연구개발에 대한 정부의 직접적 지원법제와 더불어, 민간이 스스로 연구개발에 투자를 하도록 유도하는 법제가 부각되고 있다. 민간투자를 유도하는 대표적인 법제가 조세법과 재산권법이다. 조세법의 경우 민간의 연구개발 투자에 대해 세액을 감면해주는 방식을 취하고 있다. 예컨대, 조세특례제한법은 연구 · 인력개발비(제10조)와 연구 · 인력개발을 위한 설비투자(제11조)에 대해서 일정 비율로 세액을 공제해 주고 있다. 재산권 법제의 대표적인 사례는 특허법 등 지식재산권법이다.[1)]

이 글에서는 과학기술에 대한 재산권적 보호법제를 과학기술재산법으로 정의하여, 설명하고자 한다. 먼저, 과학기술재산법의 기원이라고

1) '지식재산권'이라는 용어는 '지적재산권'과 혼용되고 있으며, 그 기원에 대해서는 다음 논문에서 상술하고 있다. 윤권순 · 이승현 · 윤종민, "'intellectual property' 용어의 동아시아(한국, 일본, 중국)에서의 법적 수용", 「산업재산권」, 한국산업재산권법학회, 제34호, 2011, 1-48면.

할 수 있는 베니스공화국의 특허법을 살펴보기로 하자.

제1절 과학기술재산법의 기원, 베니스 특허법

1. 입법배경

오래된 법을 분석할 경우 염두에 두어야 할 사항은 그 당시의 시대적 배경과 그 법을 제정하게 된 목적을 면밀히 살피는 것이다. 그 법이 현대로 전수되어 와서 유사한 모습을 가지고 있음에도, 그 시대적 맥락에 따라서 의미가 달라질 수 있기 때문이다.

1400년부터 1550년까지 약 150년 동안 베니스공화국은 유럽의 주요 무역중심지 중의 하나로서 시장경제와 상공업의 발달로 인해 경제적 전성기를 누리고 있었다고 알려져 있다.[2] 1474년 베니스 특허법이 제정된 시기, 베니스공화국은 커다란 변혁기를 맞고 있었다. 당시 오스만 제국은 비잔틴 제국의 콘스탄티노플을 정복하는데 노력해 왔다.[3] 오스만 군이 콘스탄티노플을 함락시키는 데 가장 커다란 장애 중의 하나는 성벽을 부수는 일이었다. 당시 큰 대포의 경우에도 하루 최대 일곱 차례만 발사 할 수 있었으며, 낮에 성벽을 부수면 밤에 성벽이 복구되는 상황이었다. 당시 헝가리 사람인 오르반은 비잔틴 황제에게 돈을 받는 것을 조건으로 대포를 만들어 주겠다고 제안했으나, 돈이 없다는 것을 알고 오스만 황제에게 접근하여 대형 대포를 만들어 주었다.

마침내 이슬람에 의해 1453년 동로마 수도인 콘스탄티노플이 함락되었고, 베니스와 이탈리아 다른 도시국가에 동양으로부터 기술자들이 대거 유입되는 상황을 맞게 되었다. 당시 시장접근이 용이하고, 운하개

2) Edward C. Walterscheid, "The Early evolution of the United States Patent Law: Antecedents(Part1)", 76 J.Pat.& Trademark Off. Soc'y, 1994, p. 697, 710.

3) 이희철, 「이스탄불」, 리수, 2005, 30면.

선을 위한 기술수요가 있었으며, 상업적 자유가 보장된 베니스는 기술혁신자에게는 매력적인 도시였다. 이는 베니스공화국의 특허법 서문에 있는 '우리 도시의 권위와 능력에, 세상 여러 곳에서 매일 더 많은 사람이 우리에게 올 것이다'라는 문구에서도 나타나고 있다.

이러한 상황변화는 베니스공화국으로 하여금 기술혁신자의 유치를 통해 베니스공화국의 산업을 발전시키는 전략을 채택하게 하였다.[4] 베니스 특허법 서문은 '지금 만일 그러한 사람들에 의하여 발견된 발명에 대한 법률이 제정되면 … 많은 사람들이 그들의 재능을 이용하여 우리 사회에 큰 이익과 효율이 되는 발명을 만들고 실시할 것이다.'라고 입법 취지를 명확히 밝히고 있다.

베니스가 특허법을 도입하기 전에도 특정 발명을 한 사람에게 한시적으로 상업적 독점권을 부여한 사례가 있었다. 그러나, 베니스 특허법은 국가차원에서 제정된 법으로, 특정 조건에 해당하면 특허권을 누구에게나 부여한다는 점에서, 권력자의 시혜가 아닌 상시적인 제도라는 점에서 의의가 있다고 하겠다. 베니스가 특허법을 도입한 이후 이전보다 특허제도가 많이 활성화된 것으로 나타났다. 한 조사에 따르면 1416년부터 1472년까지 58년 사이에 13개의 특허가 불규칙하게 부여된 것에 비해서, 1474년과 1550년 사이에 부여된 특허가 100건이 넘는다.[5] 또한 1474년 입법 이후로 외국인의 특허신청이 빈번해졌다.[6] 이 같은 사실은 베니스공화국이 그 당시 르네상스 이탈리아에서 존재하던 유사특허의 부여를 대신해서 일반적인 법률형식의 특허법을 제정함으로써, 기술혁신자들을 유치하는데 어느 정도 성과를 거두었음을 보여준다고 하겠다.

---

4) 윤권순, "베니스 특허법 분석을 통한 특허제도 본질에 대한 고찰". 「지식재산연구」, 1(1), 2006, 12면.

5) Craig Allen Nard · Andrew P. Morriss, 「Constitutionalizing Patents: From Venice to Philadelphia」, Case Western Reserve University, 2004, p. 10.

6) Ibid. p. 12.

2. 베니스 특허법의 내용

1474년 베니스 의회는 찬성 116, 반대 10, 기권 3으로 베니스 특허법을 통과시켰다(〈표 4-1〉).[7)]

:: 표 4-1 베니스공화국 특허법[8)]

1474, March 19

We have among us men of great genius, apt to invent and discover ingenious devices; and in view of the grandeur and virtue of our City more such men come to us every day from divers parts. Now, if provision were made for the works and devices discovered by such persons, so that others who may see them could not build them and take the inventor's honor away, more men would then apply their genius, would discover, and would build devices of great utility and benefit to our commonwealth.

Therefore:

Be it enacted that, by the authority of this Council, every person who shall build any new and ingenious device in this City, not previously made in our Commonwealth, shall give notice of it to the office of our General Welfare Board when it has been reduced to perfection so that it can be used and operated. It being forbidden to every other person in any of our territories and towns to make any further device conforming with and similar to said one, without the consent and license of the author, for the term of 10 years. And if any body builds it in violation hereof, the aforesaid author and inventor shall be entitled to have him summoned before any magistrate of this City, by which magistrate the said infringer shall be constrained to pay him hundred ducats; and the device shall be destroyed at once. It being, however, with in the power and discretion of the Government, in its activities, to take and use any such device and instrument, with this condition however that no one but the author shall operate it.

7) 나종갑, "특허권의 역사적 변화와 자연권적 재산권으로서의 특허권의 변화", 「지식재산논단」, 1(1), 2004, 10면.

1474년 3월 19일

우리는 우리들 중에 창조적인 장치를 발명 및 발견하기 좋아하는 천재적인 사람을 가지고 있다; 우리 도시의 권위와 능력에, 세상 여러 곳에서 매일 더 많은 사람이 우리에게 올 것이다. 지금 만일 그러한 사람들에 의하여 발견된 작업(works)과 장치들에 대한 법률이 제정되어 그것을 본 다른 사람들이 실시하지 못하게 하여, 발명가의 명예를 손상시키지 못한다면, 많은 사람들이 그들의 재능을 이용하여 우리들 사회에 큰 이익과 효율이 되는 발명을 만들고 실시할 것이다.

따라서 본 위원회의 권한으로 본 도시에서 이전에 우리 사회에서 만들어지지 않은 새롭고 독창적인 장치를 실시할 모든 사람은 장치를 완성시켜 이를 사용할 수 있고 작동시킬 수 있었을 때, 복지위원회의 사무실에 통지하여야 한다. 10년 동안 그 발명가의 동의나 허락없이 앞서 언급한 장치와 비슷하거나 일치하는 그 어떤 장치를 만드는 것은 우리의 영토와 도시 내에 있는 모든 사람에게 금지된다. 만일 누구도 이에 관하여 위반을 하여 실시한다면, 앞서의 발명가는, 그 침해자로 하여금 그 발명가에게 100두칼을 지급하도록 할, 도시의 행정장관에게 그를 제소할 권리를 가진다. 그리고 그 장치는 즉시 파기될 것이다. 그러나 정부의 권한과 재량으로 정부가 그러한 장치와 기기를 점유하고 사용하는 것을 제외하고는, 위에 언급한 조건하에 발명자 만이 그러한 행위를 할 수 있다.

베니스 특허법은 법의 목적, 권리부여 절차 및 요건, 권리 범위, 권리구제 절차라는 재산법의 기본 구조를 갖추고 있다.

동 법에 따르면, 발명자에게 특정 요건을 갖춘 장치와 기기에 대해 일정기간 동안 일정 지역에서 이것을 제조할 독점적 권한을 부여하고 있으며, 위반시 일정한 보상금 청구권을 부여하고, 침해 장치나 기기는 파기된다. 또한 정부는 발명을 실시할 수 있도록 규정하고 있다.

---

8) 다음 논문에 수록된 번역문의 문구를 수정 · 전제함.: 위의 논문, 10-12면.

제2절 현대 지식재산권법제의 기준: WTO/TRIPS 협정

베니스공화국은 과학기술혁신 활동을 법적으로 설계하는 과정에서 자율적으로 선택할 수 있었으나, 현대 국가는 입법자유의 폭이 상당히 제한되어 있다. WTO(World Trade Organization: 국제무역기구)협정 체결국은 그 부속협정으로 포함되어 있는 무역 관련 지식재산권 관련 협정인 TRIPS(Trade-Related Aspects of Intellectual Property Rights) 규정을 따라야 할 의무가 있다. 따라서, 과학기술재산법제의 설계를 고민하기에 앞서서 동 협정에 대한 지식을 숙지하는 것이 필수적이라 하겠다.

1. 특 허 법

(1) 특허등록요건

발명이 특허를 받기 위해서는 일정한 요건을 갖추어야 한다. 시장경제에 부정적인 영향을 줄 수 있는 독점권을 부여하는 것이기 때문에, 그 영향을 상쇄 할 수 있을 정도의 경제적 · 사회적 가치를 가지는 발명에 대해서만 특허를 부여해야 한다.

물론 이런 요건들은 절대적인 것은 아니고 시대와 국가에 따라 변해왔으나, WTO/TRIPS 타결에 따라 현대에 와서는 거의 같아지고 있다. TRIPS 협정에 따르면 신규성, 진보성, 산업상 이용가능성을 갖춘 발명이면 특허를 받을 수 있도록 되어 있다(제27조).

신규성이란 발명이 기존에 나와 있던 기술과 다른 새로운 것이어야 한다는 요건이다. 진보성이란 기존에 나와 있던 기술로부터 쉽게 생각해낼 수 없어야 한다는 요건이다. 이 요건은 누구나 생각 할 수 있는 발명에 특허권이라는 독점권을 줌으로써 발생되는 부작용을 없애기 위한 것이다. 우리 특허법은 "그 발명이 속하는 기술분야에서 통상의 지식을 가진 자가 용이하게 발명할 수 있는 것일 때에는 특허를 받을 수 없다"고 규정하고 있다(제29조). 한국과 일본은 진보성(inventive step)이라는 용어를 사용하고 있으며, 영미법의 경우 비자명성(non-obviousness)이라는 용어를 사용하고 있다. TRIPS 협정에서는 두 용어가 같은 의미임을 분명히 하고 있다(제27조 제1항). 진보성을 판단하는 데 있어서, 판단 기준은 공개된 자료이며, 그 발명이 속하는 기술분야에서 통상의 지식을 가진 자, 즉 평균적 전문가의 눈으로 판단한다. 1개의 자료를 기준으로 판단해야 하는 신규성과는 달리 진보성 여부는 출원 당시의 기술수준에 비추어 여러 자료를 종합적으로 보아 판단할 수 있도록 되어있다. '산업상 이용이 가능해야 한다'는 요건은 미국법인 경우 '유용성(useful)'이라고 표현하고 있다.

TRIPS 협정은 특히, 발명지, 기술분야, 제품의 수입과 국내생산 여부에 따라 발명을 차별하지 말도록 규정하고 있다. 기술분야의 차별금지에 대한 의미는 예컨대 환경기술에 대한 강제실시권[9] 발동을 쉽게 하는 조항 등을 둘 수 없다는 것이다. 국내외 생산에 대한 차별금지는 수입이나 국내생산을 모두 실시의 일종으로 인정해야 한다는 것을 의미한다. 한국법에서도 수입을 실시로 인정하여 수입을 통해 국내수요를 충족한다면 강제실시권을 발동할 수 없도록 하고 있다.

TRIPS는 다음과 같은 경우 일반적인 특허요건을 만족하더라도 특허권을 부여하지 않을 수 있도록 하고 있다.[10]

첫째, 공서양속(order public or morality), 인간 · 동물 · 식물의 생장환경 또는 환경 보호를 위해 필요한 경우 특허권을 부여하지 않아도 된다고 규정하고 있다. 둘째, 국방상 이유로 인해 특허를 내주지 않을 수 있다(제73조 안전보장을 위한 예외조항). 셋째, 사람이나 동물의 진단, 수술,

9) 강제실시권에 대해서는 이 책 제6장 제2절에서 자세히 설명하였다.

10) 특허청, 「우루과이라운드와 TRIPS 협정의 성립」, 2007, 158면.

처치 등에 특허권이라는 독점권을 부여할 경우 건강에 나쁜 영향을 줄 수 있으므로 불특허대상에 포함시켰다.[11] 넷째, 미생물을 제외한 식물과 동물, 그리고 그 식물과 동물을 생물학적으로 생산하는 방법을 불특허대상으로 규정하고 있다.[12] 따라서 미생물발명 또는 미생물을 이용한 제법은 특허를 내주어야 한다. 식물을 불특허대상에 포함시키는 것에 대해서는 동물에 비해서 많은 논란이 벌어졌는데, 이는 식량자원의 개발을 위해 유전공학적인 방법을 통한 식물변종이 많이 나오기 때문이다. 결론적으로는 불특허대상에 포함시키되, 그럴 경우 특별법으로 보호해야 한다는 것을 의무화하였다.

앞서 살펴본 불특허대상은 선택규정이기 때문에 각국에서 이를 모두 불특허사유로 규정할 필요는 없다. 우리법은 공서양속은 불특허사유에 포함시키고 있고(제32조), 국방상 필요한 경우 특허권을 부여하지 않거나, 특허를 받을 수 있는 권리를 수용할 수 있도록 하고 있다(제41조 제2항). 사람의 치료방법에 대해서는 심사기준과 판례를 통해 산업상 이용가능성이 없다고 하여 특허권을 부여하지 않고 있다. 이에 대해 의료산업도 산업이고, 치료방법은 이에 속하기 때문에 불합리한 법적용이고, 공서양속 규정을 적용하는 것이 타당하다는 주장도 있다.[13] 한편, 미국의 경우 1980년대 이후로 그 동안 금기시되었던 발명에 대해서 특허를 부여하는 경향을 보이고 있고, 특허대상을 계속해서 확대하는 추세를 보여왔다.

---

11) 미국의 경우 치료방법에 대해서 특허를 부여하고 있지만, 치료행위를 한 의사에 대해서는 침해소송을 제기할 수 없도록 하고 있다.

12) 생물학적 방법이란 종자의 선택, 교배, 번식단계를 포함하는 종래의 동 · 식물 육종방법을 의미한다. 그러나, 육종방법인 경우에도 인간의 기술 개입정도에 따라 유연하게 판단해야 한다는 주장이 있는 등 그 의미가 애매하다는 비판이 있다.

13) 윤권순, "의료발명의 특허성에 대한 비판적 고찰", 「창작과 권리」 제14호, 1999, 3, 22면.

:: 표 4-2 WTO/TRIPS: 특허대상 규정[14)]

Article 27 Patentable Subject Matter

1. Subject to the provisions of paragraphs 2 and 3, patents shall be available for any inventions, whether products or processes, in all fields of technology, provided that they are new, involve an inventive step and are capable of industrial application.(footnote 5) Subject to paragraph 4 of Article 65, paragraph 8 of Article 70 and paragraph 3 of this Article, patents shall be available and patent rights enjoyable without discrimination as to the place of invention, the field of technology and whether products are imported or locally produced.

footnote 5. For the purposes of this Article, the terms "inventive step" and "capable of industrial application" may be deemed by a Member to be synonymous with the terms "non-obvious" and "useful" respectively.

2. Members may exclude from patentability inventions, the prevention within their territory of the commercial exploitation of which is necessary to protect ordre public or morality, including to protect human, animal or plant life or health or to avoid serious prejudice to the environment, provided that such exclusion is not made merely because the exploitation is prohibited by their law.

3. Members may also exclude from patentability: (a) diagnostic, therapeutic and surgical methods for the treatment of humans or animals; (b) plants and animals other than micro-organisms, and essentially biological processes for the production of plants or animals other than non-biological and microbiological processes. However, Members shall provide for the protection of plant varieties either by patents or by an effective sui generis system or by any combination thereof. The provisions of this subparagraph shall be reviewed four years after the date of entry into force of the WTO Agreement.

제27조 특허 대상

1. 제2항 및 제3항의 규정을 조건으로 모든 기술분야에서 물건 또는 방법에 관한 어떠한 발명도 신규성, 진보성 및 산업상 이용가능성이 있으면

14) 본 책에서 WTO/TRIPS 규정은 다음 책에서 전재함: 특허청, 「우루과이라운드와 TRIPs 협정의 성립」, 2007.

특허가 허여 될 수 있어야 한다.(주5) 제65조 제4항, 제70조 제8항 및 동조 제3항의 규정을 조건으로, 발명지, 기술분야 및 제품의 수입 또는 국내생산 여부에 따른 차별없이 특허가 허여 될 수 있어야 하고, 특허권이 향유될 수 있어야 한다.

(주5) 이 규정의 적용에 있어서 회원국은 '진보성', '산업상 이용가능성'이라는 용어를 각각 '비자명성', '유용성'의 동의어로 간주 할 수 있다.

2. 회원국은 자국의 영토 내에서의 상업적 이용의 금지가 사람, 동물, 식물의 생명, 건강의 보호 또는 환경에 대하여 중대한 손해를 방지하는 것과 공서양속의 보호에 필요하다고 인정되는 발명에 대해서는 특허대상으로부터 제외할 수 있다. 단, 이러한 제외는 동 이용이 자국 법령에 의해 금지되어 있다는 이유만으로 취해져서는 안된다.

3. 회원국은 또한 아래 사항을 특허대상에서 제외 할 수 있다. (a) 인간 또는 동물의 치료를 위한 진단방법, 치료방법 및 외과적 방법 (b) 미생물 이외의 동물과 식물 그리고 비생물학적 방법 또는 미생물학적 방법과는 다른 동 · 식물 생산을 위한 본질적으로 생물학적인 방법. 단, 회원국은 특허 또는 효과적인 독자적 제도 또는 양자의 조합을 통하여 식물신품종의 보호를 규정한다. 이 호의 규정은 세계무역협정의 발효일로부터 4년 후에 재검토된다.

앞서 설명한 TRIPS 제27조는 TRIPS 협정에서 선진국의 기대에 부응하여 개도국의 합의를 도출해 낸 성공적인 조항 중의 하나로 평가되고 있다.[15] TRIPS 협정 성립 이전에 많은 국가들은 의약품, 식품 등을 특허대상에서 제외하였다. 그러나, WTO 회원국은 TRIPS 협정에 의해 이에 대한 엄격한 규정을 적용받게 되었다.

(2) 특허권자의 권리

TRIPS는 특허권의 성질을 배타적 권리를 가진다고 규정하고 있다. 또한 양도하거나 실시허여할 수 있는 권리가 있다고 규정하여, 시장경제에서 효율적으로 작동하도록 하고 있다. 침해 행위를 물건발명의 경우와 방법발명의 경우로 나누어서 기술하고 있는데 매우 광범하게 규정되어

15) 특허청, 앞의 책, 160면.

있다. 예를 들어 특허권자는 물건의 발명인 경우 제조, 사용, 판매를 위한 청약, 판매 또는 이러한 목적을 위한 수입의 행위를 금지할 수 있도록 규정하고 있다.

:: 표 4-3 WTO/TRIPS: 특허권의 성질 규정

Article 28 Rights Conferred

1. A patent shall confer on its owner the following exclusive rights:

(a) where the subject matter of a patent is a product, to prevent third parties not having the owner's consent from the acts of: making, using, offering for sale, selling, or importing(footnote 6) for these purposes that product;

(b) where the subject matter of a patent is a process, to prevent third parties not having the owner's consent from the act of using the process, and from the acts of: using, offering for sale, selling, or importing for these purposes at least the product obtained directly by that process.

footnote 6. This right, like all other rights conferred under this Agreement in respect of the use, sale, importation or other distribution of goods, is subject to the provisions of Article 6.

2. Patent owners shall also have the right to assign, or transfer by succession, the patent and to conclude licensing contracts.

제28조 부여된 권리

1. 특허는 특허권자에게 다음과 같은 배타적 권리를 부여한다. (a) 특허대상이 물건인 경우, 제3자가 특허권자의 동의없이 동 물건을 제조, 사용, 판매를 위한 청약, 판매 또는 이러한 목적을 위한 수입(주6) 행위의 금지 (b) 특허대상이 방법인 경우, 제3자가 특허권자의 동의없이 방법을 사용하는 행위 및 최소한 그 제법에 의해 직접적으로 획득되는 물건의 사용, 판매를 위한 청약, 판매 또는 이러한 목적을 위한 수입 행위의 금지

(주6) 이 권리는, 본 협정이 물건의 사용, 판매, 수입 혹은 유통에 관하여 부여하는 모든 다른 권리와 같이 위 제6조(권리소진)의 규정을 적용받는다.

2. 특허권자는 또한 특허권을 양도하거나, 상속에 의하여 이전하거나, 실시허락계약을 체결 할 권리를 갖는다.

2. 저작권법

(1) 저작권자의 권리 및 저작권의 보호 형식

저작권은 통상 재산권 권리와 인격적 권리로 구분 할 수 있다. 동 협약은 저작재산권에 대해서는 저작권의 국제협약인 베른협약을 의무적으로 따르도록 하고 있으며, 저작인격권(베른협약 제6조의 2)에 대해서는 그러한 의무가 없다고 규정하고 있다. 그 이유는 미국이 저작인격권 보호에 강하게 반대하였기 때문인 것으로 알려지고 있다.[16] 이에 따라 저작권자는 베른협약에 규정된 저작재산권에 대한 권리를 가진다. 한국저작권법에 따르면, 저작권자는 그의 저작물을 복제할 권리(제16조), 공연할 권리(제17조), 공중송신할 권리(제18조), 미술저작물 등의 원본이나 그 복제물을 전시할 권리(19조), 그의 저작물을 원저작물로 하는 2차적 저작물을 작성하여 이용할 권리(제22조) 등과 같은 저작재산권을 가진다. 또한 TRIPS상의 의무규정은 아니지만, 한국저작권법은 공표를 결정할 권리

표 4-4 WTO/TRIPS: 저작권자의 권리

Article 9 Relation to the Berne Convention

1. Members shall comply with Articles 1 through 21 of the Berne Convention (1971) and the Appendix thereto. However, Members shall not have rights or obligations under this Agreement in respect of the rights conferred under Article 6 bis of that Convention or of the rights derived therefrom.

제9조 베른협약과의 관계

1. 회원국은 베른협약(1971년)의 제1조 내지 제21조 및 그 부속서를 준수한다. 그러나 회원국은 동 협약의 제6조의2에 의하여 허여된 권리 또는 그 규정으로부터 발생한 권리와 관련하여 어떠한 권리나 의무를 가지지 않는다.

16) 위의 책, 2007, 60면.

(제11조), 성명을 표시할 권리(제12조), 내용의 동일성을 유지 할 권리(제13조)로 구성되는 저작인격권에 대해서도 규정하고 있다.

한편, 베른협약 제2조에 따르면, '문학 · 예술적 저작물'에는 그 표현의 형태나 방식에 관계 없이 문학 · 학술 및 예술의 범위에 속하는 모든 제작물을 포함한다고 폭넓게 규정하고 있다. 또한, 저작권의 발생에 있어서, 어떠한 절차나 형식의 이행을 요구하지 않고 있으며, 다만, '유형적 형태로 고정하는 것'이라는 요건만을 각국의 재량에 맡기고 있다. 예를 들어, 영국 저작권법에 따르면, '연설'에는 저작권이 존재하지 않고 문자 등으로 고정되어야 저작권이 발생한다.

베른협약 및 WTO 가입국인 한국의 저작권법은 저작권은 저작물을 창작한 때부터 발생하며 어떠한 절차나 형식의 이행을 필요로 하지 아니한다고 규정하고 있다(제10조).

:: 표 4-5 베른협약(1971년): 저작권의 보호형식

Article 2

(1) The expression "literary and artistic works" shall include every production in the literary, scientific and artistic domain, whatever may be the mode or form of its expression, such as books, pamphlets and other writings; lectures, addresses, sermons and other works of the same nature; dramatic or dramatico-musical works; choreographic works and entertainments in dumb show; musical compositions with or without words; cinematographic works to which are assimilated works expressed by a process analogous to cinematography; works of drawing, painting, architecture, sculpture, engraving and lithography; photographic works to which are assimilated works expressed by a process analogous to photography; works of applied art; illustrations, maps, plans, sketches and three-dimensional works relative to geography, topography, architecture or science.

(2) It shall, however, be a matter for legislation in the countries of

the Union to prescribe that works in general or any specified categories of works shall not be protected unless they have been fixed in some material form.

제2조

(1) "문학 · 예술적 저작물"이란 표현은 그 표현의 형태나 방식이 어떠하든 간에 서적, 소책자 및 기타 문서, 강의 · 강연 · 설교 및 기타 같은 성격의 저작물, 연극 또는 악극 저작물, 무용 저작물과 무언극, 가사가 있거나 또는 없는 작곡, 영화와 유사한 과정에 의하여 표현된 저작물을 포함하는 영화 저작물, 소묘 · 회화 · 건축 · 조각 · 판화 및 석판화, 사진과 유사한 과정에 의해 표현된 저작물을 포함하는 사진 저작물, 응용미술 저작물, 도해 · 지도 · 설계도 · 스케치 및 지리학 · 지형학 · 건축학 또는 과학에 관한 3차원 저작물과 같은 문학 · 학술 및 예술의 범위에 속하는 모든 제작물을 포함한다.

(2) 다만, 저작물 일반이나 특정한 범주의 저작물이 유형적인 형태로 고정되어 있지 않는 한 보호되지 않는다고 규정하는 것은 동맹국의 입법에 맡긴다.

(2) 저작권의 보호범위

동 협정은 저작권의 보호가 표현에만 미치며, 아이디어에는 미치지 않는 것으로 규정하고 있다. 예를 들어, 소설의 경우 표현에는 저작권이 미치나, 줄거리는 아이디어이기 때문에 통상 저작권의 보호영역이 아니라고 할 수 있다. 그러나 자세한 플롯과 같이 애매한 영역이 있다. 결국 아이디어와 표현의 경계는 법원에서 결정된다.

:: 표 4-6 WTO/TRIPS: 저작권의 보호범위

Article 9 Relation to the Berne Convention

2. Copyright protection shall extend to expressions and not to ideas, procedures, methods of operation or mathematical concepts as such.

제9조 베른협약과의 관계
2. 저작권보호는 표현에는 적용되나 사고, 절차, 운용방법 또는 수학적 개념 그 자체에는 적용되지 아니한다.

(3) 권리의 예외

저작권법은 저작자를 보호함으로써 창조활동을 격려하는 한편, 일반인이 어느 정도 이용할 수 있도록 하여 문화를 발달시키는 목적을 달성하고자 한다. 그 균형점을 맞추는 방식으로는 다음과 같은 것들이 있다. 첫째, 저작권은 영구적으로 존재하지 않고 일정기간이 지난 후에는 소멸된다. 레미제라블 등 보호기간이 지난 명작을 마음대로 출판할 수 있는 것은 이 때문이다. 둘째, 저작권법은 표현은 보호하지만, 아이디어는 보호하지 않는다는 원칙을 오래전부터 적용하고 있다. 셋째, 저작권법은 저작자에게 일정한 권리를 부여함과 동시에 '공정이용(fair use)'에 대해서는 누구나에게 허용하고 있다. 저작권법은 급변하는 기술변화 속에서 창작자와 일반인 간 이익의 균형을 잡으려고 지속적으로 노력하고 있다.

WTO/TRIPS에서도 저작권의 제한과 예외에 대한 규정을 두고 있다. 제13조는 '배타적 권리에 대한 제한 또는 예외는 저작물의 정상적 사용과 저촉되지 않고, 권리자의 정당한 이익을 불합리하게 저해하지 아니하는 일부 특별한 경우로 한정한다'라고 다소 추상적으로 규정하고 있다.

한편, EC는 미국의 저작권법 특정 조항이 TRIPS 제13조를 위반했다며, WTO에 제소한 사례가 있다.[17] 1998년 10월 27일 'Fairness in Music Licensing Act'에 의하여 개정된 미국 저작권법 제110조 제5항은 '영업용 예외'와 '가정용 예외'를 규정하고 있다. 영업용 예외는 요식업자, 유흥업자 또는 소매상 가운데, 일정 규모 이하 영업소의 경우 저작권자의

17) 위의 책, 76-77면.

:: 표 4-7 WTO/TRIPS: 저작권의 제한과 예외 규정

Article 13 Limitations and Exceptions
Members shall confine 1imitations or exceptions to exclusive rights to certain special cases which do not conflict with a normal exploitation of the work and do not unreasonably prejudice the legitimate interests of the right holder.

제13조 제한과 예외
회원국은 배타적 권리에 대한 제한 또는 예외를 저작물의 정상적 사용과 저촉되지 아니하고 권리자의 정당한 이익을 불합리하게 저해하지 아니하는 일부 특별한 경우로 한정한다.

허락이나 로열티 지급 없이 음악방송을 트는 것을 허용하고 있다. 가정용 예외는 소규모 식당이나 소매상들이 저작권자의 허락이나 로열티의 지급 없이 '가정용 기기'로 음악방송을 트는 것을 허용하고 있다. 이 사건의 패널은 영업용 예외는 TRIPS 협정 위반이며, 가정용 예외는 협정위반이 아니라고 결론을 내렸다.

한국 저작권법은 재판절차 등에서의 복제(제23조), 정치적 연설 등의 이용(제24조), 학교교육 목적 등에의 이용(제25조), 시사보도를 위한 이용(제26조), 시사적인 기사 및 논설의 복제(제27조), 공표된 저작물의 인용(제28조), 영리를 목적으로 하지 아니하는 공연 · 방송(제29조), 사적이용을 위한 복제(제30조), 도서관 등에서의 복제(제31조), 시험문제로서의 복제(제32조), 시각장애인 등을 위한 복제(제33조), 방송사업자의 일시적 녹음 · 녹화(제34조) 등의 경우를 '공정이용'으로 보아 일정한 조건하에 일정한 범위 내에서 저작권자의 허락없이 행할 수 있도록 하고 있다.

제3절 컴퓨터프로그램의 법적 보호

컴퓨터프로그램은 저작권과 특허권으로 보호 받을 수 있다. 과거에는 컴퓨터프로그램을 일종의 저작물로 보아 저작권으로만 보호해 왔다.[18] 하지만 저작권만으로는 보호하는 데 한계가 있다는 문제점이 제기되었다. 즉 특허법의 경우 발명의 사상을 보호대상으로 하고 있으나, 저작권법의 경우 아이디어가 아니라 표현을 보호대상으로 한다는 한계를 가진다. 따라서 컴퓨터프로그램을 저작권으로 보호 받을 경우, 컴퓨터프로그램 언어만 달리 표현하여 동일한 기능을 수행하도록 하는 경우에는 이론적으로는 보호를 받을 수 없다고 하겠다. 예컨대, 1993년 1월, 서울민사지법은 PASCAL 언어로 만든 프로그램을 C언어로 사실상 번역한 프로그램이 침해가 아니라고 판시하였다. 이에 따라 프로그램 저작자는 가능하면 컴퓨터프로그램을 특허권으로도 보호받기를 원하게 되었다.

1. 특허법에 의한 보호

저작권법상 컴퓨터프로그램 보호의 한계를 느끼게 된 미국의 기업들은 특허법상으로도 보호받기를 요구했으며, 끊임없이 의회, 법원 등의 문을 두드려왔다. 이제 대부분의 국가에서는 컴퓨터프로그램의 작동결과 "기술적 효과"가 있는 경우에는 특허권을 부여하고 있다. 한국도 1998년 8월에 '컴퓨터 관련 발명의 특허 심사기준'을 개정하여 특허 보호를 강화하였다. 동 심사기준에 따르면 컴퓨터프로그램을 기록매체(CD-ROM)로 청구할 수 있으며, 기록매체에 기록되지 않은 컴퓨터프로

18) 국제적인 저작권 관련 협약인 "베른협약" 가입 국가는 컴퓨터프로그램을 저작권법으로 보호하도록 하고 있다.

그램은 물리적인 "물건"이나 "방법"이 아니므로 적법한 발명이 아닌 것으로 규정하고 있다.

그러나 컴퓨터프로그램의 특허보호에 대해서 비판적 시각도 있다. 즉 미국이 컴퓨터프로그램에 대한 특허보호를 강화한 기간 동안 일본, 독일 등 타국에 비해 오히려 동 분야의 R&D 투자가 저조했다는 연구결과도 있다.[19] 또한 심사과정의 어려움으로 인해 부실 특허양산에 대한 우려가 제기되고 있다.

2. 저작권법에 의한 보호

베른협약에 따르면, 컴퓨터프로그램은 저작권법상의 어문저작물로 보호받도록 되어 있다. 컴퓨터프로그램을 저작권으로 보호받는 경우에는 두 가지 점에서 유리한 점이 있다. 첫 번째로, 저작권법에서는 별도의 등록절차 없이 창작과 동시에 컴퓨터프로그램이 보호를 받는다. 두 번째로, 국제협약(베른협약, UCC)에 의해서 협약당사국에 걸쳐서 자동적으로 보호를 받을 수 있다.

한국저작권법에 따르면, 프로그램 저작자는 공표권, 성명표시권, 동일성 유지권과 같은 저작인격권과 프로그램을 복제 · 개작 · 번역 · 배포 · 발행 및 전송할 권리인 저작재산권을 가진다. 또한 프로그램저작권은 그 프로그램이 공표된 다음 연도부터 50년간 존속한다(제42조).

한편, 컴퓨터프로그램은 어문저작물과는 다른 특성을 가지고 있다. 첫째로, 책을 읽는 것과는 달리 컴퓨터프로그램은 복제하지 않고는 사용할 수도 없고, 분석할 수도 없다. 컴퓨터프로그램에 있는 아이디어는 컴퓨터프로그램을 복제하지 않고는 검토할 수 없다. 따라서 컴퓨터프로그

19) James Bessen · Eric Maskin, 「Intellectual Property on the Internet: What's Wrong with Conventional Wisdom?」, Working Paper(MIT, Department of Economics), 1997, p. 9.

램을 어문저작물과 동일한 방식으로 보호한다면, 권리자에게 너무 과도한 권한을 주는 것이 된다. 컴퓨터프로그램 보호법에서는 복제에 대해서 어문저작물과 다른 규정을 두고 있다. 즉, 프로그램의 기초를 이루는 아이디어 및 원리를 확인하기 위하여 프로그램의 기능을 조사 · 연구목적으로 복제하는 행위(역설계: reverse engineering)와 다른 프로그램과의 호환에 필요한 정보를 얻기 위하여 프로그램코드를 복제 또는 변환하는 행위(역분석: decompiling)에 대해, 일정한 조건하에 저작권의 예외로 인정해 주고 있다(제101조의 3, 제101조의 4). Atari v Nintendo(1992, 미국) 판례는 프로그램에 내재한 아이디어를 이용하거나 배우려고 역설계하는 것을 저작권을 침해한 것이 아니라고 판시하여, 역설계에 대해 관대한 입장을 보이고 있다. Sega v Accolade(1992, 미국)판례에서도 법원은, 컴퓨터프로그램의 경우 복제를 하지 않고는 알 수 없는 요소를 포함하고 있기 때문에, 어문저작물에 비해서 낮은 정도의 보호를 해야 한다고 보았다. 공정이용 원리가 인터페이스 정보를 얻기 위한 역분석에 적용된다고 판결하였다. 이와 같이 미국에서는 법원에 의해서 컴퓨터프로그램의 역설계 · 역분석은 공정이용으로 받아들여지고 있다.

두 번째로, 컴퓨터프로그램은 어문저작물과는 달리 기술적인 특성을 가지고 있다. 창작과정의 많은 부분이 프로그램의 구조와 순서에 있고, 이러한 구조와 순서를 보호해야 한다는 주장도 강하게 제기되고 있다. 만약 침해 행위에 대해서 어문저작물과 동일한 기준인 아이디어/표현 이분법을 적용한다면, 컴퓨터프로그램 저작자의 권리를 충분히 보호하지 못하게 된다는 것이다. 미국에서는 어문적 복제 뿐만 아니라 어느 정도의 구조와 조직에도 권리가 미친다는 판례가 나왔다. Whelan v Jaslow(1987, 미국)판례에서 법원은 아이디어를 매우 좁게 해석하여, "실용적 작품의 목적이나 기능"으로 해석하고 있어서, 프로그램의 구조를 보호하는 문을 열어주고 있다. 동 사건에서 두 개 프로그램의 구조와 "외양과 느낌(Look and Feel)"이 충분히 유사하였다. 미 연방법원은 컴퓨터 화면상에 나타난 모양을 보고 유사하다는 느낌을 받을 경우 저작권법 상의 침해에 해당한다고 표현의 범위를 확장하였다. MS v Power(1988, 미국)판례에서 9,000개 문장에서 43문장만이 유사함에도 상당한 부분을 복제했다고 판결하였다. 그 근거로서, 두 프로그램의 전체적 구조가 유사하고 실수가 같다고 하였다.

제4절 과학기술재산법제의 구조와 설계

1. 설계의 논리

과학기술재산법제는 과학기술활동으로 인한 추상적 지식을 보호 대상으로 한다는 점에서 지식을 보호의 대상으로 하는 지식재산권법제의 하위 개념이라고 볼 수 있다. 과학기술재산법제를 설계하는 논리를 만들어 가는 데 있어서 지식재산권법제의 다양성을 활용하고자 한다.

(1) 권리의 가치: 보호요건과 보호의 예외

권리의 법적 특성을 나타내는 요소는 권리의 가치, 권리의 내용, 권리의 범위, 권리의 구제수단 등을 들 수 있다.[20] 이들 요소들은 상호간에 독립적인 것이 아니라 서로 영향을 주고 받는 관계이다. 특히 이들 요소 중 '권리의 가치'는 매우 중요한데, 권리는 가치의 구체적 제도화 작업이기 때문이다.[21]

지식재산권법제에서 권리의 가치와 밀접한 관련이 있는 요소가 보호요건이라고 할 수 있다. 예컨대, 특허법의 경우 기술혁신이 주요한 권리의 가치이고, 이를 실현하기 위해서는 보호 대상이 이전의 과학기술지식

20) 윤권순, 「특허권 재해석을 통한 특허괴물 현상 분석과 '지식권'의 제안」, 충북대학교 박사학위 논문, 2010, 145면.

21) 김연미, "권리의 본질에 대한 세 가지 시험적 고찰", 「철학논총」, 26(4), 2009, 35면.

보다 한 발 앞선 것이어야 한다. 그러한 요건이 소위 '진보성'으로 나타난다고 하겠다. 장미 등과 같은 식물품종을 보호하는 종자산업법의 경우, 보호대상 품종이 새롭고, 달라지지 않아야 식물품종으로서의 가치를 실현할 수 있을 것이다. 이를 반영하여 보호요건으로, 신규성, 구별성, 균일성, 안정성을 요구하고 있다(제12조).

저작물이란 인간의 사상 또는 감정을 표현한 창작물이며(제2조), 저작권은 저작물을 창작할 때부터 발생한다(제10조). 따라서 저작권의 보호요건은 '창작성'에 있다고 하겠고, 이는 동 법이 저작물의 가치를 사상과 감정의 독자적인 표현에 두고 있음을 말해준다. 한편 저작물의 종류마다 그 창작성의 기준이 달라질 수 있으며, 이것도 역시 특정 저작물에 대한 가치판단과 관련이 있다. 예컨대 저작권법은 데이터베이스를 '소재를 체계적으로 배열 또는 구성한 편집물로서… 그 소재를 검색할 수 있도록 한 것'이라고 정의함으로써(제2조), 그 가치가 배열 또는 구성에 있음을 시사해 주고 있다. 실제로 데이터베이스 관련 판례는 '배열 및 구성'을 저작권의 존재와 침해를 결정하는 기준으로 사용하는 경우가 많다.

이와 같이 지식재산권법제에서 보호요건은 권리의 가치를 어디다 두느냐에 따라 결정되고 있다. 저작권법의 '창작성'과 같은 상대적으로 충족시키기 쉬운 요건부터, 특허권의 '진보성'과 같이 충족시키기 어려운 요건이 존재한다.

권리의 가치 문제는 보호기준 뿐만 아니라, 권리보호의 예외에도 직접적인 영향을 주고 있다. 예컨대, 종자산업법은 농 · 어업인이 자가생산을 목적으로 자가채종을 할 때에는 품종보호권을 제한할 수 있는 근거 규정을 두고 있다(제58조 제2항).[22] 이는 종자산업법이 농 · 어업인의 생산활동에도 가치를 부여하고 있는데서 비롯되며, 산업발전을 주요 가치로 여기는 특허법에는 없는 조항이다. 또한 저작권법의 경우 교육 목적

22) 자가생산이란 판매를 목적으로 하지 않고 자기가 직접 사용할 목적으로 생산하는 것을 말하며, 자가채종이란 자급용 종자를 직접 농가에서 생산하는 것을 말한다.

상 필요한 교과용 도서에는 공표된 저작물을 게재할 수 있도록 저작재산권을 제한하는 등의 저작권 제한 규정을 두고 있다(제25조 제1항). 이는 저작권법이 문화발전에도 가치를 부여하고 있음을 말해준다(제1조).

결론적으로 과학기술재산법제를 설계하는 데 있어서, 권리의 가치를 어디에 두느냐의 문제는 가장 핵심적인 요소이며, 따라서 새로운 과학기술에 대한 재산권적 법제를 만들 경우 그 법의 가치를 명확히 하는 것이 선행되어야 할 것이다.

(2) 권리실현의 비용 vs 법적안정성: 권리 부여 절차

권리실현의 비용은 경제적 비용과 어떤 권리를 실행하기 위하여 기타의 규범적 가치들이 희생되는 것과 같은 비경제적 비용으로 구분할 수 있다.[23] 복지권, 소유권 등 모든 종류의 법적 권리는 공공재정의 지출을 필요로 한다. 즉 경찰, 검찰, 법원, 감옥, 국회 등의 다양한 차원에서 이루어지는 권리형성, 해석, 집행, 방어에는 공공재정이 지출된다. 따라서 어떤 이익이 법적 권리로 인정된다는 것은 중요한 비중을 가져야 함을 말한다.

과학기술재산법제에서 권리실현비용과 직접적인 관계가 있는 규정 중의 하나가 권리부여 절차에 대한 것이다. 즉 권리부여를 하는데 심사 등 엄격한 절차를 거쳐 등록을 요구하는 경우 많은 사회적 · 경제적 비용을 지불해야 하는 반면에, 권리의 법적 안정성과 예측가능성을 높여준다는 장점도 가진다. 반대로 권리부여 절차가 간결하면 사회적 · 경제적 비용은 줄어드나 법적 안정성과 예측가능성이 낮아짐으로 해서 법의 실효성에 부정적 영향을 줄 수 있다.

지식재산권법제는 권리부여 절차와 관련해서 엄격한 경우와 상대적으로 그렇지 않은 경우 등 다양하며, 그 한 쪽 끝은 종자산업법이고 다른 한 쪽은 저작권법이라고 볼 수도 있다.

23) 김도균, 「권리의 문법」, 박영사, 2008, 205-206면.

특허법은 특허권을 취득하기 위해서는 출원절차(제42조), 심사절차(제59조), 등록절차(제87조) 등을 밟아야 한다고 규정하고 있다. 특허권의 경우 표현이 아닌 아이디어를 보호하고 배타권이 주어진다는 권리의 속성상, 특허권의 침해라고 판결이 난 경우 큰 회사도 타격을 받을 정도이기 때문에 법적 안정성과 예측가능성이 매우 중요하다. 따라서, 많은 비용을 수반하면서도 방식심사와 실체심사를 병행하는 제도를 채택하고 있는 것으로 보인다.

종자산업법의 경우 이보다 더 나아가서, 품종보호권심사시 서류심사뿐만 아니라 심사관이 필요하다고 인정하는 경우를 제외하고는 재배심사까지 하도록 하고 있다(종자산업법 제35조 제1항, 종자산업법 시행규칙 제35조). 이는 품종의 구별성 · 균일성 및 안정성을 확인하는데, 서류심사만으로 한계가 있기 때문인 것으로 생각된다.

한편, 저작권법에 따르면, 저작권은 저작물을 창작한 때부터 발생하며 어떠한 절차나 형식의 이행을 필요로 하지 않는다(제10조). 이는 저작물의 경우 행정비용을 감당하지 못할 정도로 그 대상이 많고 광범위하며, 저작물의 표현만을 보호하기 때문에 법적 불확실성이 낮다는 특수성이 반영된 것으로 보인다. 그럼에도 불구하고 저작권법은 저작권의 법적 안정성을 높이기 위해 자발적 등록제도를 규정하고 있다. 즉 저작자로 실명이 등록된 자는 그 저작물의 저작자로 추정하는 법적 인센티브를 주고 있다(제53조 제3항).

종자산업법과 저작권법의 중간적 입장을 취하고 있는 법도 있다. 그 중의 하나가 '반도체집적회로의 배치설계에 관한 법률'이다. 동법에 따르면, 배치설계권은 창작성이 있는 배치설계를 설정등록함으로써 발생한다(제6조). 설정등록시 심사는 신청인이 창작자인지와 같은 방식심사만을 거치며(제20조), '창작성'이 있는지와 같은 실체심사는 거치지 않는다. 다만, 배치설계권의 설정등록 후 권리 침해 단계에서 복제 여부 또는 창작성 여부를 논하게 된다. 즉 실체심사는 소송과정에서 법원에서 하도록 하는 것이다.

과학기술법제의 절차규정을 설계하는 과정에서는 경제적 비용과 법적 안정성을 동시에 고려하되, 다양한 스펙트럼의 규제방식을 선정 내지 창작할 필요가 있다고 하겠다.

(3) 시장과의 친화력: 양도 가능성

연구개발 활동은 본질적으로 성공가능성에 대한 불확실성이 높으며, 연구개발자금의 규모는 점점 커지고 있다. 이러한 환경에서는 자신이 필요한 기술을 모두 개발하는 것 보다는, 다른 기관의 연구개발결과를 활용하는 것이 효율적일 수 있다. 이와 같이 기술혁신 활동에 있어서 외부자원을 활용하는 방식을 통상 개방형 기술혁신이라고 부른다.

연구개발결과물에 대한 재산권을 양도 가능하거나 실시허여가 가능하도록 설계한다면 개방형 기술혁신 활동이 매우 수월해 질 수 있다. 기술수요자와 기술제공자 사이에 시장에서의 거래가 안정적으로 이루어질 수 있기 때문이다. 대부분의 지식재산권법제는 양도와 기술허여가 가능하도록 규정하고 있다. 예컨대, 특허법(WTO/TRIPS 제28조, 한국특허법 제99조), 반도체집적회로의 배치설계에 관한 법률(제10조), 종자산업법(제61조)은 각각 특허권, 배치설계권, 품종보호권을 양도할 수 있도록 규정하고 있다. 반면에 베니스공화국 특허법은 별도의 양도규정이 존재하지 않는다.

과학기술재산법제를 설계하는 데 권리자에게 양도 및 기술허여권을 부여하는 것과 그렇지 않은 것의 차이점을 인식하는 것이 필요하다.

(4) 권리실현의 효율성: 권리의 법적 성질 및 구제수단

권리실현의 효율성과 관련한 규정은 여러 가지 종류가 있을 수 있으나, 권리의 법적 성질과 권리구제 수단이 중요하다고 보여진다. 재산권의 법적 성질과 관련해서는 크게 물권적 권리와 채권적 권리로 구분 할 수 있다. 물권은 배타적 권리와 관계가 있고, 채권은 금전적 청구권과 관계가 있다.

구 소련의 경우 발명자에게는 금전적 보상만을 주는 제도를 가진 적이 있으나, 현재 대부분의 국가에서 특허권은 물권적 권리로 규정되어 있다. 특허소송에서 침해금지가처분신청으로 판매금지까지 가능하므로, 물권적 권리는 통상 금전적 보상만을 요구할 수 있는 채권적 권리와 큰 차이가 있다고 할 수 있으며, 남용의 가능성도 있다. 예컨대, 특허괴물이 특허권 남용의 사례로 제시되고 있다. 특허괴물(patent troll)이라는 말은 미국의 특허소송 과정에서 나온 것이다. 2001년 테크서치(TechSearch) 사가 파산기업으로부터 특허를 매입한 후, 제품을 생산하지 않고 인텔을 상대로 특허침해를 이유로 5억 달러의 손해배상을 청구하였다. 동 소송에서 인텔 변호사가 원고를 강탈자(extortionist)라고 표현했다가 명예훼손죄로 고발당하자 특허괴물(patent troll)이라는 이름을 고안해 낸 것이다. 동 명칭은 비실시기관(NPE: Non Practise Entity)이라는 중립적인 용어로 대치되는 추세이다.

소위 특허괴물의 행위는 물권적 권리의 성질을 정당하게 행사한 것이고, 그러한 행위에 문제가 있다면 특허괴물이 문제가 아니라 현행 특허제도의 구제수단에 문제가 있다는 시각도 있다.[24] 또한 산업발전이라는 특허법 본래의 목적을 달성하는 데는, 특허권의 활용이 우선시되어야 하며, 이를 위해서는 권리자에게 적절한 보상을 전제로 하여 누구나 특허권을 이용할 수 있는 유연한 특허권으로 내용변화가 필요하다는 주장도 있다.[25] 미국의 법학자인 레히만(Jerome H. Reichman)은 누적적 기술혁신분야의 경우 채권적 권리체계인 보상책임체제(Compensatory Liability Regime)가 적합하다고 주장했다. 즉 누적적이고 순차적인 기술혁신 분

24) 윤권순 · 윤종민, "특허괴물의 현상분석과 특허제도의 본질에 대한 고찰", 「창작과 권리」, 제58호, 2010, 33면.

25) 심미랑, "배타적 재산권으로서 특허권의 개념에 대한 연구", 「법학연구」, 14(2), 2011.7, 106면.

야에서, 후발 기술혁신자를 방해하지 않고 진입장벽을 만들지 않고, 기업가들에게 투자의 결실을 주는 방안을 찾아내는 것이 지식재산권 분야에서 해결해야 할 중요한 과제라고 할 수 있는데, 보상책임체제가 효과적이라는 주장이다.[26] 더 나아가 저자는 과학기술지식에 대한 새로운 권리체계로서 보상적 책임체제에 기반한 '지식권'을 구체적으로 제시한 바 있다.[27]

다른 한편으로는 누적적 기술혁신이 일어나는 IT 분야의 경우와는 달리, 신약개발 분야의 경우는 현재의 물권적 권리체계가 잘 작동하고 있다는 시각도 있다. 따라서, 권리의 성질 및 구제수단을 설계하는 데 있어서, 보호대상이 가지는 특성을 적절히 반영할 필요가 있다고 하겠다.

(5) 권리의 대상

권리의 대상은 물건과 같이 구체적인 경우도 있고, 지식과 같이 추상적인 경우도 있다. 예컨대, 특허권의 권리의 대상은 과학기술지식이고, 권리범위는 특허청구항에 대한 법적 해석에 의해 정해진다. 특허권의 권리범위는 추상적 지식으로 표현되기 때문에, 구체적 물건을 대상으로 한 물권에 비해 법적 불확실성이 높다. 특허법은 이러한 불확실성을 줄이기 위해 기술정보(발명의 상세한 설명)와 권리정보(특허청구항)를 분리하는 등 여러 가지 제도를 지속적으로 도입해 오고 있다.[28] 한편 저작권의 경우 아이디어가 아니라 표현을 보호하는 것이 원칙이어서 특허권에 비해 상대적으로 법적 확실성이 높다고 하겠다.

---

26) J.H Reichman, "OF GREEN TULIPS AND LEGAL KUDZU Repackaging rights in subpatentable innovation", Vanderbilt Law Review, 53(6), 2000, p. 1743.

27) 윤권순, 앞의 박사학위 논문.

28) 윤권순, "특허법 구조분석을 통한 '지식경계' 명확화에 대한 연구", 「창작과 권리」, 제63호, 2011. 6, 2-38면.

2. 과학기술재산법제 설계의 실제

(1) 개 요

새로운 기술이 나타날 때 부딪치는 문제는 이를 새로운 법으로 보호할 것인가 아니면 기존의 특허시스템이나 저작권시스템 등으로 보호 할 것인가의 문제로 귀결된다. 기존의 시스템은 국제 협약에 의해 뒷받침된다는 장점이 있는 반면에 새 법은 그 특정기술에 맞추어서 만들 수 있다는 장점을 가진다.

기존법을 활용할 경우 지식재산권법제에서 대표적인 저작권법체계와 특허법체계를 잘 이해할 필요가 있다. 특허법과 저작권법은 다음과 같은 측면에서 대조적이다. 첫째, 특허권은 특허청이라는 행정청의 심사를 통해 권리를 부여 받는데 반해, 저작권은 창작 그 자체로서 저작권이 부여된다. 둘째, 특허권은 특허청에 먼저 출원한 하나의 발명에만 부여된다. 따라서, 독자적으로 발명을 하였다고 하여도, 특허권자의 허락 없이는 원칙적으로 실시할 수 없다. 그러나 저작권의 경우 같은 저작물이라고 하더라도 독자적으로 창작했을 경우 각각 저작권을 갖게 된다. 셋째, 특허권은 발명이라는 추상적 사상에 권리를 부여하기 때문에, 표현만이 보호되는 저작권보다 보호의 정도가 깊다고도 할 수 있다.

이러한 특허법과 저작권법의 차이는 각각의 법 구성에서도 그대로 드러난다. 특허법의 경우 특허출원절차와 특허요건(제2장), 심사(제3장), 특허등록(제4장) 등의 사항이 주요 규정에 포함되어 있는 반면에, 저작권법은 절차적 요건에 대한 규정보다 저작권 자체에 대한 규정이 많다. 즉 저작권(제2장), 저작인접권(제3장), 데이터베이스 저작자(제4장), 영상제작물(제5장)과 같이 권리와 권리자에 대한 규정이 법규정의 많은 부분을 차지하고 있다.

컴퓨터프로그램의 경우 별도의 법을 만들 것인가 아니면 기존의 저작권법 안에서 보호할 것인가의 논쟁이 벌어져 왔다. 컴퓨터프로그램을 문예적 창작물을 주로 보호하는 저작권법 체계에서 보호하는 것이 무리한 점이 따르기는 하나 저작권법이 베른협약 등 국제협약에 의해서 국제적으로 폭넓게 보호받는다는 점에서 이 법을 적용하는 것을 미국이 선호하여, 이를 TRIPS에 반영하였다(제10조 제1항).

기존의 보호체계가 적합하지 않을 경우 새로운 종류의 지식재산권이 만들어지고 있고, 이를 통상 신지식재산권이라고 부르고 있다. 새 법은 그 특정기술에 맞추어서 설계함으로써, 법적 실효성을 높일 수 있다는 장점을 가진다. 예를 들어 반도체집적회로 배치설계의 경우 별도로 고유법이 존재하고 있다. 반도체집적회로는 신규성, 진보성 등 특허요건을 갖추고 있다면 특허로서 보호받을 수 있다. 그러나 집적회로가 이미 확립된 종류일 경우에, 널리 알려진 기술을 뛰어넘는 것이 아니어서 진보성 요건을 충족하지 못하는 경우가 많다. 이러한 이유 때문에 '반도체집적회로의 배치설계에 관한 법률'이 제정되었다. 앞서 설명한 바와 같이 동 법은 보호요건으로서 '창작성'만을 요구한다는 점에서 '저작권'과 유사하며, 심사와 등록을 거친다는 점에서는 '특허권'과 유사하다고 하겠다. 또한 방식심사만 한다는 점에서 실체심사를 하는 특허법과 차이가 있다. 이와 같이 동 법은 반도체집적회로 배치설계라는 보호대상의 특성에 맞춰 기존의 저작권체계나 특허권체계와 다른 고유의 법적 구성을 갖추고 있다.

한편, 여러 가지 개별 과학기술재산의 보호요건을 충족시킨다면 여러법에서 동시에 보호를 받을 수 있음에 유의해야 할 것이다. 예컨대 어떤 컴퓨터프로그램이 저작권법과 특허법의 보호요건을 동시에 충족시킨다면 양법에 의해서 보호받을 수 있으며, 어떤 품종이 특허법과 종자산업법의 보호요건을 충족시킨다면 마찬가지로 동시에 보호를 받을 수 있다.

새로운 기술의 출현에 따른 재산권적 보호를 설계할 경우 기존에 존재하는 법제에 포함시킬 것인지, 아니면 제3의 법체계가 필요한지를 분석해야 한다. 그 과정에서 앞서 제시한 권리의 가치, 권리실현의 비용, 법적 안정성, 시장과의 친화력, 권리 실현의 효율성 등과 같은 권리설계의 이론을 활용하는 것이 바람직하다.

(2) 사 례: 베니스 특허법의 설계

앞서 설명한 바와 같이 베니스공화국은 1453년 동로마가 멸망하자, 그 곳에 거주하던 기술자들을 유치하기 위해서 특허법을 제정하였다.

베니스 특허법이 기술혁신자의 유인을 위해서 어떤 방식으로 법을 설계했는지를 분석하면 다음과 같다.

첫째, 기술혁신을 장려하는 데 있어서 재산권(독점권) 제도와 정부가 금전적 보상을 해주는 보상제도를 들 수 있는데, 전자를 선택했다. 구 소련의 경우 발명자증 제도를 통해 후자를 선택한 역사를 가지고 있다.

둘째, 권리를 행정적 절차 없이 부여하는 방식과 행정절차를 통해 부여하는 방식이 있는데, 동법은 후자를 선택했다. 한국 저작권법의 경우 별도의 행정 절차 없이 창작과 동시에 저작권이 발생하도록 규정하고 있다.

셋째, 권리의 효력발생범위를 공화국 영토 내로 한정하였으며, 이는 현대의 특허제도 운영방식과 유사하다고 하겠다.

넷째, 권리보호기간을 한정하는 방법과 한정하지 않는 방법이 있는데 10년으로 한정하고 있다. 한국 상표법의 경우 갱신을 통해 사실상 권리 보호기간이 계속해서 연장될 수 있는 구조를 취하고 있다.

다섯째, 권리구제 방법으로서, 민사적 구제방법과 형사적 구제방법이 있다. 베니스 특허법은 형사적 구제조항은 없으며, 한국 특허법은 민사적 구제와 형사적 구제가 모두 가능하도록 되어있다.

여섯째, 권리부여 요건을 정하는 데 있어서, 세계적 차원에서 새로운 기술인가 아니면 국내 차원에서의 새로운 기술인가를 선택 할 수 있다. 기술혁신보다 기술도입이 제도의 목적이라면 국내기준이 유리할 수 있다. 베니스공화국은 국내기준을, 현행 한국 특허법은 세계기준을 취하고 있다.

일곱째, 보호의 대상을 발명이라는 지식으로 할 수도 있으며, 구체적 발명품으로 할 수도 있다. 베니스 특허법은 일관되게 장치(device)라는 구체적 물체를 보호대상으로 하고 있으며, 그 장치와 같거나 유사한 장치를 만든 자를 처벌하고 있다. 반면에 한국 특허법은 추상적 지식인 발명을 직접적 보호의 대상으로 규정하고 있다.

여덟째, 권리침해행위를 생산행위에만 한정할 수도 있고, 생산 · 사용 · 양도 · 대여 · 수입 등으로 확장할 수도 있다. 베니스 특허법은 전자를 선택하고 있고, 한국특허법은 후자를 선택하고 있다. 특허를 활용하는 행위 중에서 생산은 고용과 연관을 가지게 된다는 점에서 가장 중요한 행위라고 할 수 있으나, 현대 특허법에서는 이를 특별히 다른 실시 행위, 예컨대 수입행위와 차별성을 인정하지 않고 있다. 이는 베니스공화국이 특허제도의 본질을 산업발전을 위한 도구로 보는데 비해서, 현대 특허법은 유형적 재산권과 유사한 시각으로 특허권을 바라보는 데서 기인한 것으로 보인다. 즉 발명품의 생산에 초점을 맞추어서 이러한 능력을 가진 기술자가 베니스에 와서 발명품을 생산하는 것에 대한 독점적 권리를 부여한다는 것을 내용으로 하는 베니스 특허법과는 달리, 발명과 이를 적용한 발명품을 구분하여 발명에 대해 소유권적 권리를 부여하는 것이 현대 특허법의 모습이다.

설계 가능한 여러 모형 중에 베니스 특허법을 위와 같이 선택한 배경은 그 당시 베니스공화국이 처한 상황과 법 제정의 목적과 관련되어 있다고 하겠다. 특히, 베니스공화국의 경우 지식의 확산보다는 과학기술자의 유인이 목적이라는 점에서 법 설계가 이루어졌다고 보여진다. 이는 그 당시에는 과학기술지식이 독자적인 가치를 가지기 보다는, 과학기술자와 밀접하게 결부되어 있어서, 과학기술자의 유입이 보다 중요했기 때문으로 보여진다. 이러한 베니스 특허법의 사례는 새로운 기술에 대한

표 4-8 베니스 특허법과 한국특허법의 구조 및 내용비교

조 항	베니스	한 국
목적	세상 여러 곳에서 매일 더 많은 사람이 우리에게 올 것이다. 그러한 사람들에 의하여 발견된 장치들에 대한 법률이 제정되면, 많은 사람들이 우리사회에 큰 이익과 효율이 되는 발명을 만들고 실시할 것이다.	발명을 보호·장려하고 그 이용을 도모함으로써 기술의 발전을 촉진하여 산업발전에 이바지함을 목적으로 한다.
출원절차	기기에 대해 복지위원회의 사무실에 통지하여야 함	발명에 대해 특허청에 출원
등록요건	• 본 도시에서 이전에 만들어지지 않은 새롭고 독창적인 기기(device) • 장치를 완성시켜 이를 사용할 수 있고 작동시킬 수 있을 것	• 신규성 • 진보성 • 산업상 이용가능성 • 제3자가 실시할 수 있을 정도로 상세히 기재할 것 등
보호기간	10년	원칙적으로 출원일로부터 20년까지
보호대상	기기(devices)	발명(invention)
권리보호 범위	보호대상 장치와 비슷하거나 일치하는 장치	특허청구항에 기재된 사항
권리의 양도 및 실시허여	• 발명가의 동의나 허락시 권리침해가 아님 • 양도규정 없음	• 실시권 설정 가능 • 양도 가능
권리침해 행위	앞서 언급한 장치와 비슷하거나 일치하는 그 어떤 장치를 만드는 것	물건발명인 경우에는 그 물건을 생산·사용·양도·대여 또는 수입하거나 그 물건의 양도 또는 대여의 청약을 하는 행위
권리구제 방법	• 100두칼을 지급하도록 그를 제소할 권리 • 침해자의 장치는 파기됨	• 침해금지청구권 • 손해배상청구권 • 형사적 처벌 등
정부의 재량권	정부는 권한과 재량으로 정부활동에 그러한 장치와 기기를 점유하고 사용할 수 있음	• 비상시 정부에 의한 특허권의 수용과 실시규정 • 강제실시권
효력 범위	베니스공화국	대한민국

재산권적 법제를 설계하는 데 있어서, 특정 사회의 특정 목적이라는 맥락이 중요함을 시사해준다.

제5절 연구개발과 과학기술자의 권리

1. 연구개발결과물에 대한 과학기술자의 권리

대학교수로 임용되거나 연구원으로 취직할 때, "내가 기술개발한 발명에 대한 권리를 대학(연구소)에 미리 양도합니다"라고 계약을 맺으면 대학이나 연구소가 권리를 갖는 것이 아닌가? 그런 계약이 싫다고 하면 다른 곳에 취직하라고 했을 때 사실상 개인이 선택할 여지가 별로 없을 것이다. 이에 대한 관련 법을 살펴보면 다음과 같다.

첫 번째, 특허법은 발명자 또는 그 승계인에게 특허를 받을 수 있는 권리를 준다(제33조). 따라서, 과학기술자가 특허권을 가질 수도 있지만, 과학기술자가 소속된 기관이 예약 승계라는 방법으로 특허권을 가질 수 있다. 현대의 과학기술은 대부분 큰 자금과 시설을 필요로 하기 때문에 특정한 기관에 소속되는 경우가 대부분이며, 기관이 과학기술자에 비해서 협상력이 크기 때문에, 과학기술자가 특허권을 가지는 데는 한계가 있다.

두 번째, 발명진흥법은 취직한 사람의 발명을 '직무발명'과 '자유발명'으로 구분해서 접근하고 있다. 발명의 내용이 사용자의 업무와 자기의 직무와 관련이 없다면 자유발명에 속하고, 이것은 반드시 연구자가 가지도록 규정되어 있다. 그런데도 자유발명까지 양도하는 내용을 포함한 계약은 그 부분의 효력이 없다고 규정하고 있다(제10조 제3항). 직무에 관련된 발명에 대해서만 예외적으로 발명자가 아닌 발명자가 속한 조직이 승계를 통해 특허권을 가질 수 있으며, 승계의 경우 발명자는 금전적인 보상을 반드시 받도록 하고 있다(제15조). 종업원은 직무발명이 완성된 경우 지체 없이 사용자에게 문서로 알리도록 하고 있으며(제12조), 사용자는 4개월 내에 승계여부를 알리도록 하고 있다(제13조 제1항 및 시행령 제7조). 4개월 내에 승계 여부를 알리지 아니한 경우에는 사용자 등은 그 발명에 대한 권리의 승계를 포기한 것으로 본다(제13조 제3항).

이 같은 접근방법에는 조직에 속한 과학기술자에 대한 실질적인 인센티브는 금전적 보상이 합리적이며, 그 조직이 특허권을 가지는 것이 발명을 활용하는 데 더욱 효과적이라는 전제가 깔려 있다고 하겠다.

세 번째, 앞서 설명한 바와 같이 과학기술기본법은 국가연구개발사업에 대한 특허권이 원칙적으로 연구기관에 귀속되도록 규정하고 있으며, 라이센싱 수익의 일부를 연구자에게 주도록 하고 있다. 동 법이 취하는 입장은 앞서 설명한 발명진흥법 상의 '직무발명'이라는 접근법과 유사하다.[29] 이에 대해, 국민세금에 의해 창출된 지식재산권을 개별 기관에 준다는 점과 특허권을 기관에게 주어 과학기술자의 연구의욕을 저하시킨다는 점에서 비판을 받을 수 있다고 하겠다. 그러나 국가에게 특허권을 귀속시키는 것보다 연구기관에 귀속시키는 것이 산업계로의 기술이전에 효율적이며, 이를 통해 일자리가 늘어나게 되면 결국 공익에 부합된다고 할 수 있다. 또한 과학기술자의 근로 의욕을 높이는 것은 금전적 인센티브이며, 특허권의 이전 등은 기관 차원에서 하는 것이 효과적이라는 점이 동 법을 뒷받침 하는 논리라고 하겠다.

29) 윤권순, "국가연구개발사업 지식재산권의 귀속규정 현황 및 개선방안", 「법학연구」, 18(2), 2007, 104면.

2. 영업비밀과 과학기술자의 직업 선택자유

TRIPS 협정은 영업비밀(제39조)과 임상실험자료 보호(제39조 제3항)에 대해서 규정하고 있다. 우리나라에서는 영업비밀의 경우 불법행위와 관련이 있는 '부정경쟁방지 및 영업비밀보호에 관한 법률'에 의해 규제하고 있다. 영업비밀은 생산방법, 판매방법, 그 밖에 영업활동에 유용한 기술상 또는 경영상의 정보를 말한다(제2조 제2항). 이러한 정보가 법률상 영업비밀로서 보호 받으려면 공연히 알려져 있지 아니하고(비밀성), 독립된 경제적 가치를 가지는 것으로서(경제성), 상당한 노력에 의하여 비밀로 유지(관리성)되어야 한다(제2조 제2항). 영업비밀의 침해행위는 부정취득행위와 비밀유지의무 위반행위 등 6가지 유형으로 구분하고 있다(제2조 제3항). 이에 대한 구제 방안에는 침해행위금지 및 예방 청구권(제10조), 손해배상청구권(제11조), 신용회복청구권(제12조)이 있으며, 형사적 처벌(제18조 제2항)도 있다.

영업비밀과 관련하여 과학기술자에게 중요한 문제 중의 하나는 직업 선택의 자유이다. 즉 한 회사에서 근무하여 취득한 지식을 가지고 퇴직 후 다른 회사에서 사용했을 경우 영업비밀의 침해행위에 해당되느냐의 문제이다. 회사의 입장에서는 되도록 이를 막으려고 할 것이고 개인의 입장에서는 생계유지 및 직업선택의 자유라는 입장에서 자신의 지식을 활용하려고 할 것이다. 대법원의 판례에 따르면 영업비밀로 인해 얻게 되는 시간절약 만큼의 기간 정도는 이를 퇴사 후에도 규제할 수 있지만, 영구적인 금지는 자유로운 경쟁을 조장하고 종업원들의 직업자유의 선택을 제한하는 등 공공의 이익과 상치되기 때문에 허용할 수 없다는 입장이다.[30] 근로자와 사용자와의 약정에 의해서 전직금지기간을 정한 경우에도, 보호할 가치가 있는 사용자의 이익, 퇴직 경위, 근로자에 대한 대가 제공 여부 등과 같은 제반 사정을 고려하여, 효력을 인정하지 않거

30) 대법원 1996. 12. 23. 선고 96다16605 (모나미 v 마이크로 세라믹외 1인사건).

나, 적당한 범위로 전직금지기간을 제한한다(대법원 2007. 3. 29.자 2006마 1303 결정). 통상 법원이 인정한 전직금지 기간은 퇴직일로부터 1년 정도이다. 영업비밀침해금지기간과 전직금지기간을 대개 동일하게 인정하는 경우가 많으나, 이를 분리하여, 전자를 퇴직일로부터 2년, 후자를 1년으로 정한 사례도 있다(수원지방법원 성남지원 2010. 3. 30. 자 2009카합665 결정).[31]

---

31) 법무법인 태평양, 「영업비밀판례 자료집」, 2011. 4. 19, 23면.

제2부
과학기술 발전과 법의 대응

제 5 장

정보통신, 인간과 법의 공간을 넓히다

나는 숨을 곳이 필요해요(I need a place to hide away).

– 예스터데이, 비틀즈 –

제1절 정보통신기술과 인간의 삶

사람은 때때로 아무도 모르게 홀로 있고 싶어 한다. 때로는 비틀즈의 노래처럼 실연으로 인한 상처를 치유하기 위해, 예수처럼 인류를 구원하기 위해 산에서 명상을 하기도 한다. 그러나, 정보통신기술은 이렇게 숨어 있을 자유를 점점 축소시키고 있다. 2005년 8월 이후 2006년 6월까지 휴대폰 위치추적을 통해 조회된 개인위치 정보 조회건수는 1억 8천만 건으로, 가입자 1인당 두 달에 한번 꼴로 위치추적을 받은 것으로 나타났다.[1] 위치추적 기술은 사생활침해라는 부정적 기능과 재난이나 범죄로부터 인간의 생명을 구하는 긍정적인 기능을 동시에 가지고 있다. 이러한 사례에서 보는 바와 같이 정보통신기술은 인류를 전에 경험하지 못했던 새로운 영역으로 이끌고 있다.

정보통신기술은 정보를 생산 · 처리하는 컴퓨터와 정보를 전송하는 통신기술이 결합한 분야이다. 동물과 차별화되는 인간 고유의 속성 중의

1) 정보통신부, 국회 과학기술정보통신위원회 소속 김태환 의원 제출자료, 2006.

하나가 감정 · 정보 · 지식의 나눔(의사소통)이며, 일상적인 삶 속에서 큰 부분을 차지하고 있다. 인터넷이라는 사이버공간은 오프라인에서의 의사소통기능을 많은 부분 대체할 수 있다.[2] 따라서 정보통신기술이 만들어낸 사이버공간이라는 환경은 인간의 삶에 부분적으로 영향을 미치는 요소라기 보다는 인간의 삶에 근본적인 변화를 가져다 주는 요인이라고 평가된다. 예를 들어 정보통신기술로 인해 '시간'의 개념이 혁명적으로 달라질 가능성이 있다는 시각도 있다.[3] 산업혁명으로 인해 노동시간과 여가시간이 분리되었다면, 24시간 작동하는 스마트폰으로 인해 이러한 시간 개념에도 변화가 초래되리라는 것이다.

사이버공간은 접근이 쉽고, 자유롭게 생각을 표현할 수 있고, 많은 지식을 공유할 수 있고, 쌍방향으로 의사소통할 수 있다는 점에서 인터넷 유토피아를 약속하는 것처럼 보였다. 그러나 부정적인 측면이 동시에 드러나면서 인터넷 디스토피아가 도래되지 않을 지에 대한 우려도 제기되고 있다. 정보 기술의 발달이 초기 미래학자들이 꿈꾸어 왔던 유토피아를 자동적으로 보장해 주지는 않는 것으로 보인다.[4] 결국 인터넷은 기술이며, 인간이 법 · 제도를 통해서 어떻게 역기능을 억제하고, 순기능을 강화하느냐가 중요한 과제라 하겠다.

어떤 기술을 개발하고, 어떤 기술을 개발 못하게 하는 기술개발 방향에 관한 한, 법이 정보통신기술에 대해 해 줄 수 있는 것은 많지 않은 것으로 보인다. 물론 컴퓨터와 인터넷의 탄생은 미국 정부의 군사적 필요성에 따른, 의도적인 지원에 힘 입은 바 크다고 할 수 있다. 그러나 이후 정보통신기술은 주로 시장의 힘과 인간의 열정에 의해서 지속적으로 진화하고 있다. 정보통신기술은 생명공학이나 원자력기술 등 타 분야 첨단

---

2) 사이버공간은 특별히 인터넷이라고 하는 온라인 세계 뿐 아니라 유무선으로 연결된 통신 세계 전부를 의미한다. 따라서 전화회의나 ATM도 포함한다.: Brian K. Williams · Stacey Sawyer(노광현 · 이상민 · 이하운 · 주동현 옮김), 「컴퓨터와 정보통신의 이해」, 아이티씨, 2010, 18면.

3) 이희진, 「정보기술은 시간을 어떻게 변화시킬까?」, 삼성경제연구소, 2006, 20면.

4) 위의 책, 13면.

기술과 비교해서 보면, 기술자체로 인한 위험성이 높지 않다는 특성을 가진다. 또한 컴퓨터프로그램의 경우 연구개발에 있어서 커다란 자본과 장비를 요구하지 않는다는 특성을 가진다. 이로 인해, 정보통신 연구개발 활동 자체를 통제할 필요성이나 실효성이 높지 않으며, 따라서 주요 법적 쟁점은 비교적 가치중립적인 정보통신기술의 긍정적 활용을 장려하고, 부정적 활용을 억제하는 데 놓여있다.

정보통신기술과 법과의 접점은 오프라인 상의 거의 모든 법을 포함시킬 수 있을 정도로 광범위한데, 여기서는 정보통신기술의 특성을 잘 드러내 보일 수 있다고 필자가 생각하는 두 가지 주제에 국한하여 다루고자 한다. 사이버공간에서의 활동 중 많은 부분이 온라인서비스를 이용한다는 점에서 온라인서비스제공자의 책임 문제는 사이버공간의 본질적인 속성 중의 하나인 자율성과 관련하여 중요한 의미를 가진다. 또한 위치추적기술은 인간의 고독함의 자유와 생명구조라는 치명적 가치를 다룬다는 측면에서 다루고자 하는 주제로 선정하였다. 먼저 컴퓨터와 인터넷의 발명에서부터 출발해 보기로 하겠다.

제2절 컴퓨터와 인터넷의 탄생

현대적 의미에서 컴퓨터의 기원이라고 할 수 있는 에니악(ENIAC: Electronic Numerical Integrator and Computer)은 2차대전 당시 'Project PX'라는 명칭의 프로젝트에 의해서 개발되었다. 동 프로젝트는 대포의 탄도발사표를 계산하기 위한 기계를 만드는 과제이다. 당시 발사표는 많은 여성들에 의해 계산되었다.

육군소속 탄도연구소(BRL)에 근무했던 수학자이자 미군장교였던 골드슈타인은 펜실베니아 대학의 제안이 탄도계산에 도움이 될 것으로 판단했다. 동 프로젝트에 대해서 국가방위연구위원회(NDRC)에서는 부정적으로 보는 시각이 많았는데, 이는 에니악이 많은 진공관을 사용하고 있으며, 이들 진공관의 수명이 짧아서 기계가 제대로 작동하기 어렵다는 것이었다.[5] 골드슈타인은 펜실베니아대학 무어연구소 소속 에커트와 모클리가 연구비지원을 받을 수 있도록 도왔다. 그의 판단과 도움이 없었으면 컴퓨터 발전의 역사는 달라졌을 것이다.

BRL과 무어연구소는 1943년 6월 육군 병기청 자금 61,700 달러의 지원을 받는 연구계약을 체결하였으며, 에니악 개발에 소요된 전체 비용은 약 50만 달러였다고 알려져 있다. 1945년 2진법 체계를 사용하는 에니악은 완성되었으며, 이를 공식적으로 기념하는 행사가 1946년 봄에 진행되었다. 에니악은 최초의 전자식 컴퓨터로 인정받고, 이전의 기기는 전자계산기로 분류된다. 에니악은 사람이 약 7시간, 전기식 계산기가 약 1시간 걸리던 탄도계산을 3초만에 수행하였다. 이후 같은 원리에 기반하여, 대형컴퓨터는 정부, 군대 등에 의해서, 소형컴퓨터는 컴퓨터 열광주의자들에 의해 주도적으로 개발되었다.[6]

정보통신기술은 제2차 세계대전 이후에 발전한 컴퓨터기술과 20세기를 통해 지속적으로 성장한 통신기술이 결합되어 탄생했다.[7] 모뎀은 컴퓨터에서 사용하는 디지털 데이터를 전화선이 활용할 수 있는 아날로그 신호로 바꾸어 줌으로써, 기존의 전화선을 통해 컴퓨터 통신을 가능하게 하는 장치인데, 미국 국방부가 방공망 시스템을 구축하기 위해 1950년대부터 MIT와 함께 추진한 SAGE 프로젝트를 통해 개발되었다.

인터넷은 1960년대 미국 국방부의 ARPA(Advanced Research Projects Agency)에서 시작한 아르파넷(ARPAnet)에서 유래되었다. 소련의 핵 공격에도 살아남을 통신시스템을 설계해 달라는 미 공군의 요청에 의해, 랜드사의 바란은 1964년 분배네트워크 토폴로지와 패킷 스위칭 기술이라

5) William Aspray · Martin Campbell-kelly, 「Computer: a history of the information machine」, BasicBooks, 1996, p. 77.

6) 송성수, 「기술의 역사 – 뗀 석기에서 유전자 재조합까지 –」, 살림, 2009, 82면.

7) 위의 책, 84-85면.

는 두 가지 개념을 생각해 내었다. 분배네트워크 토폴로지는 하나의 컴퓨터가 다른 컴퓨터와 적어도 2가지 이상의 경로를 통해 접속 될 수 있다는 것을 의미하며, 패킷 스위칭 기술이란 한 메시지를 여러 조각, 즉 패킷으로 분할할 수 있다는 것을 의미한다. 결국 집중에 따른 위험을 예방하기 위해 만들어진 아르파넷은 태생적으로 분산형이 될 운명을 가지고 태어났으며, 이것이 오늘날 인터넷의 가장 중요한 속성으로 남게 된다.

1969년 ARPA의 요청을 받은 BBN사는 아르파넷을 위해 IMPs(Interface Message Processors)를 개발하였다.[8)] 네 장소의 사이트를 선정하여 사이트의 컴퓨터에 IMPs를 탑재한 결과, 컴퓨터 상호간에 정보교환을 할 수 있음을 확인하였다. 1972년 워싱턴 D.C에서 있었던 공개 시연회에서는 40여대의 터미널이 접속되어 서로 통신을 시도하였다. 1983년 아르파넷은 TCP/IP(Transmission Control Protocol/ Internet Protocol)라는 새로운 프로토콜[9)]을 채택하면서 다른 지역네트워크도 이를 사용할 것을 주장하였고, 이것이 수용되면서 인터넷은 TCP/IP를 통해 서로 연결된 네트워크를 의미하게 되었다.[10)] 1989년 유럽입자물리연구소의 버너스-리는 인터넷에서 데이터를 공유하는 HTTP라는 프로토콜과 HTML이라는 컴퓨터언어를 만들었으며, 월드와이드웹(WWW)으로 이어졌다. 1993년 안드리센은 HTML 문서를 쉽게 볼 수 있는 모자이크라는 웹브라우저 프로그램을 제작했고, 그것이 1994년 넷스케이프로 발전하면서 누구나 전세계 웹사이트를 여행할 수 있게 되었다.

인터넷은 중앙의 통제를 받지 않는 형식인 '개방형 구조'이다.[11)] 개방형이라 함은 인터넷이 거의 모든 종류의 네트워크와 컴퓨터에 연결되도

8) 박연식 · 전성근 · 차진만, 「정보통신기술과 인터넷」, 경상대학교 출판부, 2010, 28-29면.
9) 데이터통신에서는 통신 장치간의 데이터 교환에 필요한 모든 규약의 집합체를 프로토콜이라고 부른다.
10) 송성수, 앞의 책, 86면.
11) 조화순, 「디지털 거버넌스 - 국가 · 시장 · 사회의 미래」, 책세상, 2010, 19면.

록 설계되었다는 것이다. 또한 단순하게 설계되어 어떤 컴퓨터라도 까다로운 절차없이 접속이 가능하게 설계되었다. 응용프로그램에 대해서 중립적이어서, 이메일, 월드와이드웹과 같은 새로운 프로그램의 개발이 용이하도록 설계되었다. 이러한 개방성, 단순성, 중립성으로 인해 인터넷은 전 세계적으로 커다란 지배력을 가지게 되었다.

결론적으로 컴퓨터와 인터넷의 모체는 미국이 군사적 목적에 의해 계획적으로 개발한 기술이라고 할 수 있으며, 이렇게 태어난 기술이 사이버공간을 만들어 내고 민간용으로 진화하기에 이르렀다.

:: 표 5-1 아날로그와 디지털[12)]

통상 디지털은 숫자로 표현되는 불연속 개념으로, 아날로그는 자연모습을 그대로 나타내는 연속적 개념으로 이해되고 있다. 빛의 밝기, 바람의 세기 등 거시적인 자연에서 얻는 신호는 대개 아날로그이다. 그러나 미시적인 자연현상은 디지털이다. 인간의 신경은 신경 다발이 몇 개 자극되는 것에 의해 신호의 세기를 느낀다. 빛의 세기도 광자가 몇 개 들어오는 것에 의해 빛의 양을 알 수 있다. 결국 디지털 개념은 자연현상에 포함된 개념이다.

제3절 사이버공간에서의 자유와 책임: 온라인서비스 제공자를 중심으로

1. 사이버공간에서의 법률

앞서 언급한 바와 같이 '의사소통'은 인간 삶의 많은 부분을 담고 있다. 무언가를 만들어내고, 교환하는 것은 인간의 주요한 활동이고 컴퓨터와 통신, 그리고 둘의 결합은 상거래, 교육, 창작 등 인간활동을 사이

12) 박연식 · 전성근 · 차진만, 앞의 책, 47면.

버공간으로 끌어들였다. 따라서, 사이버공간에서 이루어지는 행위는 거의 모든 기존의 법률과 관련을 가진다고 하겠다.

사이버공간이라는 새로운 공간은 오프라인에서 일어나는 일들이 상당부분 일어나면서, 동시에 사이버공간이라는 특수성이 반영된 고유의 일들도 일어난다. 예컨대, 명예훼손, 표현의 자유, 지식재산권의 침해는 오프라인에서도 일어나고 관련법제가 정비되어 있으나, 사이버공간의 특성인 실시간에 많은 정보가 양방향으로 전달될 수 있다는 점에서 이들 주제를 더욱 예민하게 하고, 기존의 법적 대응과 다르게 접근해야 할 필요성도 생기게 된다.

사이버공간에 적용되는 법률은 다음과 같이 분류할 수 있다. 첫째, 오프라인에 적용되는 법률이 그대로 적용되는 경우이다. 둘째, 오프라인에서 적용되는 법률을 기본으로 하여, 사이버공간의 특성을 반영하는 경우이다. 예컨대, 명예훼손의 경우 인터넷의 강한 전파성으로 인해 높은 형량을 규정하고 있다.[13] 즉 형법은 명예훼손죄에 대해서 2년 이하의 징역이나 금고 또는 5백만원 이하의 벌금에 처하도록 규정하고 있는 반면에, '정보통신망 이용촉진 및 정보보호 등에 관한 법률'은 인터넷상의 명예훼손에 대해서 3년 이하의 징역이나 금고 또는 2천만원 이하의 벌금에 처하도록 규정하고 있다. 반면에 사이버공간의 가장 큰 가치인 '자유로운 정보공유'를 반영하여, '비방할 목적'이라고 하는 목적범 요건을 추가하였다. 또 다른 사례로서, 소리바다 등과 같은 온라인서비스제공자(OSP)의 방조책임에 대해서 저작권법은 일정부분 면책조항을 두고있다. 셋째, 사이버공간으로 인해 새로운 개념과 법률이 필요한 경우이다. 예컨대, '위치정보의 보호 및 이용 등에 관한 법률'은 전기·전자적 방식의 위치추적기술이 나타남으로써 만들어지게 된 법률이다.

사이버공간에서의 법적 쟁점 또한 매우 다양한데, 사이버공간에서의 '정보의 공유'라는 핵심가치와 다른 가치(인격권, 재산권 등)가 충돌하면서

13) 정상조, "명예훼손에 대한 포탈의 책임", 「서울대학교 법학」, 51(2), 2010, 239-240면.

나타나는 현상도 그 중의 하나이다.

2. 온라인서비스제공자의 법적 책임

사이버공간에서의 자유와 통제의 폭은 크게 두 가지 차원에서 결정된다. 첫 번째 단계는 사이버공간에서 활동하는 개인에 대해 적용되는 법제이다. 예컨대, 특정 개인의 사이버공간에서의 저작권 침해나 프라이버시 침해는 오프라인에서의 법 적용과 질적으로 크게 다르지 않을 수도 있다. 두 번째 단계는 온라인서비스제공자의 책임과 관련된 법제이다. 사이버공간에서 이루어지고 있는 많은 일들은 온라인서비스제공자가 만들어낸 공간에서 이루어지고 있기 때문에, 온라인서비스제공자의 책임 문제는 사이버공간의 자유의 폭에 큰 영향을 주고 있으며, 접근 방법이 기존의 오프라인과 비교하여 질적으로 다를 수 있다.

만약 온라인서비스제공자에게 온라인서비스를 이용하는 이용자가 저작권이나 프라이버시 등의 법익을 침해했는지를 모니터링 해야 하는 법적 의무를 부과한다면, 정보의 자유로운 나눔이라는 사이버공간의 본질적 가치가 심각하게 훼손될 것이고 이로 인해 문명의 발전에도 부정적 영향을 미칠 수 있을 것이다. 다른 한편으로 예컨대, 불법영화나 음반 등이 온라인서비스제공자가 제공한 사이버공간에서 자유롭게 교환된다면, 문화산업의 기반이 무너질 수도 있다는 점에서 온라인서비스제공자에게 일정부분의 책임을 부여할 필요성도 있을 것이다.

온라인서비스제공자의 책무와 관련하여, 관련 법제는 대략 다음과 같이 접근하고 있다. 첫 번째, 온라인서비스제공자가 직접 컨텐츠를 올리거나 수정하는 경우이다. 이러한 경우 온라인서비스제공자에게 법적 책임을 물리는 경우가 많다. 두 번째, 온라인서비스제공자가 이용자를 연결해주는 최소한의 기능만을 수행할 경우이다. 이러한 경우에는 온라인서비스제공자에게 법적 책임을 물리지 않는 경향을 보인다. 세 번째는 온라인서비스제공자가 직접 컨텐츠를 올리거나 수정하지는 않지만, 이용자의 불법행위와 관련하여 일정한 역할을 수행하는 경우이다. 이 경우 온라인서비스제공자에게 일정한 책임을 지우고 있다.

세계 각국에서는 온라인서비스제공자에게 적절한 책임을 부여하여, 문명의 발전에 도움이 되도록 하는데 적합한 법설계를 위해서 노력해 오고 있다. 정보공유라는 사이버공간의 기본적 가치를 감안하여, 오프라인에 비해 온라인서비스사업자의 책임을 경감하는 것이 세계적인 추세라고 하겠다. 정보공유라는 가치와 다른 가치의 균형잡기가 사이버공간 법제 설계의 핵심과제 중의 하나라고 보여진다.

온라인서비스제공자의 책임과 관련하여 한국법원은 민법 제760조 제3항[14]에 근거한 방조자로서의 책임이 있는 것으로 보고 있다.[15] 즉 서비스제공자의 방조 책임을 최초로 제시한 소리바다 사건[16] 이후, 다른 저작권 침해사건, 인터넷상 상표권 침해사건, 명예훼손이나 프라이버시 침해 등 인터넷서비스 이용자들이 범할 수 있는 불법행위에 대한, 인터넷서비스제공자의 간접적 책임을 묻는 근거로서 방조책임론이 적용되고 있다.[17]

3. 정보공유(표현의 자유) vs 인격권

'정보통신망 이용촉진 및 정보보호 등에 관한 법률'은 일일 평균 이용자 수가 10만 명 이상인 경우 등, 일정요건에 해당하는 인터넷게시판을 운영하는 정보통신서비스제공자에게 본인확인조치 의무를 부과하고 있으며(제44조의5 제1항 제2호), 이를 어길 경우 3천만원 이하의 과태료를

14) 민법 760조(공동불법행위자의 책임) ① 수인이 공동의 불법행위로 타인에게 손해를 가한 때에는 연대하여 그 손해를 배상할 책임이 있다. ③ 교사자나 방조자는 공동행위자로 본다.

15) 박준석, "온라인서비스제공자의 저작권 침해책임에 관한 한국에서의 입법 및 판례 분석", 「창작과 권리」, 제63호, 2011, 109-110면.

16) 서울고판 2005.1.12, 2003나21140.

17) 박준석, 앞의 논문, 115-116면.

부과하고 있다(제76조). 이러한 소위 '인터넷실명제'에 반대하여 구글의 유튜브는 2009년 4월 국가 설정을 '한국'으로 할 경우 동영상과 댓글을 올리지 못하게 하였고, 국내 이용자들은 다른 국적을 선택해 동영상과 댓글을 올렸다. 청와대도 대통령 홍보 동영상을 올리면서 국가 설정을 '한국' 대신 '전 세계'로 선택했다고 한다. 또한 2011년 4월 방송통신위원회는 페이스북과 트위터 등 사회관계망서비스 댓글의 실명제 적용 예외 방침을 밝혔다. 이러한 사례는 법을 제정하는데 있어서, 관련 기술의 특성을 잘 파악하는 것이 필요하다는 것을 말해 준다고 하겠다.

인터넷 사용자는 동 조항이 헌법상의 표현의 자유를 침해한다는 이유로, 정보통신서비스제공자는 동 조항이 언론의 자유를 침해한다는 이유로 헌법소원심판을 청구하였다. 이에 대해 헌법재판소는 동 조항이 인터넷게시판 이용자의 표현의 자유, 개인정보자기결정권 및 인터넷게시판을 운영하는 정보통신서비스제공자의 언론의 자유를 침해하므로 헌법에 위반된다고 선고하였다(헌재 2012. 8. 23, 2010헌마47). 헌법재판소가 작성한 동 판결 결정의 요지를 그대로 전달하면 〈표 5-2〉와 같다. 통상 언론에서 많이 사용하는 '인터넷실명제'라는 표현 대신에 '본인확인제'라는 표현이 눈에 띄며, 헌법재판소가 비교적 쉬운 언어로 국민들에게 기본권에 대한 재판 내용을 알리려고 하고 있다고 보여진다. 또한 동 제도가 '인터넷의 특성을 고려하지 않았다'는 표현에서 헌법재판소가 과학기술의 특성을 고려하여 판결하였다는 점을 알 수 있다.

한편, 명예훼손과 관련한 포털의 책임에 대해 한국은 미국보다 엄격한 입장을 보인다고 평가된다. 한국 대법원은 포털이 신문사로부터 전송받은 기사를 선별하여 뉴스사이트에 게재한 행위에 대해 신문사와 같은 정도의 책임을 진다고 판시하였다.[18] 대법원은 피해자의 구체적인 삭제요구가 있는 경우는 물론이고, 게시물이 게시된 사정을 구체적으로 인식하고 있었거나 그 게시물의 존재를 인식할 수 있었음이 외관상 '명백히'

18) 대판 2009. 4. 16, 2008다53812; 정상조, 앞의 논문, 232면.

:: 표 5-2 인터넷실명제에 대한 헌법재판소 판결 이유

○ 본인확인제는 인터넷게시판에 타인의 명예를 훼손하는 등의 불법정보를 게시하는 것을 억제하고 불법정보 게시로 피해가 발생한 경우 가해자를 특정할 수 있는 기초자료를 확보함으로써 건전한 인터넷문화를 조성하기 위한 것으로서 그 목적의 정당성과 수단의 적합성을 인정할 수 있다.

○ 그러나, 인터넷게시판 운영자에게 게시판 이용자에 대한 본인확인조치를 하도록 하여 게시판 이용자가 본인확인절차를 거치지 아니하면 인터넷게시판에 정보를 게시할 수 없도록 하는 본인확인제는 아래와 같이 목적달성에 필요한 범위를 넘는 과도한 제한을 하는 것으로서 침해의 최소성이 인정되지 않는다.

- 불법정보 게시로 인한 피해가 발생한 경우 가해자 특정은 인터넷 주소 등의 추적 및 확인 등을 통하여, 피해자 구제는 정보통신서비스제공자에 의한 당해 정보의 삭제 · 임시조치(정보통신망법 제44조의2 제1항, 제2항), 게시판 관리 · 운영자에 대한 불법정보 취급의 거부 · 정지 또는 제한명령(정보통신망법 제44조의7 제2항, 제3항) 등으로 불법정보의 유통 및 확산을 차단하거나 사후적으로 손해배상 또는 형사처벌 등을 통하여 충분히 할 수 있다.
- 본인확인의 대상인 '게시판 이용자'는 '정보의 게시자'뿐만 아니라 불법행위를 할 가능성이 없는 '정보의 열람자' 도 포함하고, 본인확인제 적용 대상인 정보통신서비스제공자 선정에 있어서 그 정확성과 기준이 불분명한 이용자수 산정 결과에 따라 적용대상의 범위가 정하여지는 등 **본인확인제는 인터넷의 특성을 고려하지 아니한 채** 그 적용범위를 광범위하게 정함으로써 법집행자에게 자의적인 집행의 여지를 부여하고 있다.
- 본인확인제에 따라 정보통신서비스제공자가 본인확인정보를 보관하여야 하는 기간은 정보의 게시가 종료된 후 6개월이 경과하는 날까지이므로, 정보를 삭제하여 그 게시를 종료하지 않는 한 본인확인정보는 무기한으로 정보통신서비스제공자에게 보관되는 결과가 발생할 수 있다.

○ 또한, 본인확인제는 아래와 같이 본인확인제로 인하여 게시판 이용자 및 정보통신서비스제공자가 입게 되는 불이익이 본인확인제가 달성하려는 공익보다 결코 더 작다고 할 수 없으므로 법익의 균형성 역시 인정되지 않는다.

- 표현의 자유는 민주주의의 근간이 되는 중요한 헌법적 가치이므로 표현의 자유의 사전 제한을 정당화하기 위해서는 그 제한으로 인하여 달성하려는 공익의 효과가 명백하여야 하는데, 본인확인제 시행 이후에

명예훼손 등의 불법정보 게시가 의미있게 감소하였다는 증거를 찾아 볼 수 없고, 국내 인터넷 이용자들의 해외 사이트로의 도피, 국내 사업자와 해외 사업자 사이의 차별 내지 자의적 법집행의 시비로 인한 집행 곤란의 문제를 발생시키고 있어서, 결과적으로 당초 목적과 같은 공익을 실질적으로 달성하고 있다고 보기 어렵다. 뿐만 아니라 본인확인제의 적용을 받지 않는 모바일 게시판, 소셜 네트워크 서비스 등 새로운 의사소통수단의 등장으로 본인확인제는 그 공익을 인터넷 공간의 아주 제한된 범위에서만 실현하게 되었다.

- 반면에 본인확인제로 인하여 인터넷 이용자는 자신의 신원 노출에 따른 규제나 처벌 등을 염려하여 표현 자체를 포기할 가능성이 높고, 외국인이나 주민등록번호가 없는 재외국민은 인터넷게시판의 이용이 봉쇄되며, 새롭게 등장한 정보통신망상의 의사소통수단과 경쟁하여야 하는 게시판 운영자는 업무상 불리한 제한을 당하고, 본인확인정보 보관으로 인하여 게시판 이용자의 개인정보가 외부로 유출되거나 부당하게 이용될 가능성이 증가하게 되었다.

○ 따라서, 본인확인제를 규율하고 있는 이 사건 법령조항들은 과잉금지원칙에 위배하여 청구인 ○○○ 등의 표현의 자유, 개인정보자기결정권, 청구인 ○○○○○의 언론의 자유 등 기본권을 침해한다.

출처: 헌법재판소 홈페이지 (www.ccourt.go.kr): 헌재 2012. 8. 23. 2010헌마47 결정이유의 요지

드러난 경우에는 포털은 그 게시물을 삭제하거나 차단할 주의의무가 있다고 하였다.

미국의 경우 제3자가 행한 명예훼손에 대해서 중개자가 어떠한 책임을 지느냐에 대해 보통법은 그 중개자가 출판자인 경우와 배포자인 경우 책임을 달리한다고 보고 있으며, 통신품위법 제230조(f)는 인터넷 포털이 출판자가 아님을 규정하고 있다. 미국의 통신품위법과 연방판례에 의하면 인터넷상의 명예훼손에 대해 포털은 책임을 지지 않는다.[19] 따라서 포털은 명예훼손에 관한 뉴스나 게시물을 적극적으로 감시하거나 삭제해야 할 의무도 부담하지 않는 것으로 해석된다. 한국의 경우 미국에 비

19) 위의 논문, 247면.

해 포털의 책임을 과도하게 부과하여, 포털 활동을 위축시키고 있다는 비판도 제기되고 있다.[20]

4. 정보공유 vs 재산권

(1) 환경의 변화

인쇄기와 복사기의 출현도 지식재산권 보호의 문제를 부각시켰으나, 새로 창출된 사이버공간과 관련된 기술의 등장은 다음과 같은 점에서 획기적으로 복제를 용이하게 하고 있다.[21] 첫째, 텍스트, 음성, 비디오 등 모든 종류의 정보 저장이 표준화된 디지털 형태로 이루어져 복사가 쉬워졌고 복사 품질이 좋아졌다. 둘째, 고용량, 저비용 미디어인 HD, CD, DVD 등이 등장했다. 셋째, 스캐너는 인쇄물, 사진 등을 전자적 형태로 디지털화한다. 넷째, 압축 기술의 발달로 인한 다운로드, 복사, 저장이 용이해졌다. 다섯째, 웹에서의 다운로드, 검색 및 전달의 방법이 용이하다.

이러한 정보통신기술의 발달은 인류역사 이래로, 가장 광범위한 정보를 쉽게 접근하고 활용할 수 있는 환경을 만들어 주었다는 점에서 과학기술, 문화의 창출 및 활용과 관련하여 긍정적인 역할을 수행하고 있다고 평가할 수 있다. 반면에 타인이 만든 창작물을 정당한 대가를 지불하지 않고 활용하기가 쉽게 되었다는 점에서 '창작'에 부정적인 역할을 수행하고 있다는 점도 동시에 존재하고 있다. 인류문명이 지속적으로 발전하기 위해서는 창작자에게 정당한 대가를 지불하면서도, 활용을 손쉽게 할 수 있는 사이버공간의 체계 구축이 요구된다고 하겠다.

한편, 기술의 발전 추세에 맞추어 적절하게 저작권자를 보호하기 위해 법은 지속적으로 변화되고 있다. 예컨대, 미국에서 최초의 저작권법

20) 위의 논문, 269면.
21) Sara Baase(정진욱 · 안성진 · 이재규 옮김), 「인터넷 윤리」, 생능출판사, 2012, 261면.

은 1790년에 통과되었고, 새로운 기술로 인해 그 한계가 드러날 경우 지속적으로 법을 개정하여 이에 대응하여 왔다.[22] 즉 저작권의 대상을 제본된 책, 지도 등으로 규정하였다가 후에 사진, 음성기록, 영화 등을 추가시켰다. 한국은 2000년 저작권법을 개정하면서 전송권을 신설하였다. 또한 복제의 범위를 인쇄 등의 유형물에서, 유형물에 고정하는 것을 추가하였다. 이에 따라 디지털저작물을 하드디스크 등에 저장하는 행위가 복제의 개념에 포함되어 '디지털 복제 개념'이 도입되었다.

(2) 온라인서비스제공자의 면책 조항

기본적으로, 저작권법상 온라인서비스제공자의 면책조항은 정보공유라는 긍정적 가치를 인정하여, 오프라인보다 폭넓게 사업자의 책임을 면제해 주자는 것이 입법취지이다. 한국저작권법 제102조나 제103조 또는 미국의 디지털밀레니엄 저작권법(Digital Millennium Copyright Act, 1996년: DMCA) 제512조는 이미 성립된 침해행위를 일정한 조건하에 감면해주는 규정이다.[23] 이러한 법정신은 온라인서비스제공자가 침해행위를 모니터링 할 의무가 없다는 한국 저작권법의 규정에서도 잘 드러난다(제102조).

독일의 관련 법[24]은 컨텐츠제공자에게는 책임을 부과하고, 순수한 통로 중계자로서의 접속서비스제공자(내용의 검열 또는 인지가 금지됨)에게는 책임을 부과하지 않는다.[25] 또한 서비스제공자에게는 일정한 경우에 한하여 책임을 부과하고 있다. 즉 서비스제공자가 그가 가지고 있는 타인의 컨텐츠에 대해 인식하고, 그 이용을 저지하는 것이 기술적으로 가능하며, 기대 가능한 경우(서비스제공자의 기술적, 경제적, 법적 가능성) 형법과

22) 위의 책, 263-264면.
23) 박준석, 앞의 논문, 109면.
24) 통신서비스법(TDG)/미디어서비스연방협약(MDStV) 제5조.
25) 양재모, "온라인서비스제공자의 책임론에 대한 독일법의 고찰", 「법학논총」, 22(2), 2005, 346-348면.

민법의 일반적 규정에 따라 책임을 진다.

미국에서의 저작권 침해는 다음과 같은 세 가지 유형으로 구분할 수 있다.[26] 첫 번째, 저작자의 허락 없이 인터넷 상에서 배타적 권리를 침해한 자는 고의 과실에 관계없이 책임을 지는데 이를 직접침해라고 부른다(17 U.S.C. 제504(c)조). 둘째, 기여침해(contributory infringement)는 어떤 사람이 타인의 침해행위를 알고서 침해행위를 유발하거나 원인을 제공하거나 또는 실질적으로 기여하는 경우에 성립한다. 기여침해는 특허법의 조항을 연방대법원이 저작권에 적용함으로써 받아들여졌다. 셋째, 대위책임(vicarious liability)은 만일 누군가 다른 사람의 침해행위를 감독할 수 있는 '권리와 능력'을 가지고 있고, 이 권리와 능력이 저작물의 이용에 있어서 경제적 이해관계와 명백히 그리고 직접적으로 연결되어 있다면, '감독자'도 침해에 대해서 책임이 있다.

온라인서비스제공자에 대해서 위의 기준을 완화하거나 면제해야 한다는 주장이 제기되었으며, DMCA는 인터넷서비스 제공자의 손해배상책임을 면제하는 내용을 담고 있다(제512조).[27] 미국저작권법은 온라인서비스제공자의 유형을 개입의 정도에 따라 나누어서 접근하고 있다.[28] 첫째, 수동적으로 파일의 전송통로로만 제공되는 경우, 둘째, 파일을 임시로 저장해 주는 서비스를 제공하는 경우, 셋째, 인터넷사용자들에 의해 파일이 게재되고 저장되도록 하는 서비스를 제공하는 경우, 넷째, 정보검색도구를 제공하는 경우로 나누어진다. 면책의 조건은 서비스제공자의 개입정도가 클수록, 즉 단순 전송보다 검색도구를 제공하는 경우 더 엄격하게 규정하고 있다.

한국의 저작권법은 온라인 서비스 제공자의 면책요건과 관련해서 미국과 유사한 조항을 담고 있다(저작권법 제102조). 면책조항(제102조 제1

---

26) 백윤철, "소리바다와 온라인서비스사업자의 법적 책임", 「스포츠와 법」, 제9권, 2006. 10, 102-104면.

27) 위의 논문, 104-106면.

28) 정상조 · 박준석, 「지적재산권법」, 홍문사, 2011, 464-465면.

항)과 관련하여, 그러한 조치를 취하는 것이 기술적으로 불가능한 경우 책임지지 않도록 하였으며(제102조 제2항), 온라인서비스제공자는 자신의 서비스 안에서 침해행위가 일어나는지를 모니터링하거나 그 침해행위에 대해서 적극적으로 조사할 의무가 없다고 규정하고 있다(제102조 제3항).

한편, 특정 서비스(P2P, 웹하드 등)에 대해서는 권리자의 요청이 있는 경우 저작물의 불법적인 전송을 차단하는 기술적인 조치 등을 하도록 매우 강하게 규제하고 있다(제104조).[29] 동 규정에 대해 한미 FTA 협정에서도 온라인서비스제공자의 모니터링이나 필터링을 요구하지 않고 있으며,[30] 미국도 이러한 규정이 없다는 점에서 온라인서비스제공자에게 과도한 책임을 부과하고 있다는 비판도 있다. 저작권법 제104조에 대한 위헌소송에서 헌법재판소는 위헌이라는 2인의 소수의견과 달리 다수의견으로 합헌이라고 판결하였다.[31]

(3) 사람과 사람을 연결해 주는 기술(P2P)에 대한 법적 평가

비디오카세트레코더(VCR)는 영화를 녹화할 수 있는 기계이다. 동 기계 자체는 가치중립적이라고 할 수 있고, 인간의 생활을 편리하게 해준다는 점에서 유용한 발명품이라고 하겠다. 과연 이러한 발명품의 판매를 금지하게 함으로써, 이 분야의 기술발전을 막을지, 아니면 이를 허용함

29) 저작권법 제104조(특수한 유형의 온라인 서비스제공자의 의무 등) ① 다른 사람들 상호 간에 컴퓨터를 이용하여 저작물 등을 전송하도록 하는 것을 주된 목적으로 하는 온라인서비스제공자(이하 "특수한 유형의 온라인서비스제공자"라 한다)는 권리자의 요청이 있는 경우 해당 저작물 등의 불법적인 전송을 차단하는 기술적인 조치 등 필요한 조치를 하여야 한다. 이 경우 권리자의 요청 및 필요한 조치에 관한 사항은 대통령령으로 정한다.

30) 한미 FTA 협정 제18.10조 제30항 나호 7): '이 호의 책임제한을 받는 자격은, 그러한 기술조치와 합치되는 경우를 제외하고, 서비스 제공자가 자신의 서비스를 감시하거나, 침해행위를 나타내는 사실을 능동적으로 찾아야 하는 것을 조건으로 할 수 없다'. 여기서 기술적 조치란 다음과 같이 정의된다: 서비스 제공자에게 상당한 비용을 부과하거나 그들의 시스템 또는 네트워크에 실질적인 부담을 주지 아니하는, 당사국의 영역에서 채택된 표준 기술조치.

31) 헌재 2011. 2. 24, 2009헌바13.

으로써 동 분야의 기술을 발전시킬지는 인간이 법제도를 통해서 유도할 수 있다. 이와 관련된 실제 판례는 다음과 같다.

미국의 소니 vs 유니버셜 스튜디오 사건(1984년)에서 두 개의 영화사가 VCR 베타비디오를 구매하는 사람 중 몇몇이 저작권을 위반했다는 이유로 복사기계를 제작한 소니사를 고발하였다.[32] 이에 대해 법원은 영화를 나중에 보기 위해 녹화한 것은 '공정사용'이라고 판결했다. 법원은 비상업목적의 해적판은 저작권자의 이익을 해하지 않는다는 범위에서 공정사용으로 간주된다고 판단했다. 법원은 장치를 이용한 불법복제가 있더라도, 그 장치의 개발회사가 법적인 책임을 질 수 없다고 판결했다. 이와 같이 미국사회는 VCR 기술의 재산권 침해라는 기능보다는 VCR 기술의 전체적 효용성을 더 높게 평가함으로써, 관련 기술들이 더욱 발전 할 수 있게 하였다.

다음으로는 P2P라는 기술에 대해서 살펴보기로 하자. 일반적으로 인터넷은 정보를 요청하는 고객과 정보를 제공하는 서버로 구성되어 있어, 정보사용자는 서버에 접속하여 서버에 저장되어 있는 정보를 제공받는 방식이다. 반면에 P2P 프로그램은 인터넷 사용자들이 자신의 컴퓨터에 있는 파일 등 정보를 사용자끼리 공유할 수 있게 하여 각 컴퓨터가 기존 중앙서버 역할을 하도록 함으로써 직접 정보를 주고받게 하는 방식이다.[33] 이 기술을 이용하면, 친구의 컴퓨터에 있는 파일 중 필요한 정보를 찾아서 자기 컴퓨터에 저장할 수 있다는 점에서 편리한 기술이라고 하겠다. 즉 개인 컴퓨터에 있는 정보를 공유하게 해주는 프로그램의 일종이라고 할 수 있다. 미국과 한국에서 각각 냅스터와 소리바다라는 동 기술을 사용한 온라인서비스가 나타나게 되었고, 법적 분쟁이 벌어지게 되었다. 이를 상술하면 다음과 같다.

32) Sara Baase(정진욱 · 안성진 · 이재규 옮김), 앞의 책, 267면.
33) 백윤철, 앞의 논문, 93면.

가. 미국 냅스터

냅스터는 1999년 웹에 개설한, MP3 파일의 공유디스크 서비스 회사이다.[34)] MP3 파일은 기존의 파일을 10배 이상으로 압축할 수 있어, 이를 이용하면 음악파일을 몇분 내에 다운받을 수 있다. 냅스터의 사이트는 1년만에 회원이 100만명으로 늘어났고, 1,000만개 이상의 MP3파일이 운용되었다. 냅스터로 인해 불법으로 파일이 복제되고 공유되는 것이 공공연한 사실이었으며, 18개의 음반회사들이 냅스터를 고소하였다.

냅스터는 사용자들의 노래를 저장하지 않았고, 온라인으로 공유하도록 서비스하였다. P2P 서버를 이용하여 사용자들은 다른 사람들의 디스크를 통해 파일을 공유한 것이다. 중앙서버에는 MP3 파일 등이 저장되어 있지 않으나, 회원들 각자의 컴퓨터에 어떤 파일이 있는지 그 목록을 관리하면서 이를 검색 할 수 있는 기능이 내장되어 있다. 회원이 원하는 파일의 위치정보를 제공하는 과정에 중앙서버가 개입하는 방식이다.

동 사건에서 원고는 냅스터에게 대위책임과 기여책임이 있다고 주장하였으며, 2001년 7월 연방항소법원은 이를 모두 인정하였다. 피고는 이용자들의 파일검색목록에 올라와 있는 침해 자료를 찾아낼 수 있는 충분한 능력이 있고, 또한 이용자의 접근을 차단할 수 있는 권리가 있음에도 불법적인 파일교환을 방지하기 위한 권리행사를 태만히 하였다고 판단하였다.[35)] 또한 냅스터가 얻는 경제적 이익은 이용자들이 증가함에 따라 커지게 되므로, 결국은 불법적인 파일교환으로 인해서 직접적인 경제적 이익을 얻게 되어 대위책임의 요건이 충족된다고 하였다. 또한 기여침해책임에 대해서 냅스터사는 구체적인 권리침해물이 당해 시스템에서 이용가능하였던 점을 인식하고 있었고, 침해물에 대한 접근을 차

34) Sara Baase(정진욱 · 안성진 · 이재규 옮김), 앞의 책, 269면.

35) 윤종민, “디지털저작권 보호와 온라인서비스제공자의 책임”, 「창작과 권리」, 제63호, 2011, 148면.

단하는 것이 가능했었으며, 침해물을 제거하지 않았다고 판단했다.[36] 또한 직접침해 행위에 도움을 주는 사이트설비를 제공하여 이용자의 침해행위에 실질적으로 기여하였다고 판시하였다.

동 사건의 또 다른 쟁점은 '공정사용' 문제이다. 냅스터에게 저작권 침해의 2차적 책임을 묻기 위해서는, 1차적으로 냅스터 사용자가 저작권을 직접침해 했어야 하며, 이는 냅스터 사용자들의 음악 파일 교환 행위가 '공정사용'에 해당하느냐가 쟁점이다.[37] 공정사용의 여부는 저작물 사용의 성격(상업적 사용인가 비상업적 사용인가), 사용이 시장에 미치는 영향 등을 고려하여 판단한다. 재판부는 호스트 사용자가 익명의 요청자에게 파일을 배포한다면 이것을 개인적인 사용이라 할 수 없고, 냅스터 사용자는 원래 돈을 주고 사야하는 그 무엇을 무료로 얻었기 때문에, 냅스터 사용자들이 저작물의 상업적 사용에 관계되었다고 판단하였다. 또한, 냅스터 사용자의 음악파일 공유 행위가 음반 시장에 미치는 영향에 대해 재판부는 냅스터로 인해 대학가의 음반 시장이 감소했다는 원고측 보고서를 인용했으며, 설사 냅스터가 원고의 현재 시장(오디오, CD)에 손상을 주지 않았다고 하더라도, 저작권자가 저작물에 대한 다른 시장(예컨대, 미래 시장인 디지털 음악 다운로드 시장)을 개발할 권리를 박탈할 수 없다는 것을 근거로 공정사용을 인정하지 않았다. 한편, 이 사건에서 냅스터는 사용자의 행위는 샘플링, 시간이동이므로 공정사용이라고 주장했다. 그러나, 법원은 샘플링 사용을 통해 몇몇 사용자들이 실제로 음반을 구입했다 하더라도, 냅스터 사용자들이 음반의 복제물을 전체적으로, 무료로, 영구히 다운로드하는 것은 상업적 사용이라고 판단하였다. 또한, 이동 문제에 대해 법원은 냅스터의 경우에는 저작물이 일반 공중에게 배포되는 데에 비해, 소니 사건에서 대부분의 VCR 구매자들은 녹화된 TV

36) 백윤철, 앞의 논문, 119-120면.

37) 이하 다음 자료 요약함: 남희섭, 냅스터 사건 쟁점 정리: http://freeinternet.jinbo.net/napster_issue.html

방송을 배포하지 않고, 가정에서 이를 즐길 뿐이라는 것이다.

결론적으로, 미국 법원은 VCR 기술은 불법복제의 용도로 사용이 가능하지만, 그보다는 합법적 용도로 사용되고 있다고 평가한 반면에, P2P를 활용한 온라인서비스는 주로 불법복제에 사용되고 있다고 판단하고 이를 막았다고 평가할 수 있다.

나. 한국 소리바다

소리바다 운영자는 소리바다(www.soribada.com)라는 인터넷 사이트를 운영하여, 소리바다 프로그램을 다운받아 개인 컴퓨터에 설치한 이용자들 사이에 음악파일을 공유하도록 하는 서비스를 제공하고 있었다. 소리바다 프로그램은 P2P 방식으로 MP3 형식의 음악파일을 공유하도록 하는 소프트웨어이다. 이러한 행위에 대해서 신청인은 음반복제금지 가처분을 신청하였다.

소리바다와 관련한 판례는 민사사건과 형사사건 등 다양하다. 또한 소리바다 운영자는 소리바다 프로그램, 소리바다 2, 3, 4, 5 프로그램을 계속해서 개발하여 저작권침해를 벗어나기 위한 노력을 하고 있으며, 신청인들은 소리바다 프로그램, 소리바다 2 · 3 프로그램, 소리바다 5 프로그램을 이용한 사업 각각에 대해서 소송을 제기하였다.

소리바다는 각 이용자가 중앙서버를 통해 다른 이용자의 MP3 파일을 검색하는 방식이었던 반면에, 소리바다 2는 중앙서버를 거치지 않고 다른 이용자의 음악을 직접 검색하는 '수퍼 피어' 방식을 채택하고 있다. 소리바다 3에서는 MP3 파일 사용을 유료화 했다. 소리바다 5에서는 필터링 등 기술적 조치를 취하고 있다. 이 같은 피신청인의 노력에도 불구하고, 법원은 다양한 소리바다 사건에서 방조책임을 적용하여 신청인의 손을 대부분의 사건에서 들어주었다.[38] 이를 상술하면 아래와

38) 형사사건 2심과 일부 민사사건 1심에서 소리바다 운영자를 지지하는 판결이 있었으나, 형사사건의 경우 대법원에서 파기환송되었으며, 민사사건의 경우 2심에서 결과가 달라진 경우가 있다.

같다.

민사사건에서 1심 법원은 다음과 같이 판단하여, 음반복제금지 가처분 결정을 내렸다.[39] 피신청인은 소리바다 프로그램이 저작권침해를 위해서 만들어진 것이 아니라, 가치중립적 도구이고, 피고들이 이용자들을 통제할 수 없는 구조여서 책임을 부담할 수 없다는 주장을 하였다. 그러나 법원은 피고인들이 불법적인 MP3 파일 교환이 있다는 것을 알았던 점, 알았으면서도 경고문을 붙이는 이외에 합리적인 조치를 하지 않았다는 점, 소리바다 서비스는 중앙서버의 존재가 필수적이라는 점 등을 들어 피신청인의 주장을 인정하지 않았다.[40] 소리바다 사건의 2심법원은 방조책임의 인정기준을 다음과 같이 제시하였다.[41] 즉 운영자가 이용자들의 저작권침해행위를 미필적으로나마 인식하고, 이를 용이하게 할 수 있도록 도와주거나, 이러한 행위에 도움을 주지 않아야 할 주의의무가 있음에도 이를 위반하는 경우에만 방조책임을 인정해야 한다고 하였다.

한편, 형사사건에서 서울고등법원은 피고인들이 복제권 침해행위를 방조하였는지에 대해서 다음과 같이 판단하였다.[42] 소리바다의 P2P 서비스가 MP3 파일의 불법복제에 이용되고 있는 것이 현실이지만, 30%정도 합법적인 MP3 파일이 유통되고 있으며, P2P 방식의 서비스가 현재 및 장래에 비침해적인 용도로 사용될 개연성이 높다는 점 등을 근거로 하여 소리바다 시스템 자체의 제공으로 당연히 방조책임이 부과되는 것이 아니라고 판시하였다. 또한 구체적인 침해행위의 내용이 특정된 통지를 받아 실제로 이를 알게 되었을 경우에만 저작권 침해행위를 방지할 의무가 발생한다고 하면서, 피해자들이 저작권 침해행위를 구체적으로 특정하지 않았으므로 의무가 발생하지 않았고, 따라서 피고인들은 모두 무죄라고 판결하였다.[43] 그러나 동 판결은 대법원에서 파기 환송되었

39) 수원지법 성남지원 2003. 10. 24. 2003가합857 손해배상.

40) 안성수, "'소리바다' 판결 평석", 「법조」, 602(11), 2006, 190-191면.

41) 서울고판 2005. 1. 12, 2003나21140.

42) 안성수, 앞의 논문, 179-180면.

다.

한편, 소리바다 5 프로그램에 대한 음반복제금지 가처분 신청에 대한 고등법원(서울고판 2007. 10. 10, 자2006다1245.)의 결정과정을 살펴보면 다음과 같다.[44] 소리바다 5 프로그램은 종전 소리바다 프로그램과는 달리 권리자가 공유를 원하지 않은 음원파일인지 여부를 필터링하여 그 결과가 같이 송신된다. 지정된 파일이 권리자가 공유금지(필터링)를 요청한 음원의 파일임이 확인된 경우, 그 파일은 다운로드 받을 수 없으며, 지정 파일 권리자가 소리바다 운영사와 음원공급계약을 체결한 음원의 파일임이 확인된 경우, 유료회원만 다운 받을 수 있고, 그 외의 음원파일인 경우, 음원파일을 원하는 사용자와 파일을 가지고 있는 컴퓨터가 직접 연결되어 파일이 전송, 다운된다.

저작권법 제102조 제2항은 온라인서비스제공자가 저작물 등의 복제 전송을 방지하거나 중단시키고자 하였으나, 기술적으로 불가능한 경우에는 면책되는데, 피신청인 회사가 취하고 있는 '소극적 필터링 방식' 등 권리보호조치로 인해 면책된다고 피신청인은 주장하였다. 법원은 저작권 제102조의 기술적 조치를 소극적 필터링과 적극적 필터링으로 구분하였다. 소극적 필터링은 음원의 권리자들이 파일 공유를 원하지 않는 경우에 공유를 금지하는 방식이며, 적극적 필터링은 권리자들의 이용허락을 받은 음원들의 파일에 대해서만 공유를 허용하는 방식이다. 법원은 제102조의 기술적 조치에 대해 소극적 필터링만으로는 부족하다고 보고 음반제작업자 등의 저작인접권이 침해되었다고 판단하였다.[45]

43) 서울고판 2005. 1. 12, 2003노4296.

44) 황경환, "저작권 제102조 제2항의 온라인 서비스제공자의 면책조항의 법적 검토", 「법학연구」, 16(1), 2008, 206-208면.

45) 위의 논문, 223면.

제4절 인터넷 영업방법에 대한 특허

비즈니스모델(BM) 특허는 사이버공간에 대한 특허라고도 할 수 있다. 비즈니스모델, 즉 영업방법은 전통적으로 특허의 대상에서 제외되어 왔다. 많은 국가들이 특허의 대상이 될 수 없는 대표적인 사례로 수학공식과 비즈니스 모델을 들고 있다. 유럽의 특허법은 영업방법이 특허대상이 아니라고 규정하고 있고, 미국도 판례를 통하여 영업기법을 "추상적 아이디어"로 보아 특허대상이 안 된다고 규정하였다. 한국의 경우에도 영업방법은 특허법상의 발명의 범주에 속하지 않는 것으로 인식되어 왔다.

인터넷을 통한 영업이 확산되어가자 인터넷 상에서의 영업방법에 대한 특허를 부여해야 한다는 요구가 나타나게 되었다. 미국의 연방대법원은 "수학적 기법을 활용한 금융투자모델"에 대해서 특허를 부여하게 되었으며, 이후 기존의 영업방법을 인터넷상에 구현하는 특허가 대거 나타나게 되었다. 영업방법이 이를 구현할 수 있는 구체적인 수단과 결부되어 "유용하고, 구체적이며, 실용적인 결과"를 발생시킬 경우에는 특허대상이 된다는 입장에서 특허를 부여하고 있고, 미국연방법원도 스테이트 스트리트 사건에서 이같은 입장을 지지한 바 있다. 비즈니스 특허의 예로 미국의 사이버골드사는 인터넷 사용자가 광고를 보는 대가를 지불하는 시스템에 대해서 특허를 획득하였으며, 네트딜리버리사는 "e-메일푸쉬 방법 및 시스템"에 대한 특허를 획득하였다. 소위 "역경매방식"이라고 불리는 영업기법, 즉 소비자가 사려는 상품에 대한 가격을 제시하고 이 가격에 팔려는 공급자를 연결해주는 방식도 미국에서 특허를 획득하였다. 이와 같이 미국과 유럽은 영업방법 자체에 대한 특허를 부여하지 않는다는 원칙을 고수하면서, 영업방법이 특정기술과 결합한 경우에는 이를 특허대상의 범주에 속한다고 보고 있다.

미국에서는 인터넷 관련 특허출원이 많아지고 있고, 이에 대한 분쟁 사례도 생겨나고 있다. 일부 전문가들은 인터넷비즈니스 산업이 급성장한 이유가 아이디어의 활발한 흐름이었는데, 영업방법에 대한 특허가 산업의 활력을 저해하고, 벤처기업을 법적소송에 휘말리게 함으로써 부정적인 영향을 줄 것이라고 진단하고 있다. 미국의 Aon사는 인터넷비즈니스 업계에 특허분쟁이 폭발할 것을 예상하고 분쟁에 대한 보험을 전문으로 하는 사업계획을 발표한 바 있다.

"영업기법"에 대한 특허는 순수한 기술적인 내용만 있는 것이 아니라 영업기법이 포함되어 있기 때문에 시장에 있어서의 독점이 우려된다. 이 때문에 비즈니스모델 특허에 대해서 그 본질이 새로운 영업방법이며, 인터넷상의 구현기술은 기존의 것으로서, 이를 허용하는 것은 사실상 영업방법에 대한 독점권을 허여하는 것으로서 부당하다는 비판도 제기되고 있다. 미국은 이러한 강력한 독점권이 인터넷산업에 미치는 부정적인 효과를 인식하여 이에 대한 대비에 부심하였으며, 결국 미국 의회는 사업을 이미 시작하고 있는 기업에 대해서는 특허권의 권리행사를 제한하는 법안을 통과시켰다.

한국특허법에는 비즈니스모델 특허에 대한 명문화된 규정이 없으며, 2000년 "전자상거래 관련 발명의 심사지침"에서 이에 관련하여 언급하고 있다. 한국의 특허청에 출원된 영업기법 발명은 인터넷 상거래를 위한 비즈니스모델, 인터넷 광고방법, 게임 및 조사 방법, 인터넷을 이용한 교육장치 및 방법이 주류를 이루고 있다.

특허제도는 기술혁신에 기여하여 경제발전에 이바지함을 존재 이유로 삼고 있다고 하겠다. 따라서 기존의 제도에 변화가 있다면 그 변화가 기술혁신에 최소한 긍정적인 역할을 한다는 객관적이고 타당한 근거가 있어야 할 것이다.

제5절 위치정보 제공의 문제: 범죄해결 vs 사생활 보호

인간이나 물건에 대한 위치정보는 매우 중요하며, 인간의 경우 치명적일 수 있는 정보이다. '위치정보 제공' 문제는 정보통신기술에 대한 법적 설계가 인간의 생명에 영향을 줄 수 있다는 점에서 주목할 가치가 있다고 하겠다.

2012년 4월 1일 경기도 수원의 20대 여성이 경찰에 휴대전화로 범죄신고를 하고도, 피살됨으로써 위치정보 관련법에 대한 사회적 관심이 높아지게 되었고, 본인 동의 없이 경찰이 위치추적을 할 수 있는 내용을 담은 개정안이 사회적 여론에 힘입어 국회를 통과하게 되었다(2012년 5월 2일). 개정 전에는 소방방재청이나 해양경찰청의 경우에만 본인 동의 없이 위치추적이 가능하였다. 개정법에 의해 소방서(119)나 해양경찰(122)처럼 경찰(112)도 긴급구조 요청이 접수되면 본인 동의 없이 휴대전화 위치추적이 가능해졌다.[46] 이러한 개정에 대해 위치정보남용에 대한 우려도 제기되고 있다.

'위치정보의 보호 및 이용 등에 관한 법률'은 위치정보기술 및 사업에 대한 진흥법적인 면과 통제법적인 면을 동시에 갖추고 있다. 동 법은 위치정보의 남용으로부터 사생활을 보호하고, 안전한 이용환경을 조성하여 위치정보 이용을 활성화 함으로써, 국민생활 향상과 공공복리 증진에 도움을 주는 목적으로 시행되고 있다(제1조).

위치정보사업은 위치정보를 수집하여 위치기반서비스 사업자에게 제공하는 것을 사업으로 영위하는 것을 말하며, 위치기반서비스사업은 위치정보를 이용한 서비스를 제공하는 것을 사업으로 영위하는 것을 말한다. 위치정보 수집에 따른 프라이버시 침해 등을 고려하여 동 법은 위치

46) 위치정보의 보호 및 이용 등에 관한 법률.

정보사업은 허가제로 운영하고 있으며(제5조), 위치기반서비스사업의 경우 신고제로 운영하고 있다(제9조).

위치정보의 수집 · 이용 · 제공은 원칙적으로 개인 또는 소유자의 동의 없이는 못하도록 금지하고 있다(제15조). 다만, 긴급구조기관의 긴급구조요청(제29조 제1항), 경찰관서의 요청(제29조 제2항) 등 특정한 경우에만 동의 없이 위치정보를 수집 · 이용 · 제공 할 수 있도록 하고 있다.

또한 동 법은 위치정보의 수집 · 이용 · 제공과 관련된 기술개발에 대한 비용을 지급하고, 특정연구기관으로 하여금 관련 연구개발 등의 사업을 하게 할 수 있도록 하여, 직접적인 지원의 근거를 마련하고 있다(제33조).

제 6 장
독감, 치료제를 누가 만들 것인가

독감치료제 타미플루에 대한 강제실시권 발동이 필요하다.

- 미국 슈머 상원의원, 2005년 10월 19일 -

신종플루에 대응한 강제실시권 발동은 국제법상 보호를 받는 특허권에 대해 저개발국가나 쓸 수 있는 충격적이고도 원시적인 방법이다.

- 대한민국 국회의원, 2009년 8월 24일 -

제1절 독감, 그리고 치료약

1. 독감 유행의 원인

세계보건기구(WHO)가 향후 인류의 생존을 위협하는 3대 요소로 식량부족, 기후변화, 전염병 유행을 지목하고 있을 정도로, 전염병은 중요한 화두이다. 1918년 스페인 독감으로 인해, 약 5천만명이 사망했는데, 신종플루(2009년 4월 발생)의 유형이 스페인독감(H1N1)과 같다는 것이 알려지면서 독감에 대한 경계가 높아지게 되었다.

독감은 인플루엔자라는 바이러스에 의해 감염되는 계절성 유행병으로, 이로 인해 전 세계적으로 매년 약 50만명이 사망하며, 대유행이 일어날 경우 100만명 정도의 사망자가 발생하는 것으로 추정된다.[1] 20세

1) 테렌스 스티븐슨(제효영 옮김), 「신종플루의 진실」, 시그마북스, 2010, 21면.

기에 들어서서 인플루엔자 대유행이 1918년(스페인 독감), 1957년(아시아 독감), 1968년(홍콩독감)에 3번 발생했다.

:: 표 6-1 인플루엔자의 대규모 전염 사례

시 기	명 칭	유 형	결 과
1918년	스페인독감	H1N1	약 5천만명 사망
1957년	아시아독감	H2N2	약 200만명 사망
1968년	홍콩독감	H3N2	약 100만명 사망

일반적으로 바이러스는 공생관계에 있는 자연숙주를 벗어난 새로운 종으로 전염이 잘 이루어지지 않고, 바이러스의 일종인 인플루엔자도 그렇다.[2)] 이를 종간 장벽이라고 하며, 예컨대, 개, 말, 조류, 인간 인플루엔자는 각각 개, 말, 조류, 인간에게만 영향을 준다는 것이다. 문제는 특정 인플루엔자가 이러한 종간 장벽을 넘는 바이러스로 변형이 되는 경우이다. 돼지의 인플루엔자 수용체는 조류와 사람의 인플루엔자도 수용이 가능하며, 이 과정에서 유전자가 섞일 수 있다는 견해도 있다.[3)] 1957년, 1968년에 인플루엔자 대유행의 원인이 된 인플루엔자 바이러스는 조류 및 인체사이에 유전자 교환이 일어난 결과 등장한 것으로 추정된다.[4)] 2009년 나타난 신종플루의 유전자는 사람, 돼지, 조류에 감염되는 인플루엔자 바이러스의 특성을 모두 가진 혼합된 형태인 것으로 보인다.[5)] 이러한 인플루엔자는 인간 인플루엔자의 유전체도 일부 포함하고 있기 때문에 사람에게도 전염이 가능하다. 더욱이 사람간의 전염이 가능한 경우도 있다. 신종플루가 바로 그것이며, 이러한 특성으로 인해 재앙의 가능성을 우려하는 것이다. WHO는 2009년 6월 11일 신종플루가 세계적으로 대유행이 될 것이라고 공식적으로 발표했다.

2) 최강석, 「바이러스의 습격」, 살림, 2009, 94-96면.
3) 위의 책, 118면.
4) 위의 책, 27면.
5) 테렌스 스티븐슨(제효영 옮김), 앞의 책, 30면.

변종인플루엔자로 인한 독감이 나타날 때마다, 전 세계적으로 이에 대한 대응마련에 부심하고 있으며, 다행스럽게도 1968년 이래로 2012년 현재까지는 대유행이 발생하지 않고 있다.

2. 인플루엔자 A의 구조와 치료제

세균은 영양분만 제공하면 혼자 자랄 수 있지만, 바이러스는 자라려면 누군가가, 즉 숙주가 필요하다. 이러한 바이러스의 기본적 속성은 바이러스와 숙주를 긴밀하게 연계시키며, 전염의 원인이 된다.

인플루엔자는 A, B, C 세 가지 종류가 있으며, 인간에게 가장 문제가 되는 인플루엔자 A의 구조를 설명하면 다음과 같다.[6] 인플루엔자 A의 주요 구성성분은 내부에 RNA로 이루어진 유전자와 외부에 이를 둘러싼 표면단백질이다. 유전자는 DNA나 RNA로 이루어져 있는데, RNA의 경우 복제과정에서 실수를 많이 하며, 따라서 인플루엔자는 변이를 잘한다. 표면단백질에는 헤마글루티닌(hemagglutinin: H) 및 뉴라미니다제(neuraminidase: N)가 포함되어 있다. 인플루엔자 A 바이러스의 명칭은 이들 단백질의 종류에 따라 결정되는데, H 단백질은 16종류, N 단백질은 9종류가 있다.

감염은 이러한 표면단백질이 숙주의 수용체와 결합하면서 일어나게 된다. 인간의 경우 인플루엔자에 대한 수용체는 점막의 표면에 있는 시알릭산(sialic acid)이다. 시알릭산 끝에 갈락토스(galactose)라는 당성분이 있으며, 그 위치에 따라 수용체의 구조가 달라진다. 따라서 특정 수용체의 구조에 적합한 특정 표면단백질 구조를 가진 바이러스만이 선택적으로 결합하면서 감염이 시작되는 것이다. 표면단백질인 H 단백질과 N 단백질의 종류가 그래서 중요하다. 신종플루의 치료제 오셀타미비르(상품명 타미플루)와 자나미비르(상품명 릴렌자)는 N 단백질의 수용체인 시알릭

6) 최강석, 앞의 책, 77-80면.

산과 유사한 성분(타미플루의 경우 시킴산으로부터 화학반응에 의해 만들어진다)을 가지고 있고, 이 치료제가 N 단백질이 숙주의 수용체와 결합하는 것을 방해하는 방식으로 바이러스 증식을 억제한다.

백신은 유전자 재조합 바이러스를 만드는 방법에 의해 제조된다. 인플루엔자 표면단백질인 H와 N이 수시로 바뀌기 때문에, 백신도 이에 맞추어 자주 만들어야 한다. 달걀은 비용이 저렴하고 쉽게 구할 수 있어서, 백신개발을 위한 바이러스 배양을 그 안에서 한다. 새로운 계통의 바이러스와 실험실에서 배양하는 표준 계통의 바이러스를 혼합한 후 함께 배양하면, 내부는 표준 바이러스 계통이고, 표면단백질은 새로운 계통의 바이러스로 구성된 혼성형 바이러스가 만들어진다. 바이러스를 화학물질을 이용해 사멸시키고, 정제과정을 거쳐 표면단백질을 얻고 이를 활성성분으로 활용해 백신을 얻는다.

독감치료제의 개발과 관련한 법 · 제도적 과제는 다음과 같다. 첫째, 민간이나 공공부문에서 조류독감 치료제 및 백신을 개발할 법적 환경을 만들어 주는 것이다. 둘째, 정부가 독감치료제 및 백신을 국민들에게 적시에 공급할 수 있는 제도적 장치를 마련하는 것이다. 셋째, 조류독감을 개발할 때 발생할 수 있는 위험을 통제하는 것이다. 여기서는 약품의 생산과 보급에 대한 사항을 중심으로 설명하고자 한다.

제2절 의약품의 생산 권리: 제약회사 vs 정부

1. 특 허 권

독감 관련 의약품은 수익성이 크기 때문에, 민간기업에서 자발적으로 연구개발을 수행하여 치료제를 개발하고 있다. 이렇게 자발적으로 민간기업이 연구개발을 하는 데는 특허법의 존재가 영향을 주고 있다. 일정기간 독점권을 부여 받음으로써, 연구개발투자비를 보상 받을 가능성이 높기 때문이다. 특허법의 영향은 독일의 사례에서도 볼 수 있는데, 1877년 특허법이 효력을 발생하기 전에는, 회사들이 타 회사의 전문 화학자들을 빼내기 위해 경쟁했으나, 법 발효 이후 새로운 염료의 연구개발이 주된 경쟁활동이 되었다는 시각도 있다.[7)]

항바이러스 치료제인 오셀타미비르는 상품명으로 타미플루라고 부르며, 한국계 과학자인 김정은 박사의 주도하에 미국의 길리어드사(Gilead Sciences, Inc.)가 개발하였다. 오셀타미비르는 중국의 토착 향료식물인 '스타아니스(star anise)'에서 추출한 스킴산(shikimic acid)을 원료로 만들어졌다. 길리어드사는 스위스 제약회사 로슈에 독점판매권을 부여했으며, 로슈사가 주도적으로 타미플루를 생산하고 있다. 또 다른 치료제인 자나미비르는 상품명 릴렌자라고 부르며, 글락소스미스클라인(GSK)에 의해 타미플루보다 먼저 개발되었다. GSK는 1994년 네이처에 흡입식 치료제인 자나미비르에 대해서 발표했으며, 이를 본 김정은 박사는 알약으로 개발하면 늦게 시장에 내놓아도 성공할 수 있을 거라고 생각하고 연구개발에 착수했다고 한다. 실제로 알약이라는 편리성으로 인해 타미플루가 광범위하게 판매되고 있다. 타미플루는 정부 비축용 항바이러스제 시장의 90%를 점유하고 있으며, 2007년 22억 달러가 팔려, 로슈사에게 큰 수익을 가져다 주었다.[8)]

이와 같이, 독감에 대한 효과적인 치료제는 특정회사가 독점하는 상황이며, 2005년 조류독감 및 2009년 신종플루 유행시 약을 확보하지 못한 국가 중 일부는 특허권자의 허락 없이 타미플루를 생산하려는 시도를 하였다. 그 법적 근거는 통상 '강제실시권'으로 불리우는 권리이며, 이를 아래에서 상술하고자 한다.

---

7) 제임스 E 매클렐란 3세 · 해럴드 도른 공저(전대호 옮김), 「과학과 기술로 본 세계사 강의」, 모티브, 2006, 474면.

8) 박상표, 「2009 Swine Influenza Pandemic의 정치경제학」, 14면: http://www.chsc.or.kr/xe/?document_srl=11477

2. 특허권자의 허락 없이도 생산할 수 있는 권리: 강제실시권

헌법에서는 재산권을 수용, 사용 또는 제한할 수 있는 근거(제23조)를 두고 있다. 민법에서도 권리를 남용하지 못하도록 하고 있으며(민법 제2조), 소유자는 "법률의 범위 내에서" 그 소유물을 사용, 수익, 처분할 권리가 있다(제211조). 특허법도 특정한 상황 하에서 공공의 이익을 위해서 특허권자의 허락 없이 특허권을 실시할 수 있도록 하고 있다. 현대 특허법의 뿌리라고 할 수 있는 베니스 특허법도 베니스 정부가 그 자신의 목적을 위해서 특허된 발명을 사용할 권리를 보유하고 있다고 규정하고 있다.

이와 같은 강제실시권제도의 효용성은 특허제도가 가지는 근본적인 한계와 관련이 있다. 자유시장 경제에서 특허제도는 한시적이기는 하지만 독점권을 부여한다는 점에서 독점금지법 내지 경쟁법에 의한 제한을 받고 있으며, 강제실시권은 특허제도 자체적으로 특허제도의 약점을 치유하는 도구로서 작용할 수 있다. 강제실시권 제도가 19세기에 일어난 특허반대운동의 저항을 극복하는데 도움을 주었다[9]는 분석은 강제실시권 제도의 효용성을 간접적으로 말해준다고 하겠다.

강제실시권은 특허권자의 허락 없이 특허권을 사용할 수 있다는 면에서 권리자의 입장에서 보면 특허권을 무력화시키는 트로이의 목마와 같은 것이라고 할 수 있다. WTO/TRIPS 협상과정에서 기술선진국에서는 이를 폐지하거나 요건을 강화시키려는 입장이었으며, 개도국은 허용범위를 넓히고자 하였다. WTO/TRIPS 협정은 다음과 같은 조건하에 특허권자의 허락 없이 정부가 특허권을 실시하거나, 제3자로 하여금 실시를 하게 할 수 있도록 허용하고 있으며, 권리의 성격은 통상실시권으로서 양도할 수 없도록 하였다(제31조).[10]

---

9) Kaufer Erich, 「The Economics of the Patent System」, Harwood Academic Publishers, 1989, p. 51.

10) 실시권은 실시권자만이 독점적으로 실시 할 수 있는 전용실시권과 비독점적인 통상실시

첫째, 개별적으로 비교형량되어 고려되어야 한다. 따라서, 의약품 등 일정한 범주에 대해 자동적으로 강제실시권을 부여할 수 없다. 둘째, 합리적인 상업적 조건하에 실시허락을 얻기 위해 노력을 해야 한다. 셋째, 필요한 목적 범위 내에 강제실시권의 범위, 기간 등을 정해야 한다. 넷째, 특허권의 실시가 국내시장의 공급을 위해서만 허용된다.[11] 다섯째, 특허권자는 적절한(adequate) 보상을 지급받아야 한다.

이러한 일반적 조건하에 다음과 같은 예외조항이 포함되어 있다. 첫째, 국가긴급사태 또는 공공의 비영리적 사용의 경우 실시허여를 받기 위한 노력을 하지 않아도 된다. 둘째, 미국의 강력한 요구에 의해서 반도체칩기술의 경우 공공의 비영리적 이용 또는 반경쟁적인 행위인 경우에만 강제실시권을 부여하도록 했다. 셋째, 일차 특허의 침해 없이 이차 특허를 실시하지 못할 경우 부여되는 이용발명에 대한 강제실시권은 특별한 조건을 추가시켰다.[12] 즉 이차 특허가 경제적 측면에서 기술적 진보가 있어야 되며, 일차 특허권자에게 크로스 라이센스를 주어야 한다. 넷째, 반경쟁행위에 의해 강제실시권이 발동되는 경우 앞서 설명한 협상노력, 국내실시, 적절한 보상의 조건을 지키지 않아도 된다. 이는 반경쟁행위를 매우 중대한 사안으로 인식하고 있는 미국의 입장이 반영된 것으로 보인다.

이와 같은 조건하에 WTO 가입국들은 강제실시권에 대해 자국법에서 다양하게 규정하고 있다. 우리 법의 경우 세 가지 방식으로 강제실시권을 허용하고 있다.

첫째, 특허청장의 처분에 의한 방법이다. 실시권 발동의 타당성은 그 발명의 실시를 필요로 하는 주무장관의 신청에 의하여 특허청장이 결정

권으로 구분할 수 있다.

11) 동 요건은 아프리카 등 생산능력이 없는 국가 등에 의약품을 수출할 필요성 때문에, 일정한 조건하에 수출의 목적으로 강제실시권이 허용될 수 있도록 이사회에서 완화하는 결정을 했다(2003년 8월 WTO 일반이사회).

12) 예컨대, 의약품의 제조방법에 대해 특허를 받은 특허권자는 물질특허권자의 실시허락을 받아야 자신의 특허권을 실시 할 수 있다.

한다.[13] 동 절차는 국가비상사태에 신속히 대응할 수 있다는 점에서 효율적인 절차라고 할 수 있으나, 특허권자의 이익이 침해될 수 있다는 점에서 매우 한정된 경우에만 허용되고 있다. 국가비상사태 또는 극도의 긴급상황 또는 공공의 이익을 위하여 비상업적으로 실시할 필요가 있을 경우에 허용된다(특허법 제106조의 2). 전염병이 만연하고, 의약품이 모자란 긴급한 상황에서 효과적으로 활용할 수 있는 절차라고 하겠다.

둘째, 재정에 의한 방식이다. 실시를 원하는 자가 특허청장에게 재정청구를 하면 특허청장이 실시권을 허여할 수 있다(제107조). 특허청장은 특허권자 등에게 답변서를 제출할 기회를 주어야 하며(제108조), 필요할 경우 산업재산권분쟁조정위원회 및 관계부처의 장의 의견을 들을 수 있다(제109조). 사전협상을 했거나 할 수 없었을 것을 조건으로(공공의 이익, 불공정거래행위 제외), 다음과 같은 경우 강제실시권 허여를 위한 재정절차를 밟을 수 있다. 즉 특허발명의 실시가 공공의 이익을 위하여 특히 필요한 경우, 특허발명의 불실시, 특허발명의 부적절한 실시, 특허권자의 불공정거래행위의 시정, 수출만을 위한 의약품제조, 반도체기술에 대한 실시권 부여가 여기에 해당한다. 공공의 이익을 위한 강제실시권 부여인 경우 앞서 설명한 특허청장 처분 절차로도 가능하나, 처분절차는 비상업적 용도에만 한정하고 재정절차는 상업적이나 비상업적이나 모두 허용된다는 점에서 차이가 있다.

셋째, 이용발명의 경우 심판절차를 거치도록 하고 있다. 이는 이용발명의 경우 특허권자간의 권리다툼 성격이 강하고, 이해당사자가 충분히 자기 권리를 주장할 수 있는 기회를 주어야 한다는 점이 고려된 것으로 보인다.

13) 특허권의 수용 · 실시 등에 관한 규정(대통령령) 제2조 및 제5조.

3. 강제실시권 제도 활용 사례

(1) 세계동향

캐나다와 영국을 제외하고 한국을 비롯한 많은 국가에서 강제실시권은 드물게 활용되었는데 여기에는 두 가지 해석이 있다.[14] 첫째는 강제실시권 발동 사유 중의 하나인 '국내에서의 불실시'를 엄격히 해석하였기 때문이다. 둘째는 강제실시권 제도가 있음으로 해서, 라이센싱 협상에 특허권자가 적극적이었기 때문이다.

캐나다와 영국의 경우 다국적 기업의 의약품에 대한 강제실시권 부여를 적극적으로 추진한 결과 비교적 실시사례가 많은 것으로 나타나고 있다. 캐나다의 경우 1969년~1977년에 227건의 강제실시권 신청이 있었으며, 152건이 발효되었다.

미국의 경우 강제실시권은 경쟁촉진의 방법으로 많이 활용되었다. 1950년대 말까지 약 100건의 반독점사건에 강제실시권이 발동되었으며 4만내지 5만개의 특허가 포함되었다. 주로 가격담합, 시장진입제한, 합병을 통한 시장 집중에 대해서 강제실시권이 부과되었으며, 과도한 가격은 대상이 되지 않았다. AT&T의 트랜지스터 개념 특허 및 GE의 백열광 특허가 강제실시권의 대상이 되었다. GE의 백열광 특허와 AT&T의 8,600개 특허는 로얄티 없이 강제실시권이 부여되었다.

강제실시권은 특허권자에게 적절한 보상을 주도록 규정하고 있다. 보상액의 정도에 따라 강제실시권의 실질적 효력이 달라지며, 손실보상 방식으로 접근한다면, 강제실시권 발동의 경제적 효과가 적을 것이다. 따라서 대개의 경우 낮은 로얄티를 부과하는 경향이 있다. 미국 연방정부의 경우 반독점과 관련해서는 실시료가 없거나 낮은 가격에 강제실시권을 부과하였다.

휴 에어크래프트(Hughes Aircraft)사는 정부인공위성에 사용되는 81개

14) Kaufer Erich, op. cit. p. 51.

의 궤도기술에 대해 15%의 로얄티를 요구하였으나, 미국 정부는 1%를 주장하였고, 법원은 정부의 손을 들어주었다. 영국의 경우 의약품에 대해 18% 내지 22%의 비교적 높은 실시료를 부과하였다.[15] 캐나다의 경우, 경쟁을 높이면서도 연구개발에 대한 기여도를 반영하여 결정하였는데, 통상 4% 정도의 실시율을 부과하였다.

미국은 2001년 탄저병의 치료제인 바이엘의 특허의약품 시프로플록사신에 대해서 강제실시권 발동을 검토한 바 있다. 바이엘사는 이에 대해 시프로플록사신 가격을 1정당 1.77달러에서 95센트로 인하하기로 하여, 강제실시권은 발동되지 않았다. 브라질 등 다른 나라에서도 이 같은 사례가 발견되고 있다. 이것은 강제실시권이 발동되지 않더라도, 강제실시권 제도 자체가 경제적 효용성을 가질 수 있음을 보여 준다고 하겠다. 강제실시권제도의 영향을 알아보기 위해 강제실시권을 명령받은 42개의 미국기업을 조사한 결과, 그런 경험이 없는 타기업에 비해 R&D 투자에는 영향을 받지 않았으나, 특허 출원하기보다 노하우로 간직하려는 경향을 보였다.[16] 이러한 미국의 사례는 강제실시권 제도가 독점을 완화시킴과 동시에 투자를 위축시키지 않는 정책도구로서 사용될 수 있음을 보여주고 있다. 그러나 기술의 미공개로 인한 중복투자 등의 부정적 효과에 대한 사항도 동시에 고려해야 할 것이다.

:: **표 6-2 국가별 강제실시권 제도 운영 사례**[17]

국 가	연 도	강제실시권 활용 건수	
		신청 건수	부여된 건수
선진공업국			
오스트랄리아	1958 – 74	0	0
덴마크	1958 – 63	7	3

15) 이 글에서 실시료율은 Kaufer Erich의 책(1989년 출판)을 인용하였으며, 자료가 오래되었다는 한계를 가진다.
16) Ibid. p. 54.
17) Ibid. p. 52.

캐나다	1935 – 59 1960 – 74	45 183	9 117
프랑스	1953 – 73	n.a.	3
서독	1923 – 43 1950 – 79	295 37	23 0
영국	1950 – 72	121	31
네덜란드	1958 – 63	0	0
아일랜드	1958 – 63	0	0
일본	1960 – 74	12	0
노르웨이	1910 – 63	27	11
스위스	1952 – 63	0	0
남아프리카	1916 – 74	0	0
저개발국			
인도	1958 – 63 1973 – 76	4 n.a.	1 3
모로코	1958 – 63	0	0
필리핀	1958 – 63	8	0

(2) 한 국

한국의 경우 강제실시권 신청 사례 자체가 매우 적으며, 허여된 사례도 거의 없는 것으로 나타난다. 1978년 비스티오벤젠 제조방법에 대해서 제철화학(주)이 일본 소다(주)를 상대로 재정에 의한 통상실시권 허여를 청구하였다. 1980년 12월 특허청은 3년 이상 특허권 불실시를 정당한 이유 없는 특허권 남용으로 보아 통상실시권을 허여하였으며, 실시료는 3%로 정하였다.[18)]

2000년대에 들어와서는 시민단체에서 공공의 이익을 근거로 백혈병 치료제와 에이즈 치료제에 대해 강제실시권을 청구한 사례가 있으나, 특허청은 모두 신청을 기각하였다. 만성골수성 백혈병 치료제인 글리벡의 특허권자 노바티스사가 우리정부의 고시가격을 거부하고 높은 가격을

18) 정연덕(정상조 · 박성수 공편), 「특허법 주해 I」, 박영사, 2010, 1278면.

고수하자, 시민단체는 2002년 1월 30일 강제실시권을 신청하였다.[19] 특허법 제107조 제1항 제3호(특허발명의 실시가 공공의 이익을 위하여 특히 필요한 경우)에 근거하여 재정에 의한 강제실시권을 신청하였고, 2003년 2월 특허청은 재정신청을 다음과 같은 사유로 기각하였다. 즉 글리벡을 저가로 수입할 경우 환자에게 도움을 주나, 만성골수성 백혈병은 전염성이나 급박한 사회적 위험이 적다. 이러한 상황에서 높은 가격을 이유로 강제실시권을 부여할 경우 기술개발촉진이라는 특허제도의 취지에 맞지 않는다는 것이다. 또한 만성골수성 백혈병의 환자부담 약가가 고시 약가의 10%이며, 글리벡 공급이 정상적으로 이루어지고 있고, 수입이 가능하다는 점에서 통상실시권 설정을 인정할 정도의 공공의 이익이 있다고 보기 어렵다는 것이다. 또한 2008년 시민단체는 에이즈 치료제인 "푸제온"에 대해서 통상실시권 설정의 재정청구를 했다.[20] 당시 보건당국과 특허권자인 스위스 '로슈'사 사이에 약가 협상이 결렬되어 4년간 푸제온의 공급이 이루어지고 있지 않았다. 2009년 특허청장은 "강제적으로 통상실시권 설정을 인정할 정도로 공공의 이익을 위해 극히 필요한 경우에 해당한다고 보기 어렵고, 로슈사에서 생산원료 및 생산방법을 독점하고 있기 때문에 실시권 설정의 재정을 하더라도 국내에서 생산할 수 없어서 실익도 없다"는 이유로 신청을 기각하였다.

독감의 대유행 상황은 공공의 이익에 필요한 상황에 해당할 개연성이 높으며 따라서 정부의 처분이나 재정신청에 의한 강제실시권 발동의 가능성이 높다고 보여진다. 실제로, 2009년 신종플루가 유행할 당시 관련 제약회사에서는 타미플루를 생산하는데 적극적인 움직임을 보였다. 종근당 등 10개 이상의 국내 제약회사가 타미플루 제네릭 생동성 시험자료를 제출했으며, 식품의약품안전청은 종근당에게 2009년 12월 7일자로 품목허가를 했다.[21] 한국에서 특허권 만료가 2016년임을 감안하면, 이

19) 조영선, 「특허법」, 박영사, 2011, 421면.
20) 위의 책, 422면.

는 강제실시권 허여를 대비한 움직임이었다고 하겠다.

한편, 의약품에 대한 강제실시권 제도가 실효성을 거두기 위해서는 관련 약품에 대한 국내 생산능력이 있어야 하며, 실시권 허여절차가 신속해야 할 것이다.

제3절 독감의 유행과 패닉, 그리고 남은 과제

1. 2005년 가을, 조류독감에 대한 각국의 대응 동향

2005년 당시 조류독감이 확산될 움직임을 보이자 각국 정부는 상황을 심각하게 인식하고 치료약 확보에 나서게 된다. 조류독감이 확산될 경우 치료제인 '타미플루'의 공급이 수요에 많이 미치지 못할 것으로 전문가들은 지적하고 있었다. 미국정부는 1억명분의 타미플루 비축이 필요하다고 예측했고, 미 보건당국은 공급부족으로 비축필요량에 못미치는 2천만명분의 타미플루 공급을 주문하였다.

세계 각국은 자국이 처한 상황에 따라 다양한 모습으로 타미플루 확보에 나서고 있었으며, 2005년 11월 기준 각국 정부의 대응동향은 다음과 같다.[22)]

첫째, 타미플루를 자국의 수요에 맞추어 수입하려는 움직임이다. 대표적으로는 일본, 영국, 독일을 들 수 있으며, 이들 국가는 타미플루의 수입만으로도 자국의 수요에 대처할 수 있다고 보고 있었다. 말레이시아는 과거에 에이즈 관련 약제에 대해 강제실시권을 실시한 바 있으나 타미플루에 대해서는 로슈사로부터 구매할 계획을 갖고 있다고 밝혔다.

둘째, 타미플루 특허권자에게 실시권을 허락받는 협상을 추진하고 있

21) 최연희, 타미플루 복제약 첫 허가, 헬스코리아뉴스, 2009. 12. 8.

22) 육소영 · 윤권순 · 이승현, 「강제실시권 제도 변화에 따른 정부의 실질적 대응방안」, 한국발명진흥회, 2005, 110-119면.

었다. 자발적인 실시허여의 경우 특허권자는 관련 의약품 제조와 관련된 노하우 등의 정보를 적극적으로 제공할 것이기 때문에, 안전성과 효능이 높은 치료약을 생산할 수 있다는 장점을 가진다. 많은 국가에서 타미플루에 대한 라이센싱을 허여할 권한을 가진 로슈사는 2005년 10월 라이센싱 계약을 통한 생산허용 방침을 표명하였다. 이에 따라, 대만과 미국에서 로슈와의 실시권 협상이 벌어지고 있었다.

셋째, 자국 내에 타미플루 특허권이 없는 경우 자국 내 생산을 추진하고 있는 국가가 있다. 타미플루의 자국 내 생산과 관련한 법적인 문제는 타미플루에 대해 특허권이 해당국가에 있는 경우에 발생한다. 세계적으로 타미플루에 대한 특허권을 갖고 있는 길리어드사는 인도네시아 및 태국 등에서 특허를 보유하고 있지 않은 상태였다. 인도네시아에서는 조류독감으로 7명이 사망했으며, 건강부장관은 타미플루 원료를 한국에서 공급받아 복제약을 제조할 준비를 하고 있음을 밝혔다. 태국의 경우도 보건복지부 산하 기관에서 타미플루를 시험 생산하였다.

넷째, 수입만으로 타미플루 수요를 충당하지 못한다고 판단하였을 경우, 강제실시권에 대한 조치를 취했거나, 취할 것을 검토하고 있었다. 대만 행정원 위생서는 2005년 10월 31일 강제실시권을 신청하였으며, 타미플루를 시험생산하였다. 11월 25일에 일정한 조건하에 강제실시권이 부여되었다.[23] 한편, 의약품 관련 강제실시권 발동과 관련하여, 특허권자와의 협상에 따라 발동이 보류된 사례도 있다. 2005년 10월 19일 미국 슈머 상원의원이 타미플루에 대한 강제실시권 발동의 필요성을 주장한 후, 특허권자인 로슈사는 조류독감 대유행을 대비하기 위한 모든 조치

23) (가) 특허강제실시권의 부여기간은 오늘부터 2007.12.31까지로 하며, 대만 국내방역에 사용되는 것에만 한정함 (나) 강제실시권을 부여받아 제조한 약품은 행정원위생서가 로슈사로부터 구매한 타미플루 또는 관련 원료 약품의 공급이 방역 소요에 부족할 경우에만 사용할 수 있음 (다) 특허강제실시권 부여기간 중 위생서 또는 국내 제약회사가 로슈사와 타미플루에 대한 특허 수권에 대한 협의가 이루어지면, 특허강제실시권의 효력은 폐지됨 (라) 위생서와 로슈사는 조속히 특허강제실시권 부여에 따른 로슈사에 대한 손실보상금문제에 대해 협상을 진행해야 함.

를 취할 것이라는 입장을 밝혔고 실시권 허여에 적극적인 입장을 보였다. 이 같은 사례는 조류독감과 관련해서 강제실시권 허여방식을 취할 경우라도, 유연하게 특허권자와 협상하는 것이 필요하다는 것을 말해준다.

다섯째, 저개발국가에 타미플루를 수출하는 데 관심을 기울이고 있는 나라들이 있었다. 예컨대 인도의 경우 자국에는 조류독감환자가 없었으나, 해외수출을 염두에 두고 생산을 검토하고 있는 제약회사가 있었다.

2. 남은 과제

전염병 유행에 대비한 의약품의 개발과 공급은 공공성과 동시에 긴급성을 가지고 있다. 관련 연구개발 및 공급을 둘러싼 법제도도 이러한 특성을 어느 정도 반영하고 있다. 예컨대, 특허법의 경우 특허권자에게 독점권을 부여하는 한편, 공공의 이익을 위해 강제실시권 등의 제도를 통해 특허권자의 권리를 제한하고 있다. 앞의 조류독감 상황은 공공의 이익을 위해 현 법제도가 민간 R&D 결과물을 효율적으로 통제하고 있는지, 또는 어느 정도까지 통제하는 것이 바람직한지에 대해 질문을 던져준다고 하겠다.

시장이 충분히 형성되어 있지는 않으나, 공익상 필요한 의약품의 경우, 이 분야의 연구개발을 활성화 시키는 법제를 운영하고 있는 국가도 있다. 예컨대 희귀 · 난치성 환자를 위한 의약개발을 위한 특별한 법제가 운영되는 사례가 있다.

다른 한편으로는 독감과 관련한 연구와 관련하여 그 위험성을 통제할 필요가 있는지에 대한 고민도 필요하다. 2011년 네덜란드 에라스뮈스대 의료센터와 미국 매디슨 위스콘신대 과학자들은 사람들 사이에 쉽게 전염될 수 있는 변종 조류인플루엔자(H5N1)를 유전자 변형을 통해 만들었다.[24] 조류인플루엔자 바이러스가 자연적으로 변이를 일으켜 인류에게 치명적인 결과를 가져오기 전에 변이 과정을 밝혀냄으로써 대비책을 세운다는 목적이었다. WHO는 2011년 12월 31일 성명을 통해 연구 결과가 세균전에 이용되거나 일반에게 알려질 경우 심각한 결과를 초래할 수 있다고 비판했다. 또한 미국 '생물안보를 위한 국가과학자문위원회(NSABB)'와 미국 국립보건원은 연구 결과의 세부 내용을 공개하지 말 것을 요청했으며, 학술지인 사이언스와 네이처는 이를 수용하기로 하였다고 알려졌다. 이러한 상황을 감안하면, 독감에 대한 법적 대응은 효과적인 치료제와 백신을 개발하도록 하되, 이에 따르는 위험을 최소화 해야 한다는 이중의 과제를 안고 있다고 하겠다.

24) 백연상 · 이헌진, 연구용이라지만… '인간끼리 전염' 변종 AI 바이러스 비상, 동아일보, 2012. 1. 1.

제 7 장
복제양 돌리, 인간복제를 걱정하게 하다

우리는 핵산의 염기쌍이 유전물질의 복제와 관련이 있음을 잘 인식하고 있다.

– 와트슨 · 크릭 –

제1절 생명공학기술, 생명체를 창조하다.

고대 바빌로니아에 바벨탑이 있었다고 전해진다.[1] 온 세상이 한 가지 말을 쓰고 있었고, 사람들이 의논해서 한 들판에 도시를 세우고 그 가운데 하늘에 닿는 탑을 세우기 시작했다. 이에 야훼는 “사람들이 한 종족이라 말이 같아서 안 되겠구나. 이것은 사람들이 하려는 일의 시작에 지나지 않겠지. 앞으로 하려고만 하면 못할 일이 없겠구나. 당장 땅에 내려가서 사람들이 쓰는 말을 뒤섞어 놓아 서로 알아듣지 못하게 해야겠다” 라고 생각하고 온 세상의 말을 거기에서 뒤섞어 놓아 사람들을 흩어지게 했다고 한다. 그러나, 21세기 ‘영어’라는 공통의 언어로 소통하는 인간은 생명공학기술을 발전시켜 새로운 생명체를 만드는 능력을 가지게 되었다. 또한 하려고만 하면 인간복제도 가능한 수준에 이르게 되었다. 그 과정에 이르는 주요 사건은 다음과 같다.

1953년 4월 25일 발간된 학술지 네이처에 와트슨(J.D. Watson)과 크

1) 성서(공동번역), 창세기 11장 1–9절.

릭(F.H.C. Crick) 공저의 짧은 논문이 실렸다. '핵산의 분자구조(Molecular Structure of Nucleic Acids)'라는 제목의 논문에서 저자는 핵산의 염기쌍이 유전물질의 복제와 관련이 있음을 잘 인식하고 있다고 기술하고 있다.[2)] 처음에는 주목받지 못하던 동 논문은 생명공학기술에 있어서 혁명적 변화를 가져왔다. 동 논문을 기점으로 해서 생명이 어떻게 작동하는지가 분자수준에서 밝혀졌다. 즉 DNA의 유전정보가 RNA로 전해지며, 이로부터 특정단백질이 생성된다는 것이다. 또한 유전물질인 DNA를 자르고, 붙이는 기술이 개발됨으로써, 인간은 생명체를 구성하는 기본 설계도를 목적에 따라 변형시켜, 원하고자 하는 물질을 생명체를 활용하여 얻을 수 있는 수준에 도달하게 되었다.

1960년대에 DNA의 염기를 절단하거나 결합하는 효소가 발견되었다. 1973년 보이어와 코헨은 어떤 생물의 DNA 단편을 다른 생물의 DNA 분자에 결합시켜 재조합유전자를 만들고 이를 발현시키는 유전자재조합기술을 성공시켰다. 마침내 1996년, 같은 유전자를 가진 양을 복제하는데 성공함에 따라, 인간복제의 가능성이 열리게 되었으며, 이를 기점으로 생명공학의 유용성과 위험성에 대한 논의가 본격화하게 되었다. 이후 바이러스나 세균수준의 인공생명체 합성에 대한 연구결과가 나오고 있다.

생명공학의 핵심기술은 핵이식기술, 유전자재조합기술, 세포융합기술 등을 들 수 있으며, 여기서는 핵이식기술을 중심으로 설명하고자 하며, 유전자재조합기술은 제8장에서 다루고자 한다.

1. 핵이식기술, 줄기세포 제조기술, 복제기술

핵이식기술과 줄기세포 제조기술 및 복제기술은 서로 밀접한 관련이

2) J.D. Watson · F.H.C. Crick, "Molecular Structure of Nucleic Acids", 「Nature」, no. 4356, 1953. 4. 25, p. 737.

있다. 이들 기술을 이해하기 위해서는 '줄기세포(stem cell)'라는 개념이 중요하다. 줄기세포는 성체 줄기세포와 배아 줄기세포로 구분할 수 있다. 성체 줄기세포는 피부 줄기세포, 골수 줄기세포 등과 같이 특정 세포를 만들어 낼 수 있는 세포이며, 인간의 몸에 존재한다. 배아줄기세포는 배아로부터 만들 수 있으며, 간, 심장, 신경 등 다양한 세포로 만들어질 수 있는 능력을 가진 만능세포라고 할 수 있다. 성체 줄기세포는 1961년 틸과 맥클로흐라는 학자가 쥐를 연구하는 과정에서 발견했고, 배아줄기세포는 미국의 톰슨이 1998년 인공수정 과정에서 남은 냉동배아로부터 만들어냈다. 최근에는 탯줄 혈액에도, 배아줄기세포와 성체줄기세포인 조혈모세포가 존재하는 것이 밝혀져서 제대혈 은행이 상업적으로 운영되고 있다. '생명윤리 및 안전에 관한 법률'은 '줄기세포주'를 지속적 증식이 가능하고 다양한 세포로 분화할 수 있는 세포주라고 정의하고 있다(제2조 제10호).

줄기세포가 가진 능력을 잘 활용하면, 원하는 기관을 얻을 수 있다는 점에서 의학적 관점에서 큰 의미가 있다고 하겠다. 이러한 목적을 달성하기 위해서는 먼저 줄기세포를 얻을 수 있는 원료가 필요하며, 배아줄기세포의 경우 그 원료가 '배아'라고 할 수 있다. 최근에 들어와서 체세포를 역분화 시키는 방식으로 줄기세포를 만드는 기술이 개발되었는데, 법적으로 쟁점이 크게 되지 않아 여기서는 다루지 않기로 한다.[3)]

(1) 배아의 획득

배아를 얻을 수 있는 방법은 인공수정시 남은 수정란을 냉동시키는 방법과 체세포로부터 만드는 방법이 있으며, 통상 전자로부터 얻은 배아를 냉동배아(잔여배아), 후자로부터 얻는 배아를 복제배아라고 부른다.

---

3) 체세포의 역분화에 의해서 만들어진 줄기세포를 역분화 유도 만능줄기세포(IPS)라고 부른다. IPS란 분화된 체세포에 특정 유전자를 도입, 시간을 거슬러 올라가 초기 미분화 상태로 되돌린 세포다.

인간의 난자가 스스로 배아로 되는 단성생식배아(처녀생식배아)가 가능하다는 학설도 있다.

냉동배아는 다음과 같은 과정을 거쳐 만들어진다.[4] 인공수정은 아버지의 정자와 어머니의 난자를 밖으로 꺼내어 시험관에 함께 넣어 수정을 시키는 과정을 거친다. 이때 인공적인 수정란을 만들 수 있는 확률을 높이기 위해서 어머니의 몸속에서 여러 개의 난자를 꺼내며, 만들어진 수정란 중 2개 내지 3개를 어머니의 자궁에 넣어준다. 여러 개의 수정란을 넣어주는 이유는 어머니의 자궁 속에 들어가 임신 할 확률이 낮기 때문이다. 남은 수정란은 영하 196도의 액체 질소에 냉동 보관하여, 임신에 실패했을 경우 다시 사용한다.

이와 같이 냉동배아는 정자와 난자가 만나 수정이 이루어진 것이지만, 복제배아는 체세포의 핵을 난자에 넣어 만든 배아이다. 이 방법은 복제양 돌리를 만드는 방법과 같다. 즉 사람의 몸에서 체세포를 떼내어 체세포 안의 핵을 추출한 후, 난자의 핵을 제거하고, 그 자리에 체세포 안의 핵을 치환시키는 과정을 거친다. 이렇게 인공적인 과정을 거쳐 만든 세포는 신기하게도 수정란과 같은 기능을 하는데, 아마도 체세포핵을 둘러싼 난자가 체세포핵에 영향을 주는 것으로 추측하고 있다. 체세포로부터 복제배아를 만드는 과정에서 사용되는 기술을 '생명윤리 및 안전에 관한 법률'에서는 '체세포핵이식행위'라고 지칭하여, 핵이 제거된 인간의 난자에 인간의 체세포 핵을 이식하는 것을 말한다고 정의하고 있다(제2조 제4호). 동 법은 체세포핵이식행위로 인해 만들어진 배아를 체세포복제배아라고 정의하고 있다(제2조 제5호).

(2) 배아로부터 줄기세포의 획득

배아로부터 줄기세포를 얻는 방법을 상술하면 다음과 같다. 세포는 생명의 기본단위이다. 하나의 세포로 이루어진 수정란은 계속해서 2개

4) 황신영, 「톰슨이 들려주는 줄기세포이야기」, 자음과 모음, 2010, 71-73면.

의 세포, 네 개의 세포 등으로 나누어져서, 수정 후 일주일 정도 지나면, 100여개의 세포로 이루어진 포배 상태에 이르게 된다. 포배는 포배를 둘러싸고 있는 바깥 세포층과 실제로 아기가 만들어지는 세포가 모여 있는 내부 세포덩어리로 구분할 수 있고, 이 내부 세포들은 간, 심장, 신경 등 다양한 세포로 만들어질 수 있는 능력을 가지고 있다. 줄기세포는 포배 내부의 세포덩어리를 인위적으로 추출하여 만들게 된다.

포배상태에서 수정란은 어머니 자궁에 붙게 되며, 이 시기 이후 내부 세포덩어리의 기능이 결정된다. 이 시기를 낭배가 형성되는 낭배기라고 하는데, 포배기의 세포들이 재배열되고 구형 모양의 배아가 앞으로 발생할 사람의 모양으로 접근해 가도록 변형된다. 우리 생의 중요한 사건이 출생, 결혼, 사망이 아니라 낭배형성시기라고 할 만큼 낭배기가 중요하다고 생각하는 학자도 있다.[5] 세포형질에서 개체성을 획득하는 경계선이 있으며, 그 경계선을 원시선이 출현하는 수정 후 14일이라고 보는 학자도 있다. 이 시점을 기준으로 배아도 인간으로서 존중 받아야 한다는 시각도 있다. 의학분야의 경우 수정되어 태아의 기관이 완성되는 수정 후 8주까지를 배아, 그 이후 출생시까지를 태아라고 구분하고 있다.[6] '생명윤리 및 안전에 관한 법률'에서는 배아를 수정란 및 수정된 때부터 발생학적으로 모든 기관이 형성되는 시기까지의 분열된 세포군으로 정의하고 있다.

(3) 배아로부터 인간복제

냉동배아든 복제배아든 자궁에 착상시키면 인간으로 성장할 수 있으며, 이 과정을 거쳐 복제인간이 만들어질 수 있다. 복제인간이라는 용어는 통상 복제배아에서 만들어진 인간만을 지칭한다. 결론적으로, 핵이식 기술에 의해 복제배아가 만들어지고, 냉동배아나 복제배아의 일부 세포

5) 루이스 월퍼트(최돈찬 옮김), 「하나의 세포가 어떻게 인간이 되는가」, 궁리, 2001, 24면.
6) 서경, "착상 전 배아의 도덕적 지위", 「대한산부회지」, 51(3), 2008, 286면.

로부터 줄기세포가 만들어지며, 복제배아를 자궁에 착상시키면 복제인간이 만들어질 가능성이 있는 것이다.

2. 유전자 치료기술

유전자치료는 질병의 예방 또는 치료를 목적으로 유전적 변이를 일으키는 일련의 행위를 말한다(생명윤리 및 안전에 관한 법률 제2조 제9호).

유전자치료는 병의 근본 원인을 유전자수준에서 밝히고, 원인 유전자의 발현을 선택적으로 조절하는 방식이기 때문에, 일반적인 약물치료에서 발생할 수 있는 부작용이 적을 가능성이 높다.[7] 반면에 유전자치료는 다음과 같은 문제점을 가지고 있다.[8] 첫째 전이된 유전물질의 배치와 발현을 완전히 조절할 수 없으며, 유전자 전달과정에서 환자에게 건강상의 위험을 가져올 수 있다. 유전자 치료기술은 DNA 수준에서 일어나므로 유전자 전달기술이 필요하며, 바이러스 벡터가 효과적이라고 알려져 있다. 그러나 바이러스 벡터를 사용하는 경우 병원성 회복가능성이 있는데, 1999년 유전자치료 중 면역부작용으로 사망한 사례가 있다.[9] 둘째, 표적세포 내로 삽입하는 과정에서 우연히 생식세포에 전이되어 유전자 변형이 자손에게 전달될 위험성이 있다. 셋째, 질병의 치료보다 우생학적 목적에서 이루어질 수 있다.

7) 오유경, "유전자 전달기술", 「NICE」, 28(2), 2010, 189면.
8) 김수갑, "유전자기술의 규제원리", 「법학연구」, 19(1), 2008, 204면.
9) 오유경, 앞의 논문, 192면.

제2절 생명공학기술을 발전시키기 위한 법제

1. 생명공학분야 과학기술진흥법제

생명공학에 대한 민간의 투자가 활발한 상황에서는, 연구비 투자에 있어서는 정부의 인위적인 정책 및 법제가 큰 비중을 차지하지 않을 수도 있다. 그러나 연구개발을 촉진하기 위해서는 연구비 뿐만 아니라, 과학기술 인력양성 등 다양한 인프라가 필요하기 때문에 진흥법제는 여전히 중요하다. 또한 정부의 R&D는 상업적 이해관계 없이도, 공익적인 목적으로 또한 장기적인 관점에서 투자될 수 있다는 점에서 의미를 가진다.

한국 정부는 1980년대부터 경제성장의 도구로서 생명공학육성정책을 추진하였다.[10] 1982년 과학기술처는 특정연구개발사업을 추진하면서 생명공학을 핵심전략기술의 하나로 선정하였다. 또한 생명공학육성을 지속적이고 안정적으로 추진하기 위해서 1983년 '유전공학육성법'을 제정하였다. 동 법은 유전공학기술육성 기본계획, 이를 심의하기 위한 위원회, 지원체계(유전공학기술 관련 연구소 설립, 유전자원연구기금 설치 등)의 내용을 포함하고 있다. 동 법 제16조에 근거하여 1985년 한국과학기술연구원 부설 유전공학센터(현 한국생명공학연구원)가 설립되었다.

1995년 생명공학기술의 발전에 따라 법의 적용범위를 유전공학에서 생명공학으로 확대하기 위해서 '생명공학육성법'으로 법 이름이 바뀌었다. 생명공학육성법은 경제발전을 위하여 생명공학의 육성과 개발기술의 산업화를 촉진하는 데 목적을 두고 있다. 특이한 사항은 '유전공학육성법'이 과학기술진흥법제이면서도 1983년 제정될 당시 생명공학의 안전문제와 윤리문제를 미연에 방지하기 위한 실험지침을 작성하도록 규

10) 김인자 · 박형준, "과학기술규제 정책의 형성과 변동 과정분석 – '생명윤리 및 안전에 관한 법률'을 중심으로–", 「한국정책학회보」, 20(1), 2011, 123면.

표 7-1 생명공학육성법의 구조

조 항	제 목	내 용
제1조	목적	이 법은 생명공학연구의 기반을 조성하여 생명공학을 보다 효율적으로 육성·발전시키고 그 개발기술의 산업화를 촉진하여 국민경제의 건전한 발전에 기여하게 함을 목적으로 한다.
제2조	정의	
제3조	적용범위	
제4조	생명공학육성 기본계획의 수립	기본계획에는 다음의 사항이 포함되어야 한다. 1. 생명공학의 기초연구 및 산업적 응용연구의 육성에 관한 종합계획과 지침 2. 생명공학의 연구에 필요한 인력자원의 개발종합계획과 인력자원의 효율적인 활용에 관한 지침 3. 생명공학의 연구 및 이와 관련된 산업기술인력의 국제교류와 해외과학기술자의 활용에 관한 계획과 그 지침
제5조	생명공학육성 연차별 시행계획의 수립 등	
제13조	생명공학육성 시책강구 등	교육과학기술부장관은 기본계획의 수립과 부처별 정책수립의 지원 및 종합조정, 전문인력의 양성과 연구지원, 기초기술·첨단기술의 개발지원, 유용한 유전자의 확보·분석·이용·보전을 위한 연구의 지원, 생명공학 지원기관의 육성·발전에 대한 시책을 강구해야 한다.
제6조	생명공학종합정책심의회	
제9조	연구 및 기술협력	
제10조	공동연구의 촉진	
제11조	생명공학의 산업적 응용촉진에 대한 지원	
제12조	기술정보 수집과 보급	
제14조	임상 및 검정	
제19조	자재·기기·시약에 대한 사후승인 통관절차	
제16조	한국생명공학연구원 설립	
제15조	실험지침의 작성·시행 등	정부는 생명공학연구 및 산업화의 촉진을 위한 실험지침을 작성·시행하여야 한다. 실험지침에서는 생물학적 위험성, 환경에 미치는 악영향 및 윤리적 문제발생의 사전방지에 필요한 조치가 강구되어야 하며, **유전적으로 변형된 생물체의 이전·취급·사용에 대한 안전기준이 마련되어야 한다.**

정되어 있었다는 점이다. 실험지침 초안이 작성 되었으나 시기상조라는 각 부처의 반대로 유보되었으며, 1997년에 와서야 '유전자재조합 실험지침'이 만들어지게 되었다.[11] 이와 같이 정부는 1980년대 생명공학기술의 육성에 초점을 맞추어서 법제를 만들었고, 1990년 중반에 와서 생명공학기술의 통제에 관해서도 관심을 기울이기 시작했다.

2. 생명공학분야의 과학기술재산법제

특허제도가 IT 산업보다 생명공학이나 제약산업에 큰 영향을 준다는 경제학자들의 연구가 있으며, 생명공학분야에 대한 특허보호는 민간투자를 유인하는 데 효과적이라고 알려져 있다.

미국의 경우 전통적으로 생물자체에 대한 특허에 부정적인 입장이었으나, 점진적으로 생물체에 대한 특허대상을 확대해 왔다.[12] 미생물 특허는 많은 논란을 거친 끝에 1980년에서야 연방 대법원에서 인정되었다. 1971년 GE사의 차크라바티(Ananda Chakrabarty)는 해양에 유출된 기름을 없앨 수 있도록 유전자 조작된 미생물을 특허 출원하였다. 동 발명에 대해 1980년 연방 대법원에서 5:4로 특허성을 인정함으로써 미생물이 특허로 인정되게 되었다. 1988년 특허청은 암에 쉽게 걸리도록 유전자 조작된 쥐에 대해서 특허를 허여했다. 이 사건은 동물을 학대한다는 윤리적인 문제와 결부되어 많은 논란을 불러왔으며, 생명공학 특허역사에 있어서 큰 전환점이 되었다고 평가할 수 있다.

이와 같이 미국의 경우 생명공학연구개발 결과물을 특허로 보호함으로써, 자국의 산업경쟁력을 강화시키려는 정책을 추진해오고 있다. 클린턴 대통령은 "생명공학 공정에 대한 특허" 법안에 서명하면서 그 같은

---

11) 위의 논문, 123면.

12) 정성창, 「Knowledge-based economy and patent system」, 특허청 수요아카데미, 2000. 5.

미국의 정책을 분명히 하고 있다. "만약 생명공학 제품을 만드는 데 사용되는 혁신적인 공정이 특허권에 의해서 보호받지 못한다면, 미국 생명공학은 외국 모방에 쉽게 침범 당하게 될 상태에 놓이게 된다. 이 법안은 공정기술에 대한 보호를 제공하여 혁신에 박차를 가하게 하고 미국에서 미국인의 고용을 유지시킬 것이다."

한편, 제4장에서 살펴본 바와 같이 WTO/TRIPS 협정(제27조)은 미생물 이외의 동물과 식물에 대해서는 특허를 부여하지 않을 수 있도록 규정하고 있다. 그러나 미국, 유럽, 한국, 일본 등 주요 국가들은 생명공학기술에 대해서 특허를 부여하고 있다. 미국, 유럽, 한국, 일본은 미생물, 식물, 유전자, 단백질 등에 대해서 특허를 부여하고 있으며, DNA 단편에 대해서는 특정 질병의 진단용 등 구체적인 유용성이 입증된 경우에 특허를 부여하고 있다. 다만, 인간이나 인체의 일부에 대해서는 특허를 내주고 있지 않으며, 미국을 제외하고는 사람의 치료방법에 대해서도 특허를 부여하지 않고 있다. 그러나 유전자치료의 경우에도, 유전자치료제나 유

표 7-2 복제양 돌리에 대한 특허권

1996년 7월 5일 영국 스코틀랜드의 로슬린 연구소에서는 체세포 복제로 복제양 돌리를 탄생시켰다.[13] 난자에서 n의 염색체를 가진 핵을 제거하고 그 자리에 성체세포로부터 추출한 2n개의 염색체를 가진 핵을 삽입했다. 그러자 인위적으로 2n개의 염색체를 갖게 된 난자가 수정된 배아와 마찬가지로 세포분열을 시작했다. 성체세포의 핵은 유전 정보를 모두 가지고 있더라도 이미 분화된 상태이기 때문에 단백질 합성능력이 상당히 제한되어 있다. 그러나 돌리가 탄생하면서 과학자들은 난자가 포유류 성체 세포의 핵이 완전한 개체로 발현할 수 있는 능력을 되살려 준다는 것을 알게 되었다. 이후 과학자들은 이 방법을 이용하여 쥐, 토끼, 고양이, 개 등을 차례로 복제해 냈다. 1996년 3월 영국특허청에 관련 특허 2건을 최초 출원하였으며 2000년 1월에 영국특허청에서 세계 최초로 특허를 받았다.

13) 로렝드고(김성희 옮김), 「복제는 정말로 비윤리적인가?」, 황금가지, 2006, 22-24면.

전자치료에 필요한 기술 등으로 특허를 부여하고 있어서, 의사가 환자를 진료하는 행위를 제외하고는 광범위하게 관련 특허를 부여하고 있다.

생명공학기술에 대한 특허권의 보호로 인해, 생명공학연구는 민간 R&D의 투자를 받으며, 빠르게 발전하고 있다. 그러나 상업적 활용도가 높은 분야만 기술이 발달하고 있다는 우려의 목소리도 나오고 있다.

한편, 생명공학기술의 통제법이 진흥법의 일종인 특허법에도 영향을 주는 사례가 나타나게 되었다. 즉 특허법 제32조는 공서양속(공공의 질서 또는 선량한 풍속)에 반하는 발명에 대해서는 특허를 부여하지 않도록 규정하고 있는데, 특허청에서 2005년 개정한 '생명공학분야 특허심사기준' 은 2004년 제정된 '생명윤리 및 안전에 관한 법률'을 반영하여, 공서양속의 개념을 분명히 하고 있다.[14] 즉 생태계를 파괴할 우려가 있는 발명이나 인간에게 위해를 끼칠 우려가 있는 발명, 인간의 존엄성을 손상시키는 결과를 초래할 수 있는 발명, 인간을 배제하지 않은 형질전환체에 관한 발명, 생명윤리 및 안전에 관한 법률에 의해 금지되는 행위 또는 연구 성과물에 관한 발명 등을 특허법 제32조에 의한 불특허사유로 구체화 하고 있다.

제3절 생명공학기술의 통제

1. 국제적 논의 동향

1996년 영국의 이언 윌멋과 키스 갬벨이 복제양 돌리를 탄생시켰다고 발표했을 때 이전과는 달리 사람들은 인간 복제 시대가 조만간 열리리란 것을 예감했다.

1997년 유네스코(UNESCO) 회원국이 만장일치로 채택한 '인간유전체

---

14) 정상조 · 박준석, 「지적재산권법」, 홍문사, 2011, 70면.

와 인권에 관한 일반선언'은 제11조에서 '인간 존엄성에 반하는 행위, 즉 인간 복제는 허용하지 않을 것이다'라고 선언했다.[15] 1997년 유럽 평의회 회원국은 '유전자에 근거한 모든 형태의 차별을 금하고 연구 목적이라고 하더라도 배아의 복제를 금지'하는 '유럽생명윤리협약'을 채택했으며, 2001년 이를 보완하여 인간 생명체와 유전적으로 동일한 인간 생명체를 인위적으로 만들려는 모든 시도를 금지하는 '인간복제금지에 관한 추가 의정서'를 채택했다. 또한 생물다양성협약에 따른 생명공학 안전성에 관한 카르타헤나 의정서가 2000년 1월 채택되었다. 동 의정서는 비준국이 유전자변형생물체(GMO)의 안전한 거래와 처리, 사용을 담보토록 요구하고 있다.

2. '생명윤리 및 안전에 관한 법률'의 내용

(1) 입법배경

1996년 복제양 돌리 사건과 2000년 1월 '바이오안전성에 대한 카르타헤나의정서' 체결은 한국에도 영향을 주어 2004년 '생명윤리 및 안전에 관한 법률'이 제정되었다. 황우석 박사의 논문 조작 사건을 계기로 동 법을 보완한 개정법이 2008년에 만들어졌다. 동 법은 2012년 2월 1일 다시 개정되었으며, 인간대상연구 등으로 규제범위가 확대되었다.

입법과정에서 인간복제금지에 대해서는 사회적 합의가 이루어졌으나, 배아연구 및 체세포복제배아연구의 허용여부, 난자문제 등과 같은 사항은 많은 논란을 가져왔다. '생명공학기술 규제'를 중시하는 의견과, '생명공학기술 육성'을 중시하는 의견이 대립하였다. 전자의 신념은 인간의 존엄성을 바탕으로 한 생명윤리인 반면에, 후자의 신념은 국가경쟁력이다. 이에 따라 전자는 '배아연구의 금지'를, 후자는 '연구 및 치료목적의 배아

15) 로렝드고(김성희 옮김), 앞의 책, 11면.

연구 허용'을 주장하였다.[16] '인간배아'에 대해, 규제 찬성자는 '인간배아는 창출순간부터 완전한 인간생명체'로 보는 반면에 육성 찬성자는 '생명원시선이 나타나는 수정 후 14일 이전까지의 배아는 세포덩어리'로 본다. 규제 찬성자는 배아연구에 따른 인간배아의 파괴는 인간존엄성을 훼손하는 것이며, 복제인간의 탄생을 실질적으로 차단하기 어렵기 때문에 질병 치료 목적의 배아연구도 금지되어야 한다고 주장한다. 반면에 육성 찬성자는 배아복제연구를 금지하는 것은 전문연구인력의 해외유출, 기술 종속화의 우려가 있다고 주장하였다. 입법과정에서 보건복지부는 규제를, 과학기술부는 육성을 중시한 법안을 제출하였으며 결국은 '체세포핵이식연구를 제한적으로 허용'하는 것으로 타협안이 마련되었다.[17]

(2) 법안의 내용

생명과학기술에 대한 통제법을 설계하는 데 있어서 고려해야 할 사항에는 위험성이라는 요인 외에도 인간을 포함한 생명체를 다룬다는 속성상 윤리적 측면이 있다. 이러한 특수성으로 인해 입법단계에서 인권단체나 종교계도 활발하게 참여하고 있으며, 관련법에 위험성과 윤리성이 동시에 반영되고 있다.

생명공학기술을 효과적으로 통제하기 위해서는 단계적이고 다양한 접근이 필요하다.[18] 예컨대, 우리 법도 배아 획득, 배아 연구, 배아 착상의 단계별로 통제하고 있으며, 체세포복제배아의 연구범위를 인공수정 시 남은 배아의 연구보다 더 좁게 제한하는 등 다양한 접근을 하고 있다.

동 법은 위험성이 있는 특정기술(배아 및 유전자)과 관련한 행위들에 대해서 금지 또는 조건부 허용을 나열하고 있으며, 각각의 구체적 사항에 따라 행정처분과 형사적 처벌을 부과하고 있다. 또한 생명공학기술의

16) 김인자 · 박형준, 앞의 논문, 126면.

17) 위의 논문, 132면.

18) 고봉진, "생명과학기술 연구에 대한 법정책의 책무", 「안암법학」, 제25권, 2007, 471-473면.

발전에 따른 유연한 대응을 하기 위해서, 국가생명윤리위원회와 기관생명윤리위원회를 통해 구체적 사항을 심의하도록 하고 있다.

가. 인간대상 연구에 대한 포괄적 규정

동 법은 개별적 연구에 대한 규제를 나열하기에 앞서, 인간대상연구

:: 표 7-3 생명윤리 및 안전에 관한 법률의 구조

<table>
<tr><td rowspan="6">제1장 총칙</td><td>제1조 목적</td></tr>
<tr><td>제2조 정의</td></tr>
<tr><td>제3조 기본원칙</td></tr>
<tr><td>제4조 적용범위</td></tr>
<tr><td>제5조 국가와 지방자치단체의 책무</td></tr>
<tr><td>제6조 생명윤리정책연구센터의 지정</td></tr>
<tr><td colspan="2">제2장 국가생명윤리심의위원회 및 기관생명윤리심의위원회 등</td></tr>
<tr><td rowspan="5">제3장 인간대상연구 및 연구대상자 보호</td><td>제15조 인간대상연구의 심의</td></tr>
<tr><td>제16조 인간대상연구의 동의</td></tr>
<tr><td>제17조 연구대상자에 대한 안전대책</td></tr>
<tr><td>제18조 개인정보의 제공</td></tr>
<tr><td>제19조 기록의 유지와 정보의 공개</td></tr>
<tr><td rowspan="4">제4장 배아 등의 생성과 연구</td><td>제1절 인간 존엄과 정체성 보호</td></tr>
<tr><td>제2절 배아생성 의료기관</td></tr>
<tr><td>제3절 잔여배아연구등</td></tr>
<tr><td>제4절 배아줄기세포주</td></tr>
<tr><td colspan="2">제5장 인체유래물 연구 및 인체유래물 은행</td></tr>
<tr><td colspan="2">제6장 유전자치료 및 검사</td></tr>
<tr><td colspan="2">제7장 감독</td></tr>
<tr><td colspan="2">제8장 보칙</td></tr>
<tr><td rowspan="7">제9장 벌칙</td><td>제64조 인간복제: 10년이하의 징역</td></tr>
<tr><td>제65조 인간과 동물간 착상: 5년 이하의 징역</td></tr>
<tr><td>제66조 3년 이하의 징역</td></tr>
<tr><td>제67조 2년 이하의 징역 또는 3천만원 이하 벌금</td></tr>
<tr><td>제68조 1년 이하의 징역 또는 2천만원 이하 벌금</td></tr>
<tr><td>제69조 양벌규정</td></tr>
<tr><td>제70조 과태료</td></tr>
</table>

에 대한 규제와 연구대상자에 대한 보호 규정을 포괄적으로 두고 있다. 인간대상연구를 하려는 자는 연구계획서를 작성하여 기관위원회의 심의를 받아야 한다(제15조). 연구대상자의 인권과 복지가 우선 고려되도록 하였으며, 연구대상자의 자율성, 충분한 정보에 근거한 자발적 동의, 사생활보호 등을 규정하였다(제3조). 인간대상연구의 동의시 연구대상자에게 주어야 할 정보를 상세하게 규정하였다(제16조). 여기에는 연구의 목적, 참여기간 · 절차 · 방법, 예상되는 위험 및 이득, 개인정보보호 및 제공에 대한 사항, 연구참여에 따른 손실에 대한 보상, 동의의 철회에 대한 사항이 포함되어 있다.

나. 배아획득 및 줄기세포 수립단계

배아는 인공수정 과정에서 남은 냉동배아(잔여배아), 핵치환 과정에서 만들어진 복제배아, 그리고 2012년 개정법에서 추가된 단성생식배아로 구분할 수 있다. 우리법은 복제배아를 체세포복제배아라고 부르며, 단성생식배아와 같은 방식으로 규제하고 있으며 이 둘을 '체세포복제배아등'으로 편의상 표기하고 있다. 인공수정에서 남은 배아를 '잔여배아', 체외수정에서 이용하고 남은 난자를 '잔여난자'라고 호칭하고 있다.

우리 법은 잔여배아와 '체세포복제배아등'을 다르게 접근하고 있다.

잔여배아와 관련해서는 잔여배아가 만들어지는 과정에서 일정한 규제를 하고 있다. 즉 배아생성기관은 일정한 시설과 인력을 갖추도록 하고 있으며(제22조), 임신만을 목적으로 배아를 생성하도록 하고 있다(제23조). 생성된 배아의 보존기간은 원칙적으로 5년으로 하고, 그 기간이 지나면 폐기해야 한다(제25조).

줄기세포 연구를 위해서는 많은 난자가 필요한데, 난자는 한 달에 한 번 여성의 몸에서 나온다.[19] 많은 수의 난자가 나오게 하기 위해서는 여성에게 호르몬 주사하고, 가늘고 긴 바늘로 난자가 나오는 난소를 찔러

19) 황신영, 앞의 책, 113-114면.

난자를 뽑아 낸다. 이러한 과정에서 여성의 몸에 이상이 생길 수 있다. 또한 상업적 목적으로 난자를 판매하기를 원할 수도 있다는 문제도 있다. 입법과정에서 종교계와 여성계는 난자제공자에 대한 실비보상 조항과 관련해 가난한 여성들에게 난자 매매를 부추길 우려가 있다고 반대입장을 표명했다.[20]

동 법은 난자제공자 등에 대한 보호 규정을 두고 있는데, 동의를 받도록 하고 있으며(제24조), 금전 등 반대급부를 조건으로 난자 등을 제공받아서는 안 된다(제23조). 난자기증자에 대해서는 건강검진을 통해서, 건강기준을 넘는지 확인해야 하며, 일정한 빈도이상 채취할 수 없고, 시술 및 회복에 걸리는 시간에 따른 보상금 및 교통비 등을 지급할 수 있다(제27조).

잔여배아를 이용해서 연구를 하는 과정에서의 규제는 '체세포복제배아등'의 생성과 연구 과정에서의 규제와 공통점을 가지고 있다. 연구기관은 일정한 시설과 인력을 갖추어야 하고(제29조 제2항, 제31조 제3항), 보건복지부 장관에게 기관심의위원회의 심의를 거친 연구계획서를 승인받아야 한다(제30조 제1항, 제2항, 제31조 제4항). 그러나 잔여배아보다 체세포복제배아 등의 경우 위험성이 높다고 판단하여 전자보다 후자의 연구허용범위를 좁혀서 규정하고 있다. 즉 잔여배아의 경우 난임치료법 및 피임기술의 개발, 근이영양증, 대통령령이 정하는 희귀 · 난치병의 치료를 위한 연구, 그 밖에 국가생명윤리심의위원회 심의를 거쳐 대통령령으로 정하는 연구로 규정하고 있으며(제29조 제1항), 후자의 경우 희귀 · 난치병의 치료를 위한 연구만을 허용하고 있다(제31조 제1항). 또한 그 연구의 종류, 대상 및 범위를 국가위원회의 심의를 거쳐 대통령령으로 정하도록 하고 있다(제31조 제2항).

한편, 잔여배아의 경우 보존기간이 지난 후, 발생학적으로 원시선이 나타나기 전까지만 연구목적으로 이용하도록 한정하고 있다(제29조 제1항).

이와 같이 우리법은 배아의 형성과정을 어느 정도 허용하고 있으나,

20) 김인자 · 박형준, 앞의 논문, 139-140면.

동물과 인간의 배아가 섞이는 경우는 절대적으로 금지하고 있다(제21조 제2항). 즉 수정방법(인간의 난자를 동물의 정자로 수정시키거나 동물의 난자를 인간의 정자로 수정시키는 행위, 단 의학적으로 인간의 정자의 활동성을 시험하기 위한 경우는 예외로 한다), 복제배아 생산과정(핵이 제거된 인간의 난자에 동물의 체세포 핵을 이식하거나 핵이 제거된 동물의 난자에 인간의 체세포 핵을 이식하는 행위), 세포융합방법(인간의 배아와 동물의 배아를 융합하는 경우)으로 동물과 인간의 배아가 섞이는 행위를 금지하고 있다. 또한 다른 유전정보를 가진 인간의 배아를 융합하는 행위도 금지시키고 있다.

다. 줄기세포주의 이용 단계

배아줄기세포주를 수립하거나 수입한 자는 이를 제공하거나 이용하기 전에 보건복지부 장관에게 등록하도록 규정하고 있다(제33조 제1항). 배아줄기세포를 타인에게 제공하기 위해서는 기관위원회의 심의를 거쳐야 한다(제34조). 또한 등록된 배아줄기세포주는 체외에서만, 질병의 진단 · 예방 또는 치료를 위한 연구, 줄기세포의 특성 및 분화에 관한 기초연구, 그 밖에 국가위원회의 심의를 거쳐 대통령령이 정하는 연구에 한해서 허용된다(제35조). 또한 배아줄기세포주를 이용하려는 자는 기관심의위원회를 거친 연구계획서를 해당기관장에게 승인 받도록 하고 있다. 줄기세포주의 이용단계 규제는 배아획득 및 줄기세포 수립단계와 비교해서 허용범위가 넓고 절차가 간소하다. 이에 대해 입법과정에서 종교계는 줄기세포의 이용은 희귀, 난치병 치료의 연구로만 제한하는 것이 타당하며, 줄기세포 연구범위를 일반적인 질병치료와 줄기세포의 기초 연구까지 확대하는 것에 대해 반대의견을 표명했다.

라. 착상단계(복제단계)

배아를 자궁에 착상시키는 단계를 거치면 독립된 개체가 만들어지게 된다. 이 단계에서 복제인간이나 동물과 사람이 뒤섞인 생명체나 나타날 수 있기 때문에 이에 대해서 법은 엄격하게 규제하고 있다. 즉 체세포 복제배아 등을 인간이나 동물의 자궁에 착상시키는 것과(제20조 제1항) 인간의 배아를 동물의 자궁에 착상시키거나, 동물의 배아를 인간의 배아에 착상시키는 것을 금지하고 있다(제21조 제1항). 또한 동물과 인간이 섞인 배아의 생성과 착상도 금지하고 있다(제21조 제2항).

마. 유전자치료

우리 법은 유전자치료를 배아와 관련된 연구보다는 규제를 약하게 하고 있다. 유전자치료연구의 범위는 유전질환, 암 등 생명을 위협하거나 심각한 장애를 일으키는 질병치료연구, 유전자치료 효과가 다른 치료법에 대해서 높을 경우 등으로 규정하고 있다. 그러나 보건복지부 장관이 재량에 따라 허용할 수 있기 때문에 유전자치료에 대한 연구범위는 신축적이라고 하겠다(제47조 제1항). 배아, 난자, 정자 및 태아에 대해서는 유전자치료를 금지하고 있는데(제42조 제2항), 이는 치료 결과가 후대에까지 영향을 미치는 것을 방지하기 위한 규정이다. 유전자치료 기관은 보건복지부 장관에게 신고하도록 하고 있으며(제48조), 유전자치료시 환자에 대해서 서면동의를 받아야 한다(제48조).

바. 유전자검사

동 법은 유전정보에 의한 차별을 금지하고 있다(제46조 제1항). 또한 법률에 특별한 규정이 없는 한 타인에게 유전자검사를 받도록 강요하거나 유전자검사 결과를 제출하도록 강요할 수 없도록 하였다(제46조 제2항). 유전자검사기관은 일정한 시설과 인력을 갖추고 보건복지부에게 신고해야 하며(제49), 유전자검사를 할 경우 동의를 받도록 하고 있다(제51조). 또한 일정한 사유에 해당하는 경우나 배아 또는 태아의 검사를 제한하고 있다(제50조).

제4절 복제인간

복제배아를 활용하면 이로부터 줄기세포를 얻을 수 있고, 줄기세포로부터 인간이 필요한 장기를 얻을 수 있기 때문에 복제배아에 대한 연구는 인간에게 매우 유용하다. 그러나 인간복제는 윤리적인 측면 등 바람직하지 못한 측면이 더 많다. 따라서, 복제배아의 생성과 연구는 허용하되, 인간복제는 허용하지 않는 방안이 합리적이라고 하겠다.

인간배아에 대한 연구는 국제적으로 통용되는 법규가 없기 때문에 나라별로 다르다.[21] 예를 들면 독일은 인간 배아에 대한 모든 종류의 실험을 금지한 반면, 한국과 영국은 인간 배아에 대한 연구를 부분적으로 허용하고 있다. 프랑스에서는 복제를 무조건 반대하는 시라크 대통령과 치료 목적의 복제 연구는 찬성하는 리오넬 조스팽 총리가 의견대립을 보인 적도 있다. 미국에서의 복제연구에 대한 입법논의는 다소 혼동스럽다. 2001년 미국 하원에서는 생식용 복제와 생의학 연구용 복제를 모두 금지하는 법안을 통과시켰다.[22] 이 법안은 입법화 되지 못했는데, 상원에서 줄기세포 연구를 지지하는 사람들이 일괄 금지할 의향이 없었기 때문이다. 2006년 미 의회는 줄기세포 연구비 지원 법안을 의결하였는데, 불임 치료에 쓰고 남은 배아로 줄기세포 연구를 할 때 연방에서 연구비를 지원할 수 있도록 한 법안이다.[23] 의회는 당뇨와 파킨슨병, 다른 퇴행성 질환들의 치료법을 개발하기를 바라고 있었다. 그러나 조지 W. 부시 대통령은 2006년, 배아에서 줄기세포를 추출하는 것은 포배를 파괴하는 것이기 때문에 비윤리적이라는 이유로 동 법안에 대한 거부권을 행사하였다.[24]

21) 로렝드고(김성희 옮김), 앞의 책, 12면.
22) 마이클 샌델(강신명 옮김), 「생명의 윤리를 말하다」, 동녘, 2010, 153면.
23) 위의 책, 155면.
24) 위의 책, 150면.

복제배아를 둘러싼 논란의 근본적 원인은 복제배아와 인간복제가 가까운 사이라는 데에 있다. 복제배아를 자궁에 착상시키면 복제인간이 탄생할 가능성이 있다. 따라서, 사실상 과학기술자의 양심에 맡기고 배아연구를 허용할 것인가, 아니면 배아연구까지를 포기할 것인가라는 두 가지 중 하나를 선택해야 하는 상황에 처해 있다고 하겠다. 인간복제 연구에 대한 법적 통제의 어려움은 민간기업들이 인간복제를 시도하고 있는 데서도 드러난다. 실제로 2000년 미국의 생명공학회사인 어드밴스트 셀 테크놀로지(ACT)사는 인간의 복제배아를 만드는데 성공했으며, 더 이상 발생단계가 진행되지 않아 복제인간을 만들어 내지 못했다고 알려져 있다.[25)]

한편, 복제인간이 만들어진다고 하더라도, 원래 인간과 핵의 DNA는 일치하나, 세포질내의 미토콘드리아 내부에 존재하는 소량의 DNA는 난자제공자의 DNA이기 때문에 둘이 완전히 동일하지는 않다. 실제로 복제고양이의 경우 원래 고양이는 점박이 무늬를 가졌으나, 복제 고양이는 줄무늬를 가진 사례가 있다.

복제인간이 사회에 미칠 영향과 법이 가지는 한계를 고려할 때, 과학기술자의 윤리의식이 중요해지고 있다고 보여진다.

:: 표 7-4 배아는 인간일까

> 수정에서 출산까지의 과정 중에서 생명이 정확하게 언제부터 인간이라고 부를 수 있는 상태가 된다고 말할 수 있게 해주는 생물학적 지표는 없다.[26)] 어떤 사람들은 세포 형질에서 개체성을 획득하는 경계가 있으며, 일반적으로 그 경계는 원시선이 출현하는 수정 후 14일이라는 기준을 내세운다. 요컨대 수정 후 14일이 지나기 전에 배아는 인간이라기 보다는 살아 있는 세포 덩어리에 지나지 않는다는 것이다.

25) 황신영, 앞의 책, 110면.
26) 로렝드고(김성희 옮김), 앞의 책, 41면.

제 8 장
유전자변형식품, 육성과 규제 사이

유전자변형식품은 … 탄수화물, 지방, 오일과 같은 것이라고 기대한다.

– 미국 FDA 지침 –

식량은 중요하다. 인간은 식량을 안정적으로 확보하기 위해서 분투해 왔다. 인간이 식량을 의도적으로 재배하기 시작한 것은 최근 1만 1000년 동안의 일로서, 현대 인류가 나타난 15만년을 한 시간으로 계산할 때 마지막 4분 30초에 불과하다.[1] 벼는 기원전 7500년경, 밀은 기원전 8500년경, 옥수수는 기원전 3500년경에 최초로 길들여졌다고 알려지고 있다. 이후 인류의 식량생산에서 중요한 사건 중의 하나가 '녹색혁명'으로 불리는 것이다. 이는 1960년대부터 개발도상국에서 추진한 화학비료와 대량소출 종자의 도입으로 식량공급이 크게 늘어난 사건으로, 환경 및 사회문제를 일으켰다는 비판과 1970년대 개발도상국 사람들을 기근으로부터 구하는 데 기여했다는 평가를 동시에 받고 있다.[2]

이제, 20세기 말에 들어와서 인류는 식량과 관련한 또 하나의 변혁기를 맞고 있다. 즉, 생명공학에 의해 유전자가 변형된 식품이 등장하게 된 것이다. 과학기술의 유용성과 위험성을 논하는 데 있어서 유전자변형식품 만큼이나 일반대중을 포함한 많은 사람들의 관심을 끌면서 오랜 세월

1) 톰 스탠디지(박중서 옮김), 「식량의 세계사」, 웅진지식하우스, 2009, 18면.

2) 위의 책, 7면.

동안 논쟁의 대상이 된 사례는 많지 않다. 그 배경에는 논쟁의 대상이 매일 식탁에서 먹는 먹거리라는 것과, 그 위험성에 대한 평가가 극단적으로 양분화 되어 있다는 점, 그리고 그 위험성을 검증하는데 오랜 시간을 필요로 한다는 점이 깔려있다고 하겠다. 여기에 덧붙여 각 국가의 정책과 기업의 이익, 시민단체의 우려가 같이 맞물리면서 논의가 복잡하게 전개되고 있다.

여기서는 논점을 명확하게 하기 위해서 되도록 '의견' 보다는 '사실(fact)'을 중심으로 기술하고자 한다. 먼저, 유전자변형식품의 기본 기술인 유전자재조합기술부터 알아 보기로 하자.

:: 표 8-1 LMO와 GMO의 의미 차이

GMO와 LMO는 모두 유전자변형생명체를 나타낸다는 점에서 통상 같은 의미로 사용되고 있다. GMO는 Genetically Modified Organism의 약자이다. 1990년대 중반 이후 콩, 옥수수와 같은 유전자변형 농산물이 본격적으로 상업화되기 시작하면서 보편적으로 많이 사용되는 용어이다. WTO 및 OECD, 미국의 정책기관 및 연구자들이 많이 쓰는 용어이다. 이러한 GMO를 포함하거나 GMO에서 유래한 원료를 사용한 식품을 GM식품(유전자변형식품)이라고 부른다. LMO는 Living Modified Organism의 약자이다. LMO는 1992년 생물다양성협약이 체결되고 이 조약의 부속 의정서로서 2000년에 마련된 바이오안전성의정서에 규정된 용어이다. 죽은 대상은 생물다양성의 보전 및 지속적 이용에 큰 위협이 되지 않지만 유전적으로 변형된 '살아있는' 생물은 스스로 번식하고 진화해 나가기 때문에 인간 및 환경에 부정적 영향을 미칠 수 있다. 따라서 유전적으로 변형된 생물체 중에서 '살아있는' 의미를 명확하게 하고자 'Living'을 넣어 GMO와는 구분하고 있다.

출처: 국립수산과학원 및 한국바이오안전성정보센터 홈페이지

제1절 유전자재조합 기술의 이해와 관련 법제

1. 유전자재조합 기술

1960년대에 DNA의 염기를 절단하거나 결합하는 효소가 발견되자, 분자생물학자들사이에서는 서로 다른 생명체의 유전자를 분리하여 재조합할 수 있는 가능성이 논의되었다.[3] 당시 바이러스 유전체가 사람세포를 비롯한 동물세포에 주입되면 유전체에 삽입된다는 사실이 밝혀져 있었다. 1972년 스탠포드 대학의 버그(P. Berg)는 사람의 세포에 암을 일으키는 바이러스(SV40)의 유전자를 대장균 유전자와 결합시킨 재조합 DNA를 만들었다. 그는 이 DNA를 대장균에 넣어, 바이러스 유전자가 발현되는지를 알아보고 싶었다.[4] 그러나 종양 바이러스 유전자를 가진 형질전환 대장균이 실험실에서 유출되어 사람에게 감염될 가능성을 고려하여, 실험을 중단하기로 결정하였다. 이어서 1973년에 보이어와 코헨은 서로 다른 세균에서 분리한 두 개의 항생제 내성 유전자를 하나의 대장균유전자(작은 원형 DNA인 플라스미드)분자에 통합하여 재조합 플라스미드를 제조하여, 대장균에 삽입하여 발현시키는 데 성공하고 특허를 출원하였다. 이로서 어떤 생물의 DNA 단편을 다른 생물의 DNA 분자에 결합시키는 유전자재조합 기술이 성공적으로 등장하게 되었으며, 동 기술은 다양하게 활용되었다.

예컨대, 당뇨병 치료제인 인슐린 생산 유전자를 사람 DNA에서 분리하여, 대장균 DNA인 플라즈마 유전자의 일부분을 떼어내고, 그 자리에

3) 조은희, "유전자재조합 기술의 수용과정을 통해 본 과학자의 책임과 역할", 「Biowave」, 7(7), 2005, 3면.

4) 박테리아는 플라스미드라는 작은 원형 DNA를 자기 것으로 사용하며, 또한 각각의 박테리아는 한 개의 세포로 되어 있기 때문에 사람세포보다는 어렵지 않게 유전자를 집어넣을 수 있다.

삽입한 후, 이를 대장균 세포 속에 넣어주어 발현시킴으로써 인슐린을 대량으로 얻을 수 있게 되었다. 이는 인슐린 생산능력이 있는 사람의 유전자와 번식속도가 빨라 대량생산이 가능한 대장균의 특성을 결합시켜, 사람에게 유용한 의약품을 만든 것이다. 유사한 방법으로 유전자변형식품이 등장하게 되었다. 유전자치료도 레트로바이러스가 알려지면서 실현가능하게 되었다.[5] 인간은 약 100조 개의 세포로 구성되어 있는데, 인간을 유전적으로 조작하려면, 이 모든 세포에 유전자를 집어넣거나 단세포인 배아를 사용해서 시작해야 한다는 어려움이 있다. 1970년 레트로바이러스가 RNA부터 DNA의 복사본을 만들 수 있다는 것이 밝혀졌다. 유전자치료시 레트로바이러스의 유전자 중 유해 유전자(감염 유전자 등)를 잘라내고, 사람의 유전자로 치환시킨 후 환자에게 이 바이러스를 감염시키는 방법을 활용할 수 있다. 감염 후, 레트로바이러스는 사람세포로 들어가 자신의 RNA에 삽입된 사람의 유전자를 환자의 세포 안 DNA에 넣어준다.

이 같이 유전자재조합 기술에 의해 인간, 동물, 식물, 미생물 등의 특정 유전자를 활용할 수 있게 되었으며, 그 유용성과 위험성 모두 인간의 인식으로 한정짓기가 어려운 영역이다.

2. 유전자재조합 기술의 법적 통제

앞서 언급한 바와 같이 2011년 미국과 네덜란드 과학자들은 사람과 사람사이 전염이 가능한 조류독감 변형 인플루엔자를 실험실에서 인공적인 유전자재조합 기술로 만들었다. 동 바이러스가 유출된다면, 전염병 대유행으로 번질 가능성도 있다고 하겠다. 장비가 잘 갖추어진 실험실에서 좋은 연구팀만 있다면, 형질전환 인간을 만드는 데 기술적인 문제는 거의 없다는 평가가 있을 정도로 유전자재조합 기술은 발전했으며,[6] 이

5) 매트 리들리(하영미 · 전성수 · 이동희 옮김), 「게놈」, 김영사, 2001, 294면.

를 어떻게 통제해야 하는지에 대한 논의도 기술개발초기 단계부터 이루어져 왔다.

특기할 만한 사실은, 유전자재조합 기술을 개척한 과학자가 주도가 되어 스스로 기술을 통제했다는 것이다. 1972년 버그는 종양 바이러스 유전자를 가진 형질전환 대장균의 위험성을 고려하여, 실험을 자발적으로 중단하였다. 그 배경 중의 하나는 당시 분자생물학을 주도하던 많은 사람들이 물리학자였다는 데서 오는 우려였다. 미생물학자의 경우 전통적으로 미생물의 안전관리에 특별한 주의를 기울이도록 훈련받는 데 대해서, 문화적 배경이 다른 물리학자들이 암을 유발할 수 있는 종양 바이러스를 대량으로 배양하는 실험을 할 경우의 대비가 필요했다.[7] 1974년 버그 등 관련학자들의 요청에 의해 미국 학술원(National Academy of Sciences)은 버그를 책임자로 하는 연구위원회를 구성하였고, 동 위원회는 후에 '버그 서한(Berg Letter)' 또는 '모라토리엄 서한(Moratorium Letter)'이라고 불리우는 논의 결과를 다음과 같이 발표하였다.[8] 이 서한은 새로운 세균 플라스미드가 제조되었고 동물의 유전자를 대장균에 삽입하여도 유전자 발현이 가능하다는 발견을 언급하면서, 인공적인 재조합 DNA의 생물학적 위험가능성을 지적하였다. 또한 재조합 DNA를 가진 대장균과 다른 장내 세균이 유전자를 교환함으로써 초래될 위험가능성을 지적하면서, 다음과 같은 세 가지 제안을 하였다. 첫째, 재조합 DNA 분자의 잠재적인 위험이 제대로 평가되거나 전파를 차단할 방법이 개발될 때까지 관련 연구를 유예한다. 둘째, 미국국립보건원(NIH)에 재조합 DNA 실험의 평가방법, 위험을 줄이기 위한 방법 및 재조합 DNA 실험지침을 마련할 것을 촉구한다. 셋째, 재조합 DNA 분자의 잠재적인 위험성에 대한 논의를 위해 전 세계 관련학자들의 회합을 촉구한다. 동

6) 위의 책, 305면.
7) 조은희, 앞의 논문, 4면.
8) 위의 논문, 6면.

제안에 따라 1974년 미국 NIH는 재조합 DNA 자문위원회(Recombinant DNA Advisory Committee, RAC)를 구성하였다.

이어서 1975년 2월에 열린 로마회의[9)]는 유전자재조합 실험이 인류복지에 공헌하는 중요한 기술이라는 사실을 인정하면서도 생체에 대한 악영향 여부를 판단하기 어렵기 때문에 안전성에 충분한 배려가 필요하다고 결의하고, 안전성 확보를 위한 수단으로 물리적 봉쇄와 생물학적 봉쇄를 제안하였다.[10)] 물리적 봉쇄란 시설의 설비 등을 통제하여 유전자재조합생명체의 유출을 방지하는 것이고, 생물학적 봉쇄는 특수한 배양조건 이외에는 생존할 수 없는 숙주와 다른 생세포에의 전달성이 없는 유전자전달체(벡터)를 이용하여 유출을 방지하는 조치이다. 1976년 NIH는 유전자 재조합연구의 가이드라인을 제정하였다. 동 지침은 지침에 따르는 연구에만 연구비를 지원하고, 신기술의 잠재적 위험가능성에 대해서 자율규제 원칙에 따라 연구를 하도록 규정하고 있다. 이와 같이 미국의 경우 1975년 로마 회의 이후, 유전공학 연구가 연방위원회의 감독 하에 조심스럽게 다시 시작 되었으며, 대중들의 우려가 서서히 해소되었다는 평가가 있다.

유럽연합은 1983년 생명공학의 안전성 문제를 다루는 생명공학조정위원회(BSC: Biotechnology Steering Commission)를 설치하였으며, 1990년에는 유전자 연구 및 유전자 재조합생물의 방출을 규제하는 이사회 지침을 제정하였다.[11)] 한편, 독일의 경우 1990년 유전자 기술법을 제정하여, 유전자연구 및 유전자 변형식품의 유통에 대한 규제를 동시에 해결하고 있다. 동 법은 유전자 재조합시설 및 작업에 대하여 4단계의 안전단계를 설정하여, 각 단계에 따른 안전대책을 정하고 있다.[12)] 또한 연구

9) 재조합 DNA 분자 연구에 대한 국제회의(The International Congress on Recombinant DNA Molecules). 버그가 조직위원장으로 회의를 주도 했다.: 조은희, 위의 논문, 7면.

10) 이헌석, "유전자 변형식품에 대한 규제", 「아 · 태 공법연구」, 2000. 7, 229면.

11) 위의 논문, 226면.

12) 위의 논문, 236-237면.

목적보다 상업목적의 경우 통제를 강화하였다. 즉, 시설과 작업의 등급을 단계 1에서 단계 4로 구분하였다. 연구목적시설의 경우에 위험도가 가장 낮은 1의 작업은 사전신고로 가능하게 하고, 상업목적의 경우 원칙적으로 행정청의 허가를 받도록 요구하고 있다. 단계 2 이상의 작업이 행해지는 상업목적시설의 경우 허가 전에 일반인 참여가 실시되지만, 연구목적시설에 대한 일반인 참여 절차는 요구되지 않는다.

한편, 한국은 1983년 제정된 유전공학육성법에서 생명공학의 안전 및 윤리문제를 미연에 방지하기 위한 실험지침을 작성하도록 규정하였다. 이에 따라 1985년 실험지침의 초안이 작성되었으나, 생명공학 초기 단계에서의 규제는 발전이 저해될 수 있다는 의견으로 유보되었다. 이후 1995년 OECD 가입(1996년 12월) 준비와 생물다양성협약 가입(1994년 10월 13일)에 따른 조치로 '유전적으로 변형된 생명체의 이전, 취득, 사용에 대한 안전기준이 마련되어야 한다'는 내용이 추가되어 생명공학육성법 제15조(실험지침의 작성 · 시행 등)가 개정되었고 '유전자재조합 실험지침'이 마련(1997년 4월 22일)되었다. 동 지침은 2007년 5월 7일 개정되었으

:: 표 8-2 정부의 승인을 필요로 하는 유전자재조합실험

1. 종명까지 명시되어 있지 아니하고 인체병원성 여부가 밝혀지지 아니한 미생물을 이용하는 경우
2. 척추동물에 대하여 보건복지부장관이 고시하는 기준 이상의 단백성 독소를 생산할 능력을 가진 유전자를 이용하는 경우
3. 자연적으로 발생하지 아니하는 방식으로 생물체에 약제내성 유전자를 의도적으로 전달하도록 하는 경우. 다만, 보건복지부장관이 안전하다고 인정하여 고시하는 경우를 제외한다.
4. 국민보건상 국가관리가 필요하다고 보건복지부장관이 고시하는 병원미생물을 이용하는 경우
5. 포장시험(圃場試驗) 등 환경방출과 관련한 실험을 하는 경우
6. 그 밖에 국가책임기관의 장이 위원회의 심의를 거쳐 위해가능성이 크다고 인정하여 고시한 유전자변형생물체의 개발 또는 실험을 하는 경우

며, 유전자재조합 실험을 국가승인(제8조), 기관승인(제9조), 기관신고(제10조), 면제실험(11조)으로 세분화하여 규제하고 있다. 이 중 국가승인만이 사실상 규제의 대상이 되며, 나머지는 연구기관의 자율에 맡겨져 있다고 볼 수 있다. 국가승인의 경우 '유전자변형생물체의 국가간 이동 등에 관한 법률'의 규정을 따르도록 하고 있다. 동 법은 연구시설의 안전관리 등급별로 관계중앙행정기관의 허가를 받거나 신고를 하도록 되어 있으며(제22조), 특정한 실험(〈표 8-2〉)의 경우 관계중앙행정기관의 승인을 받도록 하고 있다(시행령 제23조 제6호, 제7호).

제2절 유전자 변형식품개발 및 안전성 평가 사례: 유전자변형 콩

1. 몬산토 라운드업 제초제 내성콩(RRS)의 제조 과정

미국 칼진사는 1988년 플레이버 세이버(Flavr Savr™)라고 불리우는 유전자변형 토마토를 개발하여 1994년 미국 FDA의 승인을 받았다. 이 토마토 개발에는 특정유전자의 발현을 선별적으로 억제시키는 엔티센스(anti-sense) 기술이 적용되었다. 이 토마토는 과일을 익게 하는 과정에서 역할을 하는 효소를 형성시키는 유전자를 조작하여 그 과정을 지연시킴으로써 싱싱한 상태를 유지하는 특성을 가진다.

또한 몬산토사는 13년 동안의 연구개발 기간을 거쳐, 자사가 개발한 라운드업(Roundup)이라는 제초제에 견딜 수 있는 유전자변형 콩, RRS(Roundup Ready Soybean)를 개발하였다. 동 과정을 상술하면 아래와 같다.

식물은 엽록체에서 방향족 아미노산을 생합성하여 생산한다. 앞서 언급한 타미플루의 원료인 스킴산(shikimic acid)을 원료로 하여 5단계 정도를 거쳐 트립토판, 페닐알라닌, 티로신을 만든다. 생체 내의 반응의 경우 이들 반응을 도와주는 촉매의 역할을 하는 단백질을 효소라고 부르며, 합성단계에서 반응을 도와주는 역할을 한다. 식물의 엽록체에서, 스키메이트(shikimate: 스킴산의 음이온 형태)로부터 아미노산이 형성되는 과정 중의 두 번째 반응에서 epsps(5-enol pyruvyl shikimate-3-phosphate synthase)라고 불리우는 효소가 관여하고 있다.[13] epsps 효소는 엽록체 내에 존재하고 있는 효소이다. 한편, 몬산토사가 만든 라운드업이라는 제초제(N-phosphonomethylglycine)는 글리포세이트라는 화학성분을 포함하고 있는데, 동 성분은 엽록체내의 epsps 효소와 결합하여, 동 효소로 하여금 본래의 역할에 소홀하게 한다. 그 결과 식물의 생존에 필요한 아미노산이 못 만들어지며, 식물은 죽게 된다. 몬산토사는 라운드업을 생산하는 공장 근처에서 발견한 *Agrobacterium* sp. CP4균에 존재하는 epsps 유전자로부터 발현하는 단백질(효소)은 글리포세이트의 영향을 받지 않는 것을 발견했다. 따라서, 동 유전자를 식물의 유전자에 삽입시킨다면, 라운드업이라는 제초제에 영향을 받지 않을 것이다. 이는 *Agrobacterium* sp. CP4균의 유전자가 만드는 epsps 효소와 식물 내에 존재하는 epsps 효소가 차이가 있으며, 그 차이(아미노산 서열의 차이)가 엽록체 내에서 전자는 제초제인 라운드업과 결합하지 않고 후자는 결합하는 결과를 가져온다고 하겠다. 즉 한쪽은 글리포세이트에 무관심하고, 다른 쪽은 유혹 당한다는 특성이 있다. 동시에 두 종류의 효소 모두 아미노산을 정상적으로 생산하게 한다는 기능은 같다. 문제는 유전자변형에 의해 만들어진 효소와 식물이 만든 효소의 차이점이 인간이나 환경에 어떤 영향을 미치는가이다. 이 점을 둘러싸고 안전성에 대한 많은 논란이 벌어지고 있는데, 첫째 '어떤 기준으로 안전성을 평가할 것인가'하고 둘째, '안전한가'라는 문제이다.

---

13) Center for Environmental Risk Assessment, 「A Review of the Environmental Safety of the CP4 EPSPS Protein」, ILSI Research Foundation, 2010, p. 3.

이에 대한 이해를 돕기 위해서, RRS(Glyphosate Tolerant Soybean: GTS 40-3-2종)의 제조과정을 살펴보면 다음과 같다. 먼저 용어를 정리하면, 기존의 콩과 같이 유전자를 받아들이는 것을 '숙주'라고 정의하며, 숙주에 들어가는 외부의 물질(유전자포함)을 벡터(유전체운반체)라고 한다. 유전자변이식물을 만든다는 것은 벡터를 숙주의 핵 내 염색체에 집어넣는다는 것을 말한다. RRS 제조과정에서 사용된 벡터(PV-GMGT04)는 다음과 같이 구성되어 있다. 첫째, 숙주가 필요로 하는 특수한 성질을 가진 유전자(*Agrobacterium* sp. CP4 epsps), 둘째, 식물 내에서 아미노산 생성이 엽록체에서 일어나므로 생성된 단백질(효소)을 엽록체로 이동시켜주는데 필요한 펩타이드를 발현시키는 유전자(페투니아로 부터 추출), 셋째, 유전자변형이 잘 일어나는지 확인해주는 기능을 수행하는 표지유전자(대장균에서 추출) 넷째, 유전자의 발현(promoter)과 종료(terminator)를 조정하는 유전자 등으로 구성된다.

RRS가 제조되는 과정은 크게, 벡터를 만드는 단계, 만들어진 벡터를 대장균에 넣어 양을 늘리는 단계, 양이 늘어난 벡터를 기존의 콩 염색체 내에 넣어주는 단계로 구분 할 수 있다. 재조합유전자의 대량생산단계에서는 숙주가 대장균이며, 이때 표지유전자로 NPTII가 사용된다. 최종 단계의 숙주는 콩이며, 이때 표지유전자로 GUT와 CP4 epsps(제초제 내성을 발현시키는 유전자임과 동시에 표지유전자로 작용)가 사용되었다. 이러한 유전자 중 실제로 콩염색체에서 발현되는 것은 발현개시 및 종료유전자, 엽록체이동펩다이드 유전자, 종양균(*Agrobacterium*)에서 뽑아낸 CP4 epsps 유전자이다. 최종적으로 벡터는 유전자 총에 의해 콩염색체 내에 삽입되었다.

대장균에서 추출한 표지유전자 중 NPTII는 항생물질의 내성을 가지고 있다는 점에서 또 다른 표지유전자 GUT에 비해서 위험성이 있다고 하겠다. 몬산토사가 표지유전자 NPTII를 대장균 뿐만 아니라 식물에 사용이 가능함에도 불구하고, 콩에 GUT 유전자를 사용한 것은 항생제 내성이 인체에 위험하다는 논란을 피하기 위한 것으로 보여진다. 실제로 당시 한국의 안전성심사위원회는 항생제 내성 유전자 NPTII가 유전자운반체에는 있었으나, 선발표지형 물질로 사용되지 않았고, 발현 물질이 검출되지 않아, RRS에는 항생제 내성 유전자가 존재하지 않을 것으로 판단하였다.

2. 한국에서의 RRS 안전성 평가 결과

동 제초제 내성콩에 대해 한국의 '식품의약품안전성평가자료 심사위원회'는 몬산토가 제출한 자료를 근거로 해서 다음과 같이 안전성을 평가하였다.[14)]

먼저 안전성을 유전자재조합체의 안전성과 유전자재조합 식품 등의 안전성으로 구분하였다. 유전자재조합체의 안전성은 숙주, 벡터, 삽입 DNA, 유전자재조합체 각각에 대해서 평가하고 있다. 예컨대, 유전자를 제공한 종양균(*Agrobacterium*)에 대해서는 병원성, 유해생리물질 생산성, 알레르기 유발성 등을 기준으로 평가하였다.

유전자재조합 식품 등의 안전성과 관련해서는 일반자료, 실질적 동등성에 의한 안전성 평가자료, 영양학적 실험자료, 독성학적 실험자료, 알레르기 유발성 실험자료, 항생제내성 유전자 및 그 산물에 관한 실험자료 등에 근거하여 평가가 진행되었다. 여기서 '실질적 동등성에 의한 안전성 평가자료'는 중요한 의미를 가지는데, 후술하는 바와 같이 미국의 경우 유전자변형식물의 안전성을 이 기준으로 판단하기 때문이다. 동 항목은 식품으로 사용된 역사, 구성성분에 관한 자료, 예상섭취량으로 구성되어 있으며, 구성성분에 관한 자료는 주요영양성분, 미량영향성분,

14) 당시 평가위원회는 '식품의약품안전청 고시 제1999-46호(유전자 재조합 식품 · 식품첨가물 안전성평가자료 심사지침제정고시, 1999. 8. 20.)'에 근거하여 평가를 진행하였다. 평가 결과는 다음 자료에 수록되어 있다; 식품의약품안전청, 식품의약품안전성평가자료 심사위원회, 「유전자재조합 콩(GTS 40-3-2)안전성평가자료 심사결과」, 2000. 6.

내재성독성, 영양억제인자, 알레르기유발성분, 삽입된 유전자의 대사산물로 구성되어 있다.

한편, 제출된 독성학적 실험자료에는 CP4 epsps 유전자가 미생물과 식물에 존재하며, 기존의 알레르겐(알레르기 반응을 일으키는 항원) 및 단백질 독소(protein toxin)와 유사하지 않으며, 인공장액 및 인공위액에서 신속히 파괴되고 있다고 기술되어 있다. 그러나 몬산토사는 관련 고시[15]에서 요구하는 독성학적 실험자료인 투여독성, 생식 · 발생독성, 발암성, 기타 독성자료를 제출하지 않았다. 이에 대해 위원회는 일반적인 유전자재조합식품의 평가에서 독성학적 실험은 실질적 동등성이 확인되지 않은 경우에 실시하는 것으로 알려져 있다는 점, 미국 등 여러 나라에서 승인이 되었다는 점을 고려하여 자료제출이 필요가 없다고 판단하였다.[16] 이러한 심사과정을 보면 한국의 경우 유전자변형식품의 안전성을 평가하는데 있어서 미국에서 채택하고 있는 '실질적 동등성'의 원칙을 수용하고 있음을 알 수 있다. 그러나 유럽의 경우 '실질적 동등성'이 아닌 '사전예방의 원칙'을 취하고 있다는 점에서 '실질적 동등성'을 보편적이고 일반적인 기준으로 보기는 어렵다고 하겠다.

제3절 유전자변형식품의 유용성과 위험성에 대한 논의

유전자변형식품의 유용성과 위험성과 관련해서는 사실에 대한 정보보다는 의견에 대한 정보가 많다. 그 원인으로는 유용성과 위험성이 아직까지 유용할 가능성과 위험할 가능성에 머무는 단계이기 때문이라고 생각된다.

15) 식품의약품안전청 고시 제1999-46호, 「유전자 재조합 식품 · 식품첨가물 안전성평가자료 심사지침제정고시」 제8조 제3항 제4호(1999년 8월 20일).

16) 식품의약품안전청, 앞의 보고서, 14-15면.

2009년 현재 세계적인 재배면적기준으로 콩의 경우 77%, 옥수수의 경우 26%, 목화의 경우 49%, 유채의 경우 21%가 유전자변형작물이라는 통계가 있다.[17] 이렇게 유전자변형작물의 빠른 증가 추세가 유전자변형식품의 유용성이 높고, 위험성이 낮기 때문이라고 단정짓기는 어렵다고 하겠다. 왜냐하면 식량문제는 국제적인 정치, 경제문제와 밀접하게 관련이 있기 때문이다. 여기서는 과학기술적 측면에 국한해서 접근하고자 한다.

유전자변형기술은 특정 유전자가 가진 특성을 발현시킬 수 있다는 점에서 그 존재 자체는 가치중립적이라고 할 수 있다. 위험성 문제는 논외로 하고 좋은 특성을 가진 유전자변형식품은 좋다고 할 수 있고, 나쁜 특성을 가진 유전자변형식품은 나쁘다고 할 수 있을 것이다. 예컨대, 좋은 유전자변형식품의 경우, 식량문제(수확량증가, 영양분개선), 환경문제(병충해내성), 에너지 문제(바이오연료)[18]를 해결할 가능성이 있다. 그러나 나쁜 특성을 가진 유전자변형식품은 사회적으로 부정적 영향을 줄 수 있다고 하겠다. 현재 개발된 유전자변형식품의 종류를 보면 그 유용성이 가능성에 머무느냐, 아니면 현실화 되어 있느냐를 판단하는데 도움이 될 것으로 보인다. 예컨대 가장 널리 알려진 유전자변형식품인 몬산토사의 라운드업 제초제 내성 콩의 경우를 살펴보자. 수확량이 증가했는지, 농약을 덜 사용하게 되었는지, 농민들이 잘 살게 되었는지 등에 대해서는 단기적으로는 그렇지만, 장기적으로는 그렇지 않다는 의견이 있는 등 입장에 따라 상반되는 데이터가 제시된다. 다만, 확실한 것은 몬산토사의 제초제와 제초제 내성콩은 서로 보완관계에 있어서 몬산토사의 수익증대에 도움을 준다는 것이다. 결국 유전자변형식품의 유용성은 유용할 가능성이며, 이것이 현실화되기 위해서는 과학기술의 문제를 넘어서서, 세

17) 최양도(한겨레신문사편), "GMO, 더 이상 피할 수 없는 길", 「GMO 논쟁상자를 다시 열다」, 한겨레신문사, 2010, 57면.

18) 바이오연료의 경우 식량문제해결에 부정적 영향을 주며, 대규모 생산체제를 전제로 한다는 점에서 기존의 화석에너지와 근본적인 차이가 없다고 보는 비판적 시각도 있다.

계를 지배하는 정치 · 경제 · 사회 시스템과 관련이 있다고 하겠다.

유전자변형식품의 위험성은 크게 인간에 대한 위험과 환경에 대한 위험으로 구분할 수 있다. 인체에 대한 안전성과 관련해서는 새로운 독성물질의 생성, 알레르기 유발, 필수 영양성분의 변화유발, 항생제 내성 문제 유발, 유전자재조합식품을 섭취했을 경우의 장기적 영향들이 논의 되고 있다. 환경과 관련해서는 생물학적 다양성의 감소, 슈퍼버그(모든 항생제에 내성을 가진 박테리아)의 생성, 유전자누출, 유전자변형식물의 농업적 지속성 등이 우려의 대상이다. 유전자변형식품의 유용성을 강조하는 입장에서는 원래 유전자의 변형현상은 자연교배에서도 일어나는 현상이기 때문에 큰 문제가 없다고 주장하고 있으며, 위험성을 강조하는 입장에서는 현대의 유전변형기술은 진화의 시간이 생략되어 유전자의 변형이 빠르게 이루어지고, 종의 제약을 받지 않는다는 점에서 근본적인 차이가 있고 이로 인해 위험성이 높다고 주장한다.

제 4 절　유전자변형식품 관련 법제의 세계 동향

유전자변형식물의 위험성을 다루는 데 있어서 크게 두 가지 대조적인 입장이 있다. 첫 번째는 '사전예방원칙'이라고 불리워지며, 중대한 위험의 경우, 인과관계가 확실치 않더라도, 위험의 가능성이 있으면 사전예방 조치를 취해야 한다는 것이다. 두 번째는 '실질적 동등성 원칙'이라고 부르며, 기존의 식품과 유전자변형식품을 비교하여, 기존의 식품과 실질적으로 동등하다고 판단되면, 규제할 필요가 없다는 것이다. 대체로 유럽의 경우 사전예방원칙에 따라, 유전자변형식품에 대한 엄격한 승인절차와 의무적 표시제를 운영하고 있으며, 미국의 경우 실질적 동등성 원칙에 따라 비교적 느슨한 승인절차를 운영하고 있고, 의무적 표시제는 도입하고 있지 않다. 한국의 경우 법 · 제도 형식상 유럽과 유사하게 승인절차와 의무적 표시제를 운영하고 있으나, 승인절차 가운데 하나인 안전성 판단기준을 '실질적 동등성 원칙'에 따라 일정한 독성검사를 면제해 주고 있으며, 유럽에 비해 표시의 예외가 많다는 점이 특징이라고 하겠다. 이를 상술하면 아래와 같다.

1. 미 국

(1) 실질적 동등성 개념 형성과정

유전자변형식품이 시장에 나오기 전인 1990년 11월 WHO와 FAO는 제네바에서 '생명공학으로 생산된 식품안전성 평가 전략'이라는 주제로 자문회의를 개최했다.[19] 동 회의에서 '모든 생물의 DNA 구조는 모두 비슷하다. 따라서 제품에 주입된 DNA는 소비자 건강에 전혀 유해하지 않다'라고 결론을 내렸으며, 참고문헌으로 몬산토의 과학자들이 〈네이처〉에 발표한 변형성장호르몬에 대한 논문을 명시했다.

1993년 OECD의 문서는 현대 유전공학에 의해 개발된 유기체로부터 얻은 식품의 안전성은 그들이 기존의 식품과 비교해서 실질적으로 동등한지(substantially equivalent)를 판단하는 것이 가장 실용적인 방법이라고 기술하고 있다.[20] 1996년 발간된 생명과학과 식품안전성에 대한 FAO/WHO 공동 전문가위원회 보고서에 따르면, 새로 만든 식품이 현재 존재하는 식품과 실질적으로 동일하다면, 그 식품이 비교 대상이 되는 식품과 똑같이 안전하다고 판단되어야 하며, 다른 평가는 필요하지 않다고 하여, '실질적 동일성' 개념을 명시하고 있다.[21]

---

19) 마라-모나크 로뱅(이선혜역), 「몬산토, 죽음을 생산하는 기업」, 이레, 2009, 273면.

20) OECD, 「Safety evaluation of foods derived by modern biotechnology: Concepts and Principle」, 1993, p. 11.

21) 「Joint FAO/WHO Expert Consultation on Biotechnology and Food Safety」, 1996, p. 8.

(2) 미국에서의 관련법제

미국 FDA는 1992년 5월 29일 '신 식물품종으로부터 만들어진 식품에 대한 정책 성명서'라는 지침을 발표했다.[22] 동 지침은 유전자변형식품에 대해 탄수화물, 지방, 유분 등의 동일성, 성분, 영양가치 등을 기준으로 안전성을 판단하도록 하고 있으며, '실질적 동일성 원칙'을 따른다고 명시하고 있다. 동 문서는 다음과 같이 기술하고 있다. "안전성 평가는 기본적으로 식품이 만들어진 과정보다는 식품의 특성에 기반해야 한다. … 유전자변형식품도 기존의 법령(the Federal Food, Drug, and Cosmetic Act)에 의해 적용받는다. … 유전자변형식품도 전통적인 방법으로 만들어진 식품과 같은 방식으로 안전성을 심사받는다. … FDA는 유전자변형이라는 새로운 기술이 전통적인 육종 기술을 분자수준에서 확장시킨 것으로서, 전통적인 방식과 같은 목적을 달성하는 데 사용된다고 **믿고 있다**. 그로부터 발생한 식품도 전통적 식품과 다를 바가 없기 때문에 특별한 표시가 필요 없다. … FDA는 유전자변형식품이 단백질이나 단백질 효소의 생성물로서, 탄수화물, 지방, 오일과 같은 것이라고 **기대한다**. 따라서 예외가 있을 수도 있지만, 유전자변형식품은 대부분 GRAS에 속할 가능성이 높아서 판매전 승인이 필요한 특정 식품첨가물에 속하지 않을 가능성이 높다."

결론적으로, 1992년 FDA 지침은 유전자변형식품을 통상의 식품과 같은 기준을 적용하며, 판단기준으로 '실질성 동일성'을 그 기준으로 하겠다는 입장을 명확하게 하고 있다. 특히, 유전자변형식품이 소금 등과 같이 일반적으로 안전한 것이라고 인정되는 식품첨가물(GRAS: Generally Recognised As Safe)에 속한다고 해석하고 있어서, 통상의 식품첨가물이 거쳐야 하는 짧게는 28일 길게는 2년까지 소요되는 독성 검사를 비롯한 필수 안전검사를 통과하지 않도록 하고 있다. 이에 대해 결국 FDA는 강

22) FDA Federal Register, "Statement of policy: Foods derived from new plant varieties", 57(104), 1992, p. 22984.

력한 제초제에서 살아남는 면역성을 제공하는 박테리아에서 추출한 유전자가 식용색소보다 덜 위험하다고 판단했다는 비판도 제기되고 있다.[23]

당시 칼젠사는 플레이버세이버라는 유전자 변형 저속 숙성 토마토에 대한 제품승인 요청서를 제출하였다.[24] 칼젠사는 이 토마토를 미시건의 국제연구개발연구소에 의뢰하여 쥐를 사용하여 독성검사를 진행하고 있었다. 실험결과 40마리 실험쥐 중 7마리는 2주 후 원인 모를 이유로 죽었으며, 실험에 사용된 대다수의 쥐에서 위종양이 발생하였다. FDA는 실험결과가 전해지기 전에, 앞서 설명한 지침을 발표하고 1994년 5월 18일 저속 숙성 토마토를 시판할 수 있도록 허가했다. 플레이버세이버와 관련해서 칼진사가 받은 검증절차는 선택표시유전자(항생제 내성 유전자)의 안전성이나 형질전환된 토마토 자체의 안전성 등 새로운 종류의 토마토와 관련된 쟁점을 검증할 만한 객관적 평가방법을 포함하고 있지 않았다는 비판도 있다.[25]

결론적으로 미국의 경우 유전자변형식품에 대해서 특별법을 만들지 않고, 기존의 식품과 같이 취급하며, 강제적 표시의무를 부과하지 않는 등 유럽에 비교해서 완화된 규제방식을 취하고 있다. 이는 동 분야를 육성하려는 미국 정부의 정책과 관련이 있다고 보여진다.

2. 유 럽

유럽의 경우 미국과는 대조적으로 유전자변형식품에 대해서 '사전예방원칙'을 적용하고 있다. 사전예방원칙은 1987년 단일유럽법(Single European Act)에서 공식적으로 도입되었으며 1993년 마스트리히트조약

23) 마라-모나크 로뱅(이선혜역), 앞의 책, 246면.
24) 위의 책, 245면.
25) 정혜경, "GMO: 논란을 넘은 성장의 역사, 1994-2000", 「담론 201」, 8(2), 2005, 294-295면.

의 규정(제174조 2항)을 통해 환경정책의 원칙으로 재확인되었다.[26)]

EU차원의 GMO 규제의 출발점은 1990년 4월 유럽이사회가 채택한 유전자변형생물체의 유통을 규제하는 지침(Directive 90/220/EEC)이다. 이 지침에 따르면 기업들이 유전자변형식물이나 식품시판 승인을 얻기 위해서는 회원국 중 한 나라에 기술자료를 제출해야 하고, 해당 정부기관은 인체 및 환경에 대한 위험성을 평가하게 된다.[27)] 검토가 끝나면 자료는 EU 및 회원국에 전달되고 필요한 경우 60일 이내에 전문가의 자문을 구할 수 있다. 이러한 방법으로 1996년 12월 EU는 라운드업레디 콩(RRS)의 수입을 허가했는데, 이것은 몬산토가 같은 해 발표한 연구자료를 근거로 한 조치였다.

1997년 유럽의회와 이사회는 GMO를 이용하여 만든 식품을 신식품(Novel Foods)으로 규정하고 GM 식품에 대한 승인 및 감독 절차와 의무표시제를 내용으로 하는 Regulation 258/97을 제정하였다.[28)] 1998년 4월 이후에는 유전자변형식품의 위해가능성에 대한 새로운 증거들을 이유로 승인유예가 시작되었다. 미국은 이에 대해 WTO 제소 등으로 적극적으로 대응하였으며, EU는 2004년 5월 해충저항성 옥수수에 대해 역내 수입 및 유통을 허락하면서 사실상의 모라토리엄이 끝나게 된다.

2000년 채택된 바이오안전성의정서에 따라, 1990년 제정된 GMO 관련규범(Directive 90/220)이 2001년 4월 다음과 같이 개정되었다.[29)] 즉 유럽의회 및 이사회 지침(Directive 18/2001)에 담긴 수정내용에는 새로운 GMO에 대한 승인의 시간적 제한(최대 10년), 승인과정의 각 단계에 대한 명확한 절차, GMO 방출 장소에 관한 세부적 사항 등록, 위험 평가를

26) 전영평 · 이곤수, "유전자변형생명체(GMO) 규제의 정치: 규제삼각형과 옹호연합모형의 결합을 통한 EU의 GMO 규제 역동성 분석", 「행정논총」, 46(1), 2008, 41면.
27) 마라-모나크 로뱅(이선혜역), 앞의 책, 292면.
28) 전영평 · 이곤수, 앞의 논문, 43면.
29) 위의 논문, 43면.

위한 엄격한 가이드라인, 항생제 내성 표지유전자 사용의 점진적 제거, 이력추적제 등 책임과 표시에 관한 새롭고 엄격한 요구를 담고 있다. 한편, EU에서의 GMO에 대한 승인절차가 하나의 가맹국이 반대해도 늦어지는 등 비효율적이라는 지적이 있어 왔는데, 2010년 7월 13일 EU 집행위원회는 회원국들에게 자국 내에서 GMO를 금지 또는 제한 할 수 있도록 권한을 부여하는 결정을 내렸다.[30)] 이는 법개정 없이 기존의 Directive 18/2001 지침 등을 근거로 한 조치이다.

이와 같이 EU는 유전자변형생물체에 대해, 수입승인제도, 표시제도, 이력추적제도를 순차적으로 도입하여 다각적인 규제를 시행하고 있다. 이러한 엄격한 EU의 GMO 정책에 대해, 자국의 산업보호를 이유로 드는 시각도 있다.

3. 한 국

(1) 생산 · 수입에 대한 규제

생물다양성협약에 따른 '생명공학 안전성에 관한 카르타헤나 의정서(Cartagena Protocol on Biosafety)'는 2000년 1월 29일 채택, 2003년 9월 11일 발효된 협약이다. 유전자변형생물체 운송 규제, 수입결정전 위해성 평가, 생산품에 유전자변형생물체 명기 등이 주 내용이다. 비준국은 유전자조작(GM) 상품에 신뢰성 있는 과학적 이유가 있다고 판단되면 수입을 금지할 수 있는 권리 등을 갖게 된다. 동 협약을 국내법에 반영한 법률이 '유전자변형생물체의 국가 간 이동 등에 관한 법률'이다. 동 법률은 유전자변형생물체의 수입 및 생산에 대해서 승인을 받도록 규정하고 있다(제8조). 즉 수입하려고 하는 자나 생산하려고 하는 자는 위해성

30) EC, 「Communication from the commission to the European Parliament, the Council, The Economic and Social Committee of the Regions on the freedom for Member States to decide on the cultivation of genetically modified crops」, COM(2010) 380 final, 2010. 7. 13.

평가서를 작성하여야 하며, 관계중앙행정기관의 장은 해당 유전자변형 생물체의 위해성을 심사하고 그 유전자변형생물체가 국내 생물다양성의 가치에 미칠 사회 · 경제적 영향을 고려하여 승인 여부를 결정하여야 한다.

한편, 식품위생법은 안전성 평가 대상인 경우 안전성 평가를 받지 아니하였거나 안전성 평가에서 식용으로 부적합하다고 인정된 것일 경우 판매 등을 금지하고 있다(제4조). 또한 식품의약품안전청장에게, 최초로 유전자재조합식품을 수입하거나, 안전성평가 받은 후 10년이 지난 경우 등에 대해 안전성 평가를 받게 할 수 있는 재량권을 부여하고 있다(제18조 제1항, 시행령 제9조).

안전성 평가는 식품의약품안전청 내에 '유전자재조합식품 등 안전성 평가자료심사위원회'를 설치하여 심사를 하도록 하고 있으며, 안전성 평가의 대상, 안전성 평가를 위한 자료제출의 범위 및 심사절차 등에 관하여는 식품의약품안전청이 고시하도록 되어 있다(제18조 제2항, 제3항). 식품의약청의 '유전자재조합식품의 안전성평가심사 등에 관한 규정'은 이를 상세히 규정하고 있다. 2009년 12월 22자의 규정은 2012년 2월 15일 개정안에 대한 행정예고가 이루어져 있으며, 주요 개정내용은 유전자재조합식품의 안전성 심사강화에 두고 있다. 즉 국제식품규격위원회(CODEX)의 기준을 반영하여 유전자재조합식품에 대한 안전성평가 자료제출 범위의 확대, 유전자재조합식품 확인 시험법의 검증자료제출 의무화, 심사결과에 대한 공개 의견 수렴기간을 20일에서 30일로 연장하는 내용이 포함되어 있다.

한편, 1999년 8월에 제정된 '유전자재조합식품의 안전성평가심사 등에 관한 규정'에는 제출해야 할 자료 목록에 독성학적 실험자료(단독투여독성, 반복투여독성, 생식 · 발생독성, 발암성, 기타 필요한 독성)를 제출하도록 하였으나(제8조 제3항 제4호), 동 고시가 2009년 12월 22일 개정되면서 유전독성, 생식 · 발생독성, 발암성 등에 대한 자료는 다른 평가자료로서 안전성을 판단하기 어려운 경우에만 평가에 반영하는 것으로 되어 있으며, 합리적 이유가 있는 경우 자료의 일부를 제출하지 않도록 하고 있다(식품의약품안전청 고시 제2009-196호, 제14조 제1항). 이는 '실질적 동일성 원칙'을 고시에 반영한 내용이라고 하겠다.

(2) 표시에 대한 규제

'바이오안전성에 관한 카르타헤나 의정서'는 제18조에서 표시제도에 관한 규정을 두고 있고, 우리나라는 이를 이행하기 위해 "유전자변형생물체의 국가 간 이동 등에 관한 법률"에 '유전자변형생물체의 개발 · 생산 · 수입' 단계를 중심으로 표시제도에 대한 규정을 두고 있다.[31] 동 법 시행전에도 '농산물품질관리법', '수산물품질관리법', '식품위생법' 등 여러 법률에서 일정한 품목의 유전자변형 농 · 수산물 및 유전자재조합식품 등을 표시하도록 하고 있었다.

우리나라에서는 '식품위생법' 제12조의 2에 근거하여 제정된 '유전자재조합식품의 표시 기준' 과 '농산물품질관리법' 제16조에 따라 같은 법 시행령 제26조 및 제27조에 근거하여 제정된 '유전자변형농산물 표시요령', '수산물품질관리법' 제11조 제2항에 근거하여 제정된 '유전자변형수산물의 표시대상 품목 및 표시요령'에 따라 규율되고 있다.[32] 현재 수입되는 유전자변형생물체(동물, 식물, 미생물) 중 동물, 식물의 경우 각각의 특별법이 적용되며, 미생물의 표시에 대해서만 '유전자변형생물체의 국가 간 이동 등에 관한 법률'이 적용된다.

표시제도에 대해 한국과 일본, 유럽연합을 비교하면 〈표 8-3〉과 같다. 표시근거와 관련해서는 유럽연합의 경우 유전자변형식품이 원료로 사용된 기준이며, 한국과 일본은 최종 제품에서 유전자변형식품이 검출되어 검사가 가능한 경우만 적용된다. 따라서, 한국과 일본에서는 가공식품

31) 이세정, "LMO/GMO의 표시제도에 관한 법적 문제", 「환경법연구」, 33(2), 2011, 27면.
32) 위의 논문, 35면.

:: 표 8-3 주요국가의 GM식품 표시관리 비교[33)]

	한 국	일 본	유럽연합(EU)	미 국
표시 근거	GM 성분이 남아있어 검사 가능한 것	GM 성분이 남아있어 검사 가능한 것	원료로 사용된 것	의무표시제도 없음
비의도적 혼입치(농산물)	〈3%	〈5%	〈0.9%	
표시대상	원료 함량 상위 5순위 이내	원료 함량 상위 3순위 이내, 5% 이상	모든 식품	
사후관리 방법	서류 확인 및 분석검사	서류 확인 및 분석검사	이력추적제	

중 간장, 식용유, 전분당류 등과 같이 제조, 가공 후 최종제품에 유전자재조합 DNA나 외래단백질이 남아있지 아니하거나 검출이 불가능한 경우에는 표시대상에서 제외된다. 또한 표시대상에 대해서 유럽은 모든 식품을 대상으로 하나 한국의 경우 식품전체에서 차지하는 무게 순으로 5순위 이내에 든 경우에만 표시하도록 하고 있다. 농산물의 비의도적인 혼합치는 유럽, 한국, 일본 순으로 엄격함을 알 수 있다. 유럽의 경우 사후관리 방법으로서 이력추적제를 도입한 것이 특이하다고 하겠다.

특기할 만한 사실은 2008년 10월에 발표된 '유전자재조합식품의 표시기준' 개정안 입법예고[34)]에서 다음과 같이 유전자재조합식품의 표시의무를 강화하려는 내용이 포함되어 있었다는 점이다. 첫째, 정의 조항에서 주요 원재료를 삭제(제2조제4호)하여, 주요 원재료(5가지 주요 원료)로 사용되지 않았더라도 원재료에 포함되어 있는 경우 적용가능하도록 확대하였다. 둘째, '제조 · 가공후 유전자 재조합 DNA 또는 외래단백질

33) http://www.kfda.go.kr/gmo/index.do?nMenuCode=24: 농산물의 경우 농산물품질관리법에 따른 유전자변형농산물 표시요령(농림수산식품부 고시 제2007-43호)을 기준으로, 가공식품의 경우 식품위생법에 따른 유전자재조합식품의 표시기준(식품의약품안전청 고시 제2009-83호)을 근거로 작성됨.

34) 식품의약품안전청, 「유전자재조합식품의 표시기준 개정안 입안예고」, 2008. 10.

이 남아 있는 경우'라는 제한 사항을 삭제하였다. 셋째, 유전자재조합 표시대상이 일부 품목에 한정되었던 것을 모든 식품, 식품첨가물, 건강기능식품, 주류로 확대(제3조)하였다. 넷째, 일정 요건을 만족하는 GMO에 대해 GMO-Free를 표시할 수 있는 근거 확보(제5조제2항) 등이 포함되어 있다. 그러나 동 개정안은 한 가지도 반영되지 않았으며, 그전의 고시 내용을 유지하여 2009년 8월에 고시가 확정되었다. 이에 대해 고시추진 시기가 미국 소고기 수입에 대한 항의 시위가 격화되는 시점이며, 고시 확정시기는 시위가 가라앉고, 한미 FTA 협상이 추진되는 시점이라는 것과 관련이 있다는 견해도 있다.

제5절 유전자변형식품과 특허권

1. 연구개발의 동기

세계 상업적 종자시장의 규모는 300억 달러에 이르며, 그 중 특허종자가 차지하는 비율은 82%에 이를 것으로 추정되고 있다.[35] 몬산토는 RRS 종자 개발에 13년에 걸쳐 8,000만 달러를 투자하였으며, 그 결과 8개의 특허를 만들었다. 몬산토사는 1996년 6월 유럽특허청으로부터 특허를 받았으며, 미국 특허의 경우 2014년까지 유효하다.[36] 몬산토사는 RRS 종자의 주 소비자인 농민층에게 이른바 '기술사용계약'에 의거하여 RRS의 개발비용을 지불할 것을 요구하였다. 이 계약은 기술사용료 지불과 다음해 경작을 위해서 파종용 종자의 저장을 막기 위한 주기적인 경지검사라는 조항까지도 준수하도록 하고 있다. 몬산토는 핀커튼 탐정회사와 계약을 맺어 몬산토의 특허침해 농민을 적발하게 했으며, 300명 이

35) 박민선, "초국적 농식품체계와 먹거리의 위기", 「농촌사회」, 19(2), 2009, 24-25면.
36) 마라-모나크 로뱅(이선혜역), 앞의 책, 325면.

상의 농민들이 고소를 당했다. 이같이 유럽의 경우 RRS를 둘러싼 저항은 GMO의 안전성이라면, 북미의 경우 몬산토사와 농민사이의 이익의 배분이라는 점에서 차이가 있다.[37)]

생명공학기업은 신제품을 개발하는데 연구개발비가 많이 들어가고, 실용화에 걸리는 기간이 길다는 특성으로 인해, 특허권 확보를 기업경영에서 매우 중시하고 있다. 생명공학기업의 GMO에 대한 특허권 확보노력에 대해, 기존의 식품과 동일하기 때문에, 유전자변형식품에 대해 독성실험을 할 필요가 없다고 하면서, 동시에 새로운 발명품이기 때문에 특허를 받아야 한다고 주장하는 것은 모순이라는 시각도 있다.[38)]

2. 나쁜 특허

1998년 3월 3일, 미 농무성과 델타앤파인(Delta & Fine)은 '유전자의 식물학적 발현 조절'이라고 하는 제목의 미국특허 5,723,765호를 취득했다고 발표했다.[39)] 이 특허는 식물이 재생산 능력이 없는 종자를 만들어내도록 유전자를 조작하는 기술에 대한 특허다. 1998년 5월 몬산토의 CEO인 로버트 샤피로는 델타앤파인을 19억달러에 인수하려는 협상을 진행 중이라고 밝혔으며, 이에 대한 부정적 여론이 형성되기 시작하였다.

이 기술은 그 속성으로 인해 터미네이터라는 별명을 가지게 되었다. 터미네이터 식물이 주변 재배작물과 교배하여 생식능력이 없는 식물을 양산하게 된다면, 인류의 식량안전에 위협을 받게 된다. 록펠러 재단이나 국제농업연구연합기구도 터미네이터 기술의 사용을 반대했다. 생물다양성협약에서도 터미네이터를 밭에서 실험하는 것과 상업적으로 이용

37) 정혜경, 앞의 논문, 308면.
38) 마라-모나크 로뱅(이선혜역), 앞의 책, 322면.
39) 위의 책, 314면.

하는 것에 대한 금지령을 채택했다. 이러한 부정적 여론으로 인한 영향으로, 1998년 가을부터 몬산토 주식은 급속도로 가치가 하락하였으며, 마침내, 로버트 샤피로는 1999년 10월 6일 터미네이터라고 불리는 종자불임 기술을 상용화하지 않겠다고 약속하였다.[40] 그러나, 2007년 6월 몬산토는 델타앤파인을 인수하고 특허를 얻었다. 이러한 상황은 미 농무부라는 공공의 지원을 받은 연구결과가 특정 기업에게 혜택을 주고, 그 활용에서 공공의 이익이 침해 될 가능성이 있다는 점에서 문제가 있다고 하겠다.

3. 제도적 접근

유전자변형식품에 대한 연구개발은 상당부분 민간에 의해서 주도적으로 이루어지고 있다. 민간기업은 경제적 이익을 목표로 하기 때문에, 좋은 유전자변형식품이냐 나쁜 유전자변형식품이냐를 기준으로 연구개발투자를 하는 것이 아니라, 돈을 벌 수 있느냐로 연구개발 방향을 설정하는 것이 합리적이라고 하겠다. 따라서 수확을 늘리는 콩을 개발함으로써, 오히려 이익을 많이 얻지 못하면 연구개발을 하지 않을 것이다. 예컨대, 한 번 심으면 다시 발아능력이 없는 유전자변형종자는 기아에 시달리는 사람들에게는 나쁜 유전자변형식품이지만, 이익을 얻는 데 도움이 된다는 점에서 기업의 입장에서는 필요한 종자라고 하겠다.

특허법은 기술이 새롭고(신규성), 앞서 가며(진보성), 쓸모가 있는 경우(산업상 이용가능성) 특허를 내주고 있다. 그러나 제4장에서 살펴 본 바와 같이 TRIPS 협정은 인간 · 동물 · 식물의 생명, 건강의 보호, 또는 환경보호를 위해 필요한 경우 및 공서양속의 보호를 위해서는 특허권을 부여하지 않아도 된다고 규정하고 있다(제27조). TRIPS 협정에서의 환경보호에 관한 규정은 환경문제의 중요성이 국제사회에서 논의되기 시작한

40) 위의 책, 319면.

1991년 9월 이집트 등 개도국에 의해 제기되었다. 처음에는 환경보호에 관한 기술에 대해서는 강제실시권 발동요건까지 완화해야 한다는 제안이 있었으나 채택되지 않았다. 한국 특허법은 공서양속에 반하는 발명 등에 대해서 특허권을 부여하지 않도록 규정하고 있다(제32조). 특히, '생명공학분야 특허심사기준'은 생태계를 파괴할 우려가 있는 발명이나 인간에게 위해를 끼칠 우려가 있는 발명 등을 공서양속 위반 발명의 사례로 특정하고 있다. 따라서, 한국의 경우 터미네이터 기술에 대해서는 동 조항을 근거로 특허를 부여하지 않을 수도 있다고 하겠다. 또 다른 대안으로 생각해 볼 수 있는 것은 식물신품종보호법과 같이 특허법에 농민들이 수확량의 일부를 이듬해 파종을 목적으로 보관하는 것을 일정한 조건하에 허용하도록 개정하는 것이다. 특허법이 좋은 특허와 나쁜 특허를 구별하도록 하는 것이 바람직한지와, 잘 작동할 수 있을지에 대한 고민이 필요하다고 하겠다. 이러한 접근방법의 또 다른 한계는 특허법으로 보호가 되지 않더라도, 발명자는 자기 기술에 대해 영업비밀로 보호가 가능하기 때문에, 연구개발 활동 자체를 제약하는 데는 한계가 있다고 하겠다.

앞서의 사례들은 생명공학발전의 방향을 인류의 행복에 기여하는 방향으로 유인하기 위해서, 어떻게 법·제도를 설계하는 것이 좋은지에 대한 물음을 던져둔다고 하겠다.

제 9 장
핵무기, 통제의 방법

우리는 거인을 풀어주려는 일을 하고 있다는 것을 잘 알고 있었다. … 거인을 풀어주고 말았다는 사실을 알았을 때 … 두려움을 떨쳐 버릴 수 없었다.

-유진 위그너 -

인류는 무기사용에 있어서, 민간인과 전투원을 구별하는 '구별'의 원칙과 과도한 피해가 발생하지 않는 '비례'의 원칙을 중요하게 여겼다.[1] 이에 따라 국제사회는 핵무기와 생화학 무기를 대량살상 무기로 정해 규제대상으로 삼아왔다. 화학무기와 생물무기의 경우 그 실효성 여부를 떠나 '화학무기금지협약(Chemical Weapons Convention)'과 '생물무기금지협약(Biological Weapons Convention)'을 통해 이들 무기의 생산과 사용을 금지하고 완전한 폐기를 추구하고 있다. 한편, 인류의 자살가능성의 원천적 봉쇄, 즉 전면적인 핵무기 철폐는 누구에게도 고통을 주지 않을 뿐 아니라, 기술적 혜택의 포기라는 희생도 전혀 요구하지 않는다.[2] 그러나, 생화학이나 생물무기보다 위험한 핵무기에 대한 완전한 폐기와 사용금지를 규정하고 있는 국제법은 없다.

인류역사상 무기를 개발해 놓고, 첫 번째 사용 후 60년 넘게 사용하지 않은 것은 기적이다. 인간이 법보다 진화의 과정에서 발달한 공포감에

---

1) 정욱식, 「글로벌 아마겟돈」, 책세상, 2010, 46-47면.
2) 한스 요나스(이유택 옮김), 「기술 의학 윤리」, 솔, 2005, 7-8면.

더 큰 지배를 받을 수 있음을 보여주는 사례라고 하겠다. 전두엽(이성)에 대한 편도체(공포감)의 승리다. 여기서는 핵기술 및 핵기술 통제법의 발달과정을 살펴봄으로써, 문제의 핵심에 도달하고자 한다.

제1절 핵 기 술

핵반응은 크게 핵이 나누어지는 핵분열과 핵이 합쳐지는 핵융합이 있다. 핵분열은 원자폭탄과 원자력발전에서 볼 수 있고, 핵융합은 태양과 수소폭탄에서 볼 수 있다.

1. $E = mc^2$

질량과 에너지가 서로 변환이 가능하다는 아인슈타인의 발상(1905년)이 핵에너지의 기본 원리이다. 핵반응 전후에 차이가 나는 질량에 빛의 속도의 제곱을 곱한 값이 에너지로 방출된다는 원리이다. 빛의 속도가 워낙 크기 때문에 미량의 질량손실로도 막대한 에너지가 방출되며, 이를 느리게 제어한 것이 원자력발전소의 원리이다.

2. 중성자

원자는 내부에 양전하를 가진 양성자와 음전하를 가진 전자가 있기 때문에 외부에서 원자에 충격을 주기 위해서는 양전하와 음전하에 의해 방해를 받지 않는 중성이면서, 원자보다 작은 입자가 필요하다. 중성자가 그러한 역할을 할 수 있다는 점에서 핵분열에 필수적인 물질이다. 물리학자 채드윅은 1932년 양성자와 질량이 거의 같고, 전기적으로 중성인 중성자를 발견했다. 이렇게 늦게 발견된 이유는 중성자가 전기적으로

중성을 지니고 있어, 양전기나 음전기의 영향을 받지 않아 분리해 내기가 어려웠기 때문이다.[3)]

3. 핵분열

1933년 9월 레오 실라르드(Leo Szilard)는 핵연쇄반응에 의한 에너지 창출 및 무기개발에 대한 개념을 잡게 되었다.[4)] 이를 상술하면 다음과 같다.[5)] 실라르드는 1933년 9월 11일 감기로 인해 러더포드의 강의를 놓치고, 그 다음날 타임지를 통해 강의 내용을 읽게 된다. 러더포드는 1917년 최초로 원소를 변환시키는데 성공했다. 즉 질소에 알파입자(이온화된 헬륨의 핵)를 충돌시켜 산소를 만들어냈다. 러더포드는 아마도 언젠가는 모든 원소를 변환시킬 수 있을 것이라고 말했다. 또한 이 과정에서 에너지를 얻을 수는 있지만, 비효율적이기 때문에, 원자변환 과정에서 에너지의 원천을 얻는다는 것은 헛소리라고 말했다.[6)] 이에 대해 실라르드는 러더포드 같은 전문가가 다른 사람이 이룰지도 모르는 일을 단정한다는 것 자체가 헛소리라고 생각했다. 그는 목욕탕에서나 공원을 거닐면서 계속 생각했으며, 런던 거리(Southampton Row)에서 신호가 파란불로 바뀌는 순간 갑자기 핵연쇄반응에 의한 에너지 창출 개념을 떠올렸다. 즉 만약 우리가 중성자에 의해 갈라지는 원소를 발견하고, 그것이 중성

---

3) 안준호, 「핵무기와 국제정치」, 열린책들, 2011, 34면.

4) William Lanouette · Bela A. Silard 「Genius in the Shadows: A Biography of Leo Szilard, the Man Behind the Bomb」, University of Chicago Press, 1994, pp. 132-134.

5) Leo Szilard · Spencer R. Weart · Gertrud Weiss Szilard, 「Leo Szilard: His Version of the Facts」, MIT Press, 1980, p. 17.

6) The Times, September 12, 1933, "The British association-breaking down the atom": "We might in these processes obtain very much more energy than the proton supplied, but on the average we could not expect to obtain energy in this way. It was a very poor and inefficient way of producing energy, and anyone who looked for a source of power in the transformation of the atoms was talking moonshine. But the subject was scientifically interesting because it gave insight into the atoms."

자 하나를 흡수할 때, 다시 중성자 두 개를 방출한다고 가정하면, 충분히 큰 규모로 그 원소를 모음으로써, 지속가능한 연쇄반응이 유지될 수 있지 않을까 하는 생각이 떠올랐다. 그는 원자핵에 묶여 있는 에너지를 자유롭게 하기 위해서는 핵연쇄반응과 임계질량이 필요하다는 것을 인식했던 것이다. 그러면서 1932년에 읽은 조지 웰스의 소설을 떠올렸다. 웰스(H. G. Wells)는 1914년, 자유로워진 세계(The World Set Free)라는 공상과학소설을 발간했으며, 방사선 붕괴속도를 빠르게 하는 방식의 원자폭탄이 개발된다는 내용을 담고 있다. 실라르드는 중성자 유도 연쇄반응을 이용한 폭탄제조에 대한 아이디어(제목: 화학원소의 변성에 있어서의 개선)를 1934년 영국특허청에 특허출원하여, 1936년 특허를 받았다.[7)]

한편, 1938년 말 독일의 두 화학자 오토 한과 슈트라스만이 우라늄(원자번호 92)에 중성자를 쏘면, 우라늄이 붕괴되어 원자번호가 훨씬 낮은 바륨(원자번호 56)이 형성된다는 사실을 발견하였다. 당시 중성자가 흡수되면 원자번호가 유사한 원소로 전환되는 사실은 알려졌지만, 한 개의 중성자로 거대한 원자가 두 조각 난다는 사실은 밝혀지지 않았다. 1939년 마이트너와 오트 프리슈는 이를 실험하여 검증한 후, 실험전의 우라늄 원자핵과 쪼개진 두 원자의 합의 질량차이를 계산하여 아인슈타인의 에너지 질량 변환 방정식에 대입하였더니, 반응 당시 발생한 에너지(2억 eV)와 일치하는 것을 발견하였다. 오트 프리슈와 마이트너는 오트 한과 슈트라스만의 실험결과를 핵분열 반응이라고 해석한 논문을 1939년 네이처에 발표하였다.[8)] 오토 프리슈는 미국의 생물학자 아널드로부터 박테리아가 둘로 갈라지는 현상을 이분법(binary fission)이라고 부른다는 것에 착안하여 핵이 둘로 갈라지는 현상을 분열(fission)이라는 용어로 표현하였다.[9)]

7) 동 특허는 영국해군에 양도되어 비밀특허로서 비공개 상태에 있다가, 1949년 9월에 공개되었다(GB 630726. 영국 특허 및 디자인법 1907년 제30조).

8) Lise Meitner · Otto Frisch, "Disintegration of Uranium by Neutrons; A New Type of Nuclear Reaction", 「Nature」, 143, 1939, pp. 39–240.

4. 핵분열의 인위적 통제

페르미는 1942년 12월 2일 시카고 대학에서 역사상 처음으로 핵연쇄반응을 인위적으로 통제하는 데 성공하였다. 이를 상술하면 다음과 같다.[10)]

당시 파일(pile: 우라늄과 흑연을 차곡차곡 쌓아서 만듦. 오늘날의 원자로)이라고 불리운 장치는 찌그러진 공 모양이었으며, 너비는 7.5미터, 높이는 6미터였다. 사용된 우라늄은 천연우라늄(우라늄-238 99.3%)을 사용하였는데, 우라늄-238은 중성자를 흡수하는 성질 때문에 연쇄반응을 빠르게 지속해야 하는 핵폭탄에는 적합하지 않다. 우라늄-238은 고속중성자는 잘 흡수하나, 저속중성자는 잘 흡수하지 않는다. 따라서, 중성자의 속도를 느리게 하는 감속재를 사용하면 연쇄반응을 유지시킬 수 있다. 페르미의 원자로에는 흑연이 감속재로 사용되었다. 원자폭탄에는 감속재가 없으며, 따라서 연쇄반응이 폭발적으로 일어난다. 연구 초기단계에서 페르미 연구팀은 더 빠르고 큰 에너지를 가진 중성자가 새로운 방사성핵을 만들어낼 가능성이 높다고 생각하였으나, 더 느린 중성자가 효과적인 것을 발견했다. 페르미와 동료들은 느린 중성자 사용특허를 신청했으며, 1953년 미국정부는 이 특허에 대해 40만 달러를 지불하였고, 경비를 빼고 페르미와 동료들은 각각 2만 4천달러를 가지게 되었다.[11)]

제어봉은 원자로의 가운데에 넣었다 뺐다 하면서 핵분열 반응을 중개하는 중성자를 흡수하여 원자로의 출력을 조정하는 것인데, 붕소, 카드뮴 등을 알루미늄으로 피복하여 만든다. 페르미는 연구자인 허버트 앤더슨에게 제어봉을 이용해서 핵연쇄반응을 조정하는 임무를 맡기면서, 제어봉을 빼서 연쇄반응을 지속시키고 싶은 유혹에 절대 빠지지 않도록 당부하였다. 페르미 연구진은 제어봉을 넣었다 뺐다 하는 작업을 되풀이

9) 송은영, 「페르미가 들려주는 핵분열, 핵융합 이야기」, 자음과 모음, 2011, 29면.
10) 댄 쿠퍼(승영조 옮김), 「현대물리학과 페르미」, 바다출판사, 2002, 100면.
11) 위의 책, 76면.

하면서, 핵분열 반응이 임계 상태에 오르도록 조절하였으며, 이 과정에서 0.5 와트라는 작은 에너지를 얻었다.[12]

이 자리에 참관했던 물리학자 유진 위그너는 '대칭과 반사'라는 회고록에서 '우리는 거인을 풀어주려는 일을 하고 있다는 것을 잘 알고 있었다. 그리고 우리가 거인을 풀어주고 말았다는 사실을 알았을 때 예측할 수 없는 미래를 생각하며 섬뜩한 두려움을 떨쳐 버릴 수 없었다'[13]라고 기술함으로써, 핵기술의 위험성을 예감하였음을 밝히고 있다. 실험이 끝난 후 실라르드는 페르미와 악수를 나누며 오늘은 인류역사상 비운의 날로 기록될 것이라고 말했다.

5. 핵무기의 종류

우라늄, 플루토늄, 수소폭탄을 약술하면 다음과 같다.[14]

(1) 우라늄 폭탄: 우라늄농축 과정 필요

원소를 화학적 성질별로 분류한 표를 주기율표이라고 한다.[15] 같은 주기에 해당하는 원소의 화학적 성질은 유사하다. 초기의 주기율표로서 러시아의 멘델레예프가 만든 표가 유명한데, 원자질량의 순으로 원소를 나열하였다(1869년). 멘델레예프의 주기율표는 두 가지 점에서 특색이 있는데 첫째, 그는 적합한 원소가 없는 경우 그 자리를 비워 놓고 나중에 발견되리라고 예측하였다(갈륨 및 게르마늄). 둘째, 원자량 순으로 배열하기는 했지만, 화학적 성질을 더 중시해서 순서를 바꾼 경우도 있었다(코발트와 니켈). 후에 그의 판단이 맞았음이 밝혀졌고, 주기율표가 계속해

---

12) 핵분열 연쇄반응이 지속되는 상태를 '임계 상태'라고 하고, 이러한 임계 상태를 유지하는 데 필요한 핵분열 물질의 양을 '임계량'이라고 한다.

13) 댄 쿠퍼(승영조 옮김), 앞의 책, 105면.

14) 세 가지 폭탄에 대한 설명은 다음 자료를 주로 참조함: 리차드 뮬러(장종훈 옮김), 「대통령을 위한 물리학」, 살림, 2011, 149-159면.

15) http://en.wikipedia.org/wiki/Periodic_table. 2012년 2월 28일 최종방문.

서 개선되고 있지만, 그의 주기율표가 대표적인 초기 주기율표로 인식되고 있다. 오늘날 주기율표는 원자번호 순서로 배열된다. 우라늄 폭탄과 관련해서 중요한 사실은 원소의 화학적 성질이 원자량이 아닌 전자구조, 즉 전자의 수에 의해서 결정된다는 것이다. 통상 원자는 전자의 수와 양성자의 수가 같은 상태에서 전기적으로 중성을 나타낸다. 원자번호는 양성자 또는 전자수를 의미하며, 같은 원자번호를 가졌다면 원소의 화학적 성질도 매우 유사하다.

원자는 양성자와 중성자, 전자 등으로 이루어져 있으며, 양성자와 전자의 숫자는 같은데, 중성자의 숫자가 다른 경우, 원자번호는 같고 질량이 다르게 되며, 이들 사이의 관계를 동위 원소라고 한다. 예를 들면 우라늄의 경우 U-235와 U-238이라는 동위 원소가 있으며, 둘 다 양성자는 92개이며, 중성자는 각각 143개, 146개 가지고 있다. 동위 원소는 화학적 성질이 유사하고, 우라늄과 같이 원자번호가 큰 원소의 경우 질량차(1.3%)도 크지 않아, 분리하기가 매우 어렵다. 천연우라늄의 대부분(99.3%)이 U-238이기 때문에 이로부터 원자폭탄 원료인 U-235를 분리하여 정제하는 데는 수십억 달러의 예산과 최고수준의 과학자들이 필요하다.[16] 농축과정은 칼루트론, 기체분산장치, 원심분리기와 같은 첨단장치가 필요하며, 가장 최신 기술이 원심분리기이다. 원심분리기로 돌리면 무거운 우라늄-238은 바깥쪽에, 가벼운 우라늄-235는 가운데에 남게 되어 이를 분리한다. 원심분리기 재질은 강한 머레이징강(maraging steel)을 사용하는데, 이는 로켓몸통과 골프클럽에도 사용된다. 따라서 미국정보국은 골프용품을 수출하지도 않으면서 머레이징강을 수입, 제조하는 국가들을 감시하고 있다.

농축우라늄(U-235)은 농축도 20% 기준으로 저농축과 고농축 우라늄으로 분류된다. 원자력 발전소는 통상 5% 미만의 농축우라늄이 사용되

16) 리차드 뮬러(장종훈 옮김), 앞의 책, 160면.

고, 무기에는 90% 이상의 농축우라늄이 사용된다.[17] 20% 농축우라늄을 핵무기급인 90%로 올리는 것은 기술적으로 어렵지 않은 것으로 알려져 있다. 2012년 2월 기준, 이란은 19.75% 농도의 우라늄을 생산하여 의료용으로 사용할 예정이라고 주장하고 있으며, 국제원자력기구(IAEA)는 이에 대해 예의 주시하고 있다.

원자핵은 원자 안에서도 작은 부분만 차지해서 중성자가 대부분 원자를 통과한다. 중성자가 한 번은 원자핵과 충돌하게 될 정도의 우라늄양을 임계질량이라고 부른다. 맨해턴 프로젝트에서 처음 추정한 임계질량의 양은 200kg이었으나, 중성자를 반사할 수 있는 템퍼라고 부르는 물질로 우라늄을 둘러싸면 임계질량이 15kg까지 내려간다. 플루토늄의 경우 임계질량이 6kg으로 우라늄보다 작은데, 플루토늄이 분열할 때는 우라늄보다 중성자를 많이 내보내서 연쇄반응이 더 빨리 일어난다. 히로시마에 투하된 원자폭탄은 우라늄 두 조각이 거리를 두고 떨어져 있으며, 한 쪽 끝에서 일반 폭약을 폭발시키면 그 반동으로 가까이에 있는 우라늄-235가 멀리 있는 우라늄-235와 합쳐지게 되면서 임계질량에 도달했다.

우라늄폭탄 설계는 어렵지 않으며, 농축우라늄을 구하는 것이 가장 큰 문제여서, 고농축 우라늄만 확보된다면, 소규모 테러조직이라도 우라늄폭탄을 만들 수 있다. 따라서, 핵비확산문제를 논하는 데 있어서, 농축우라늄의 유통, 우라늄농축시설 및 기술의 통제가 주요 쟁점으로 다루어지고 있다.

(2) 플루토늄 폭탄: 연료봉 재처리 과정 필요

플루토늄 폭탄의 원료는 원자로의 핵연료 부산물로부터 비교적 쉽게 구할 수 있는 플루토늄-239(원자번호 94)로부터 만들어진다. 플루토늄-

17) IAEA, 「Management of high enriched uranium for peaceful purposes: Status and trends」, 2005, p. 2.

239는 원자폭탄이나 고속증식로의 연료로 사용된다. 핵폐기물에서 플루토늄을 추출하는 공정을 재처리(reprocessing)라고 부르며, 1950년대 미국이 핵포기의 대가로 원자력기술을 공유하기로 한 원자력의 평화적 이용 프로그램의 일환으로 공표되었다.[18] 플루토늄은 우라늄보다 적은 양으로 핵분열 연쇄 반응을 일으킬 수 있다는 것이 입증되어 무기로써 유용성이 있다.

플루토늄의 생성과정을 살펴보면 다음과 같다.[19] 우라늄-238은 고속중성자를 흡수하면 분열을 일으키는 대신에 우라늄-239로 변하며, 이것은 방사선 붕괴를 거쳐 넵투늄으로, 다시 붕괴하여 플루토늄-239가 된다. 따라서 원자로가 가동되는 동안 우라늄-238이 계속 플루토늄으로 변한다. 원자로는 1년 이상 운영하게 되면 우라늄-235가 고갈되며, 변환된 플루토늄이 분열을 일으켜 연쇄반응을 돕는다. 원자로에서 만들어지는 플루토늄은 이미 사용된 우라늄-235를 대체할 만큼 되지 못해서 부산물을 제거하고 연료를 교체하는 작업이 필요하다. 다 쓴 연료봉에는 플루토늄이 섞여있으며, 이를 분리하면 폭탄의 원료나 다른 원자로의 원료로도 사용이 가능하다.

우라늄-235보다는 플루토늄을 정제하는 쪽이 훨씬 쉽지만, 핵폭탄을 만드는 과정에서 필요한 내폭기술(implosion) 확보가 어렵다. 플루토늄 폭탄의 원료는 플루토늄-239이지만, 불순물인 플루토늄-240이 섞여 있으며, 후자는 중성자가 필요 없이 자체 분열을 일으켜서, 농축우라늄과는 달리 플루토늄 조각들이 모여서 임계질량에 이르기도 전에 부분적인 연쇄반응을 일으킨다. 이로 인해 폭탄이 조기에 폭발되고, 연쇄반응을 중지시켜 폭발력을 약화시킨다. 이러한 문제점을 해결하기 위해 플루토늄을 껍질형태로 만들고 폭약으로 둘러싼 후, 폭약을 폭발시켜 플루토늄이 안으로 강하게 압축됨으로써, 중성자들이 빠져나갈 공간이 없어져 연

18) 리차드 뮬러(장종훈 옮김), 앞의 책, 194면.
19) 위의 책, 193면.

쇄반응이 빠르게 일어나게 한다. 이를 내폭이라고 하는데, 많은 시험과정과 막대한 예산을 필요로 해서 테러단체들이 플루토늄 폭탄을 만들기는 어렵다.

(3) 수소폭탄

수소폭탄은 만들기가 가장 어렵다. 먼저, 폭발을 시작하려면 수소핵융합반응에 필요한 우라늄이나 플루토늄 폭탄이 필요하다. 두 번째, 희귀한 수소 동위원소와 리튬을 얻어야 한다. 셋째, 이것들을 모두 한 곳에 넣고, 1차 폭탄이 전체를 폭발시켜 흩어 버리기 전에 빠르게 수소핵융합을 시작하도록 해야 한다. 초고온의 환경에서 중수소와 삼중수소가 핵융합을 일으켜 헬륨으로 변화하면서 우라늄이나 플루토늄 폭탄보다 1천배 이상의 큰 에너지를 발산한다.

제2절 핵무기 개발과정

미국은 3년 동안 연인원 13만 명과 당시 돈으로 20억 달러(현재 화폐가치로 220억 달러)를 투입하여 원자폭탄을 개발하는 데 성공하였다.[20] 그 과정은 다음과 같다.

레오 실라르드는 1939년 8월 아인슈타인을 설득해서 플랭클린 루즈벨트 대통령에게 독일에 앞서 원자폭탄을 개발하라는 내용의 편지를 보내게 한다. 1939년 10월 우라늄자문위원회가 만들어지게 되었으며, 1941년 12월 바네바 부시를 책임자로 하여 〈S-1 프로젝트〉라는 원자 핵무기개발 특수 임무가 수행되었다. 루즈벨트 대통령은 1942년 1월 원자폭탄을 만들도록 재가하였다.[21] 1942년 9월 맨해턴 프로젝트가 시작되

---

20) 안준호, 앞의 책, 85면.
21) 위의 책, 67면.

었고, 군인인 레슬리 그로브스가 원자폭탄 개발 계획 전체를 책임지게 되었으며, 연구부문은 로버트 오펜하이머 박사의 책임하에 이루어졌다.

맨해턴 프로젝트는 문화적 측면과 기술적 측면의 두 가지 어려움을 가지고 있었다. 문화적 차이는 군부와 민간 과학기술자, 과학기술 분야별 차이이다. 예컨대, 군부는 규율을 중시했으며, 과학기술자는 자율성을 요구했다. 과학자 사이에도 문화적 차이가 있었는데, 공학자는 실용적인 반면에 물리학자는 완벽한 값을 얻기를 바랬다. 그러나 이들은 히틀러가 원자폭탄을 먼저 개발하면 큰일난다는 절박한 상황 하에서 타협하고 협력하게 된다.

맨해턴 프로젝트는 크게 세 군데에서 진행되었다. 우라늄 폭탄의 원료인 농축우라늄(우라늄-235)은 오크리지(테네시 주)에 세운 우라늄 분리공장에서 만들어 냈으며, 플루토늄 폭탄의 원료인 플루토늄-239는 핸포드(워싱턴 주)에서 4만2천명의 사람들에 의해 1944년 9월에 임계질량을 만들어 냈다. 로스앨러모스(뉴멕시코주)에서는 원자폭탄을 최종적으로 설계하고 제조하였다. 고농축 우라늄 2백그램 및 대량의 플루토늄이 1944년 2월 처음으로 로스앨러모스에 전달되었다. 오크리지에서 사용되었던 전력 소비량이 미국 전체 소비량의 1/6로서 뉴욕에서 필요한 전력량과 유사하였다는 것을 보면, 당시 원자폭탄을 생산할 수 있는 자원을 가진 나라는 미국이 유일했을 것이라고 추측된다. 마침내, 꼬마(little boy)라는 이름의 우라늄 폭탄과 뚱보(fat man)라는 플루토늄 폭탄, 가제트(Gadget)라는 이름의 실험용 플루토늄 폭탄이 만들어졌다. 1945년 7월 16일 폭발실험을 성공적으로 끝내고, 꼬마는 1945년 8월 6일 히로시마에, 뚱보는 8월 9일 나가사키에 투하되었다.

한편, 독일의 경우도 오토 한 등 과학자들을 포함하여 1939년 9월 회의를 소집하고 원자폭탄개발에 나서게 되었으며, 하이젠베르그도 참여하게 된다. 이에 대해 미국 공군은 독일의 우라늄 계획이 절대적으로 의존하고 있는 노르웨이에 소재한 중수공장(감속재용 중수)을 1943년 11월

폭파하는 등 적극적으로 대응하였다.[22] 또한 당시 원자폭탄 계획의 군부 책임자였던 레슬리 그로브스 장군은 원자폭탄 개발에 참여했던 오토 한과 하이젠베르그를 주 공습 목표로 지정할 것을 요구했으며, 오토 한의 화학연구소는 파괴되었다.[23] 당시 독일의 원자폭탄개발 기술수준은 미국에 비해서 많이 떨어졌던 것으로 알려지고 있으며, 전후 히로시마 소식을 들은 오토 한은 동료들을 이류 과학자라고 조롱했다고 한다.

제3절 과학기술자와 핵무기

물리학자 라비는 오펜하이머에게 대량살상무기를 만드는 것으로 물리학 300년의 정점을 찍고 싶지 않다고 말하면서, 맨해턴 프로젝트 참여를 거절했다.[24] 그러나 대부분의 뛰어난 과학자들이 프로젝트에 참여하였다. 과학기술자의 핵무기에 대한 인식은 대체로 독일의 핵무기 개발을 염려하여 이를 더 빨리 개발하려던 독일패망 이전시기(1945년 5월)와 히로시마에 원자폭탄이 떨어진 이후 시기를 기점으로 변화를 나타내고 있다. 첫 번째 단계에서는 히틀러로부터 지구를 구하기 위해서는 원자폭탄 개발이 불가피하다는 인식이 주류를 이루었으나, 전쟁의 승패와 관계없이 원자폭탄이 투하되고 그 참혹한 결과를 본 이후에는 핵무기가 가지는 사회·윤리적 측면을 중시하게 되는 경향을 보인다. 핵무기가 투하된 1945년 8월 6일 시점은 이미 독일이 항복한 후였으며, 일본의 패전도 시간문제인 것으로 인식되고 있었다. 따라서, 핵무기를 사용할 필요성에 대해서 일부 과학자들은 반대했으나, 미국 행정부는 소련이 참전하기 전에 전쟁을 끝내야 한다는 입장이었으며, 핵무기를 사용하게

22) 막스 페루츠(민병준·장세헌 옮김), 「과학자는 인류의 친구인가 적인가?」, 솔, 2004, 90면.
23) 위의 책, 93-94면.
24) 카이버드·마틴 셔윈(최형섭 옮김), 「아메리칸 프로메테우스」, 사이언스북스, 2010, 360면.

된다.

과학기술자들은 개인적 차원에서 핵폭탄의 위험성을 인식하게 된다. 핵개발 연구책임자였던 오펜하이머는 원자폭탄 실험시 '나는 죽음, 세계의 파괴자가 됐다'라는 문구를 떠올렸다고 회상하였으며, 종전 후 수소폭탄 개발에 반대하였다. 또한 아인슈타인에게 서신을 통해 원자폭탄 개발을 촉구했으며, 페르미와 함께 핵연쇄반응에 의한 중성자로를 개발했던[25] 실라르드의 경우도, 일본에 대한 원자폭탄 사용을 반대하였고, 대신에 일본인이 원자폭탄 실험에 참관하는 방법을 제시하였다.

일부 과학자들은 개인적 차원에서의 반핵입장에서 더 나아가서 반핵에 대한 집단적인 운동을 벌이게 된다.[26] 핵 투하 2개월 전인 1945년 6월 11일 과학자들은 핵통제에 대한 구상을 담은 '제임스 보고서'를 발표하였다. 동 보고서에서는 원폭투하를 반대하고 우라늄의 국제적 분배 및 핵분열 물질로의 전용에 대한 감시 · 통제체계 구축 등을 제시하였다. 또한 맨해턴 프로젝트에 참여했던 과학자들을 포함한 84명의 노벨상 수상자들이 1945년 10월 미국과학자협회(Federation of American Scientists)를 결성했다. 그들은 핵무기를 비롯한 과학기술의 발전이 인류문명에 커다란 위협이 되며, 일반 대중과 정책 결정자들에게 이러한 위험을 경고하고 현명한 정책 결정의 필요성을 알리는 것이 '과학자들의 책임'이라고 보았다. 이 단체는 1946년에 발간한 '하나 혹은 전무의 세계(One World Or None)'에서 핵의 시대에 국제 협력과 제도를 통한 평화유지의 절박성이 더욱 커졌다고 주장했다.

미소간의 핵군비 경쟁이 정점에 달했던 1980년대 양국과학자들은 미소간의 전면적인 핵전쟁이 가져올 종말론적 결과를 '핵겨울(nuclear winter)'이라는 말로 표현했다.[27] 대규모의 핵전쟁이 지구 기온을 급강하

---

25) 페르미와 함께 중성자로에 대한 미국특허를 1944년 출원하여, 1955년 특허를 허여 받았다(neutronic reactor, US 2708656). 동 특허는 미국정부에 양도 되었다.

26) 정욱식, 앞의 책, 89면, 43면.

27) 위의 책, 47-48면.

시키고 식량 생산 능력을 퇴보시킴으로써 수십억명의 아사자가 발생할 것이라는 경고가 담긴 말이었다. 핵군축과 냉전해체를 주도했던 미하일 고르바초프는 핵겨울에 대한 과학자들의 경고가 자신의 '신사고(New Thinking)'에 큰 영향을 미쳤다고 말한 바 있다.

맨해튼 프로젝트와 수소 폭탄 개발에 적극 참여한 에드워드 텔러[28]와 같이 핵개발을 옹호하는 과학자들도 있었으나, 많은 과학자들이 전문성에 바탕을 두고 핵무기의 위험성을 경고함으로써, 제도적 통제장치를 만드는데 일정한 역할을 했다고 평가된다.

제4절 핵무기 통제 법제 형성과 NTP

1. 핵무기 경쟁시대

오펜하이머 등 원자폭탄에 관여한 상당수의 물리학자들은 소련 등 주요국가들이 원자폭탄을 개발할 가능성이 높다고 보고, 국가의 주권을 일부 제한한 국제원자력기구를 만들자고 제안하였다. 동 기구를 통해 폭탄과 원자력에너지의 평화적 이용을 동시에 통제할 수 있다고 생각했다. 그러나 미국정부는 상당기간 핵독점이 가능하다고 판단했다. 예컨대, 1945년 10월 25일 오펜하이머와 트루먼 대통령이 만난 자리에서 대통령은 소련이 핵무기를 영원히 만들지 못할 것이라고 말했다.[29] 이 자리에서 오펜하이머는 자신의 손에 피가 묻어 있다고 말했으며, 트루먼은 자신의 손에 피가 묻어있고, 뒤처리는 자신에게 맡기라고 했다고 한다. 이는 핵기술에 대한 과학기술자와 정치인의 전문지식과 문화의 차이에서

28) 유대계 물리학자인 에드워드 텔러의 경우, 1934년에 유대인 구출 위원회(Jewish Rescue Committee)의 도움으로 독일을 탈출했던 극단적인 개인적 경험이 그의 사고에 영향을 준 것으로 보인다.
29) 카이버드 · 마틴 셔윈(최형섭 옮김), 앞의 책, 551면.

일정부분 비롯된 것으로 보여진다.

1946년 1월, 유엔총회는 핵무기의 제거 및 원자력의 평화적 이용을 국제적 통제 하에 두도록 하는 결의를 통과시켜, 동 결의에 따라 '유엔 원자력 위원회(UN Atomic Energy Commission: UNAEC)'가 설립되었다. 그 운영과 관련하여 핵보유국인 미국과 핵비보유국인 소련의 입장차가 컸다. 소련의 과학자인 그로미코는 미국의 제안이 미국은 핵무기를 무한정 유지하는 것을 허용하고, 소련에 대해서는 자신의 우라늄을 원자력개발공사에 넘겨주라는 것이라고 비판하였으며, 모스크바 외교관들은 핵무기의 생산과 사용을 금지하는 간단한 조약을 제안했다.[30)]

마침내, 1949년 8월 29일, 소련은 카자흐스탄 지역에서 핵실험에 성공함으로써, 미국의 핵무기 독점은 무너지게 되었다. 1949년 10월 28일, 원자력에너지 위원회 소속 자문위원회는 소련의 핵무기 개발에 대한 대응방안으로서 수소폭탄 개발을 검토하였고 반대하는 의견을 원자력에너지위원회에 보고하였으며, 동 위원회에서도 이 같은 견해를 3대2로 받아들였다.[31)] 이는 자문위원회의 구성원인 원자폭탄을 개발한 베테랑 과학자들의 인식이 원자폭탄 개발 당시와 많이 바뀌었음을 말해준다고 하겠다. 그들은 이번에는 군사적 측면 뿐만 아니라 윤리적 측면도 고려하였다. 그러나 트루만 대통령은 1950년 1월 31일 회의에서 소련이 수소폭탄개발 능력이 있냐는 질문을 던진 후 긍정적 답변이 나오자 수소폭탄개발을 추진할 것을 결정하면서, '열핵무기의 기술적 가능성'을 타진하기 위한 계획을 발표하였다. 미국은 1952년, 소련은 1953년 수소폭탄 실험에 성공하였다.

30) 위의 책, 573면, 575면.
31) 위의 책, 694-699면.

2. 핵비확산 체제의 전개

영국은 1952년 10월과 1957년 5월에, 프랑스는 1960년 2월과 1968년 8월에 원자폭탄과 수소폭탄 실험에 성공하게 된다. 중국도 이어서 1964년 10월과 1967년 6월에 원자폭탄과 수소폭탄을 성공시켰다. 이와 같이 핵보유 국가가 빠르게 늘어나기 시작했으며, 군사적 대응만으로는 이러한 상황을 감당하기 힘들게 되었고, 핵무기 확산을 방지하기 위한 체제가 필요하게 되었다. 미국 행정부는 1962년 쿠바 미사일위기와 곧 이은 소련의 대규모 핵무기 생산이 있고 나서 1970년대가 되어서야 서로 받아들일 수 있을 만한 군비통제조약을 제안하게 된다.[32)]

핵비확산 체제는 핵무기의 비확산과 관련된 법·제도를 포괄적으로 지칭한다. 동 체제는 핵확산금지조약(nuclear non-proliferation: NPT)을 중심으로 하고 있으며, 국제원자력기구(IAEA: International Atomic Energy Agency) 안전체제, 핵공급국그룹(Nuclear Suppliers Group)과 같은 수출통제기구, 유엔안보리 결의안, 확산방지구상(PSI: Proliferation Security Initiative)과 같은 다자 및 양자조약들, 공급국과 구매국들간의 양자적인 핵협력조약으로 이루어져 있으며, 각종의 동맹 및 안보조약에 의해 지지를 받고 있다.[33)]

핵확산금지조약(NPT)은 1968년부터 서명에 들어가 1970년 3월에 발효되었으며, 핵기술의 평화적 이용의 증진과 핵무기의 확산을 방지하기 위한 조약이다. 포괄핵실험금지조약(comprehensive test ban treaty: CTBT)은 1996년 제정되었으며, 모든 환경에서 모든 핵실험을 금지함으로써, NPT 체제를 강화하는데 그 목적이 있다.[34)] 동 조약이 발효되기 위해서 핵능력을 보유한 44개국이 비준해야 하는데 2010년 3월 현재 인

---

32) 위의 책, 575면.

33) 이종선, "핵비확산체제의 지속가능성: 구조적 한계와 극복방안을 중심으로", 「비교민주주의 연구」, 7(2), 2011, 97면.

34) 정욱식, 앞의 책, 134-135면.

도, 파키스탄, 북한 3개국이 서명하지 않았고, 미국, 중국, 이란, 이집트, 인도네시아 등은 서명은 했으나 비준을 하지 않아 발효되지 못하고 있다. 핵분열물질생산금지 조약은 1995년부터 협상을 시작했으나, 아직 합의하지 못한 상태이다.

미국에서 2001년 9월 11일 발생한 테러 이후, 미국은 테러집단이 무기를 가지게 될까봐 걱정하게 되었다. 항공기에 의한 테러 공격 당시 맨해턴에서 약 64 킬로미터 떨어진 인디언 포인트 핵발전소의 원자로 두 곳도 타격목표였던 것으로 나타났다.[35] 미국상원에 제출된 테러공격에 관한 공식보고서에 따르면, 보잉 747을 몰고 뉴욕의 세계무역센터 북쪽 건물로 돌진했던 테러범들은 원자력발전소로 향하는 비행이 지대공미사일이나 요격전투기로 저지될 수도 있다고 판단하여, 이 계획을 수정했으나, 군사적인 안전대책은 실제로 존재하지 않았다고 한다. 2010년 4월 워싱턴에서 개최된 제1차 핵안보정상회의에서는 핵안보 강화와 핵테러 공동대응을 위해 테러집단의 핵물질 접근 차단과 핵확산 방지가 집중 논의되었다.[36] 최대 의제는 핵테러리즘 방지였다. 구체적으로는 핵분열물질통제를 위한 국제체제강화, 핵 암시장 분쇄, 핵 물질 및 기술확산방지를 위한 국제 체제 강화, 핵 확산관련 기업 및 국가에 대한 금융 제재강화, 농축 우라늄 및 플루토늄의 민간 사용 최소화 등이었다.

서울에서는 제2차 회의가 개최 되었으며, 3차회의는 2014년 네덜란드에서 개최될 예정이다. 제2차 핵안보정상회의에서는 서울 코뮈니케를 채택하였다.[37] 서울 코뮈니케에는 국제핵안보체제, 국제원자력기구(IAEA)의 역할, 핵물질, 방사성 물질, 핵안보와 원자력 안전, 운송보안, 불법거래, 핵 감식, 핵안보 문화, 정보 보안, 국제 협력 등 11개 과제와

35) 게르트 로젠크란츠(박진희 옮김), 「왜 원전을 폐기해야 하는가」, 시금치, 2011, 49면.

36) 이상현, "핵비확산 외교와 원자력정책", 「한국과 국제정치」, 27(1), 2011, 252면.

37) 코뮈니케란 각국 정부간의 수뇌회담이나 국제회의 등에서 그 결과를 요약하여 문서로 발표하는 공식성명을 말한다. 비공식이면서도 정부 간에 법적 구속력을 지니는 각서(memorandum)와는 달리 정부 간에 법적 구속력이 없는 공식 성명이다.: 출처 두산백과사전.

과제별 실천조치가 담겨 있다. 특기할 만한 사실은 동 회의가 후쿠시마 원전 사고를 계기로 핵안보와 원자력안전을 연계하여 논의하였다는 점이다. 동 회의 성과에 대해서는 동 회의의 논의결과가 법적 강제력을 가지고 있지 않고, 각국이 자발적으로 공약을 발표하고, 실천하는 방식이어서 한계가 있다는 시각과 그럼에도 불구하고 상당한 성과를 거두고 있다는 시각이 병존하고 있다. 워싱턴 정상회의시 32개국이 약 70여 가지의 공약을 했고 참가국들이 제출한 이행보고서에 따르면 많은 부분이 이행된 것으로 나타난다. 서울 정상회의에서도 워싱턴 정상회의에서와 마찬가지로 참가국들로부터 많은 공약들이 발표되었다.

3. NPT의 내용

핵무기통제는 핵무기의 수직적 증가와 수평적 확산을 방지하는 것이 그 주요내용이다. 핵무기의 수직적 증가는 핵보유국의 핵무기 고도화를 의미하며, 핵무기의 수평적 확산은 핵보유국가가 증가하는 것을 의미한다. 결국 핵무기 통제법제의 최종 목표는 핵무기의 완전한 폐기이다.

NPT의 기초가 된 것은 1964년 10월 중국의 핵실험을 계기로 채택된 1965년 유엔총회 결의안 2028호이다. 1968년부터 서명에 들어가 1970년 3월에 발효되었다. NPT가 발효될 당시에는 회원국이 43개국이었으며, 2010년 3월 현재 189개국으로 증가하였다.

핵무기비확산조약은 전문과 11개 조항으로 구성되어 있다.

핵기술에 대한 동 조약의 기본원칙은 평화적 이용은 장려하고 핵무기로의 이용은 억제하는 것이다. 과학기술법의 관점에서 바라본다면, 진흥과 통제를 모두 포함하고 있다고 하겠다. 주요 내용은 다음과 같다.

첫째, 동 조약 제4조는 평화적 목적의 핵기술 이용을 보장하고 있다. 즉 모든 조약 당사국은 평화적 목적을 위한 원자력의 연구, 생산 및 사용에 대한 권리를 갖는다고 규정하고 있다. 또한 조약 당사국은 원자력의 평화적 이용을 위한 장비, 물질 및 과학기술정보의 교환을 용이하게 하고, 원자력응용 개발에 협력하도록 규정하고 있다. 단, 제4조에 담긴 권리는 제3조에서 규정하고 있는 국제원자력기구의 사찰을 받아야 할 의무를 전제조건으로 하고 있다. 동 조항과 관련하여 쟁점이 되고 있는 사항은 우라늄 폭탄을 만드는 데 필요한 우라늄농축과 플루토늄 폭탄을 만드는데 필요한 원료봉 재처리가 제4조의 회원국의 권리에 해당하냐는 것이다. 이러한 문제는 핵기술의 평화적 이용과정과 군사적 이용과정을 명확하게 구분하기 어렵다는 데서 기인한다고 보여진다.

둘째, 동 조약은 핵기술의 수직적 확산을 금지하고 있다. 즉 제6조에서는 동 조약에서 인정하는 핵보유국(미국, 러시아, 영국, 프랑스, 중국)의 핵무기개발을 억제하기 위한 사항을 규정하고 있으며, 이를 통상 수직적 확산 금지에 대한 것이라고 부른다. 제6조는 '조약 당사국은 조속한 일자 내에 핵무기 경쟁 중지 및 핵 군비 축소를 위한 효과적 조치에 관한 교섭과 엄격하고 효과적인 국제적 통제하의 일반적 및 완전한 군축에 관한 조약체결을 위한 교섭을 성실히 추구하기로 약속한다.'라고 규정하고 있다. 동 조항에 대해 핵무기의 완전한 폐기 및 사용금지를 담고 있지 않고, 강행규정이 아니어서, 실효성이 없는 조항이라는 비판이 있다.

셋째, 동 조약은 핵기술의 수평적 확산, 즉 동 조약이 인정한 5개국외의 핵보유국이 늘어나는 것을 금지하고 있다. 제1조는 핵보유국이 비핵보유국에게 '핵무기 또는 기타의 핵폭발장치 또는 그러한 무기 또는 폭발 장치에 대한 관리'를 양도하지 못하도록, 제2조는 비핵보유국이 '핵무기 또는 기타의 핵폭발장치 또는 그러한 무기 또는 폭발장치의 관리'를 양도 받지 않으며, 핵무기 또는 기타의 핵폭발장치를 제조하지 못하도록 하고 있다. 제2조의 효율성을 담보하기 위해 제3조는 국제원자력기구에 의한 핵시설사찰을 상세히 규정하고 있다.

넷째, 동 조약 제10조는 조약당사국이 본 조약을 탈퇴 할 수 있는 권리를 부여하고 있다. 즉 자국의 이익을 위태롭게 할 비상사태 발생시, 조약 탈퇴 3개월 전 모든 조약 당사국과 국제연합안전보장이사회에 통보한 후 탈퇴하도록 하고 있다.

동 조약은 핵무기의 금지가 아닌 비확산을 중시하고 있다는 한계를 가진다. 핵보유국의 수직적 확산 금지는 핵보유국의 자발적 양식에 맡기는 반면에, 비핵보유국의 수평적 확산 금지는 엄격히 규제하고 있다. NPT 조약 위반에 대한 명시적 제재 조항을 가지고 있지 않아서 집행력에 한계가 있다는 지적이 있다. 그러나, 국제원자력기구에 의한 사찰의무를 어길 경우 IAEA는 이를 유엔안전보장이사회(상임이사국은 NPT상의 핵보유국과 같다)에 통보하고, 유엔안보리는 다양한 결의안을 채택하여 제재를 하고 있다. 동 조약이 핵무기국의 핵독점을 합법화시키면서도, 핵무기국의 제조는 방지할 수 없다는 점에서 국제법상 국가 평등의 근본적 원칙에 반한다는 비판이 있다.[38] 실제로 2005년 열린 평가회의에서는 핵보유국이 수직적 확산 금지를 실천하지 않는다는 비핵보유국의 불만으로 인해 합의서를 채택하지 못했다.

한편, 유엔총회는 유엔 헌장 제92조에 따라 설립된 국제사법재판소(ICJ)에 핵무기 사용 및 사용 위협의 적법성에 대한 판단을 묻게 되었으며, 국제사법재판소는 1996년 7월 8일 권고의견(Advisory Opinion)을 발표했다.[39] 동 판결에서 국제사법재판소 재판관들은 만장일치로 '핵무기 사용 및 위협을 인정하는 어떤 국제법도 존재하지 않는다'는 점에 합의했으나, 11대 4로 '핵무기 사용 및 위협을 포괄적이고 보편적으로 금지하는 국제법도 존재하지 않는다'는 다수 의견을 내었다. 결론적으로 국제사법재판소는 핵무기 사용 및 위협이 인도주의법과 배치되기는 하나 핵무기 사용을 금지하는 국제법이 존재하지 않는다고 밝혔다고 보인다. 또한 국제사법재판소는 모든 국가들이 NPT 제6조에 명시된 협상(일반적

38) 이장희, "핵무기비확산조약(NPT) 체제의 분석과 국제법적 평가", 「고려법학」, 2008, 170-171면, 196면.

39) 정욱식, 앞의 책, 80면.

이고 완전한 군축 조약을 체결하기 위한 협상)을 결론지어야 한다고 밝혔다. 2009년 유엔 총회에서 국제사법재판소의 권고안에 대한 결의안이 통과되었다. 결의안은 모든 국가들이 NPT 제6조의 의무를 조속히 이행해야 한다고 밝혔다. 결의안은 핵무기의 개발과 생산, 실험, 배치, 비축, 전달, 위협이나 사용을 금지하고 완전히 폐기하는 핵무기협약을 조속히 체결하기 위해 협상을 개시하는 것을 NPT 제6조의 이행수단으로 밝혔다. 이러한 맥락에서 '핵무기협약(Nuclear Weapon Convention)'이라는 명칭으로 새 조약이 제시되고 있다.

4. NPT 평가회의

평가회의는 NPT 제8조 3항의 규정에 따라 5년마다 조약의 주요 구성요소인 핵군축과 비확산, 원자력의 평화적 이용에 대한 상황을 평가하는 조약 당사국 회의이다.[40] 1995년 'NPT 평가 및 연장회의'에서 NPT의 무기한 연장에 대한 합의가 이루어졌다. NPT의 연장을 결정하기 앞서 미국은 포괄적핵실험금지조약(CTBT)의 비준을 약속하면서 핵보유국들의 지지부진한 군축에 불만이었던 비핵보유국들을 달랬다. 그러나 NPT의 무기한 연장이 결정되고 난 후, 1999년 미국의회는 CTBT 국회 비준을 거부했다. 한편, 1998년 인도와 파키스탄이 핵실험에 성공하였다. 2000년 6차 NPT 평가회의에서 CTBT의 무조건적이고 조속한 발효 등 13개의 합의 내용이 채택되었다. 2005년 평가회의에서는 핵보유국의 핵군축 노력이 별 성과를 나타내지 못하면서 쌓여왔던 비핵보유국의 불만이 폭발해 별 성과를 거두지 못했다.

2010년 NPT 평가회의는 2000년 평가회의 이후 10년 만에 최종 결과문서(final document)가 채택 되었으며, 주요 특징은 다음과 같다.[41]

---

40) 수열, "NPT와 핵 없는 세계 - 2010년 NPT 평가회의와 향후 과제", 「반전평화 모니터보고서 3호」, 2010. 9. 16.

첫째, 핵보유국, 특히 미국과 러시아의 핵군축 노력에 대한 긍정적인 평가를 들 수 있다. 미국과 러시아는 2010년 4월 새로운 전략무기감축협정(New START)을 통해 양국이 보유하고 있는 전략 핵탄두를 1,500-1,675개 수준으로 감축하기로 약속했다. 또한 평가회의 개막 당일 미국은 현재 보유 중인 핵탄두 비축량 규모를 공개했다.

둘째, 핵무기와 핵 테러리즘의 차단이 강조되었다. 북한과 이란 사례는 다른 나라들의 핵개발 의욕을 자극할 수 있다. 따라서 핵보유국은 이탈세력에 대한 단호한 입장과 대처를 통해 강력한 비확산 체제를 유지하며 추가적인 이탈 행위를 막으려 하고 있다.

셋째, 강력한 비확산 체제를 뒷받침하기 위해 CTBT이나 '핵분열성물질생산금지조약(FMCT)'과 같은 추가적 조약 · 조치들이 강조되었다. CTBT가 시행되는 시점까지 핵보유국 개개의 핵실험폭발에 대한 모라토리엄 선언을 촉구하였다. 이와 함께 군사적 목적으로 사용될 수 있는 모든 핵분열성 물질을 신고하고, 국제원자력기구와 같은 국제적인 검증 시스템의 통제를 적용할 것이 요청되었다.

넷째, NPT의 한계를 극복할 수 있는 새로운 조약의 필요성이 제기되었다. 몇몇 비핵보유국 국가와 반핵평화운동 조직들이 '핵무기협약(Nuclear Weapon Convention)'이라는 명칭으로 새로운 조약을 제안했다. 그러나 최종문서에는 핵무기협약에 대한 내용이 포함되지 못했으며 NPT에 제시된 핵군축 의무를 성실히 이행할 것을 촉구하는 수준에 그쳤다.

5. 핵비확산 체제의 전망

1963년 미국 케네디 대통령은 1970년대까지 약 15 내지 25개의 국가가 핵무기를 보유할 것으로 보았으나, 2011년 기준 핵무기 보유국은 9개국(미국, 러시아, 영국, 프랑스, 중국, 이스라엘, 인도, 파키스탄, 북한)으로 알

41) 위의 보고서.

려져 있다.[42] 또한 핵무기 개발을 시도했다가 포기한 국가가 한국을 포함해 약 20개국이며, 핵무기를 개발했다가 포기한 남아프리카 공화국, 소련으로부터 핵무기를 상속받았다가 포기한 국가는 벨로루시, 카자흐스탄, 우크라이나가 있다. NTP가 인정한 5개 핵보유국외에 핵을 보유하고 있는 국가 중, 이스라엘, 인도, 파키스탄은 NTP에 가입하지 않고 핵무기를 개발했으며, 북한의 경우 NTP를 가입한 상태에서 핵무기를 개발했다는 점에서 차이가 있다.

대규모 핵확산을 예상하던 비관론과 달리, 핵확산은 완만하게 진행되어 2011년 현재 9개국만이 핵무기를 보유하고 있다. NPT는 국제체제 차원에서 핵물질의 이전을 막고, IAEA의 안전조치를 활용하여 핵확산의 기회를 줄였다고 할 수 있다.[43] NPT가 핵무기의 수평적 핵확산금지에는 기여했다고 여겨지나, 핵보유국 내에서의 수직적 핵확산금지에 기여했는지에 대해서는 의문이 제기되고 있다.

한편, 냉전 이후 국제체제가 미국이 주도하는 단극체제라는데 많은 학자들이 동의하고 있다.[44] 일본과 독일이 경제적 차원에서, 러시아와 중국이 군사력과 물리적 기반(인구와 영토)에서 상당한 지위를 차지하고 있으나, 미국은 세 가지 차원에서 압도하고 있기 때문이다. 따라서, 핵무기의 통제에 있어서 미국의 태도는 매우 중요하다고 할 수 있다.

1980년대 레이건 대통령이 일방적 핵무기 군비감축을 발표했을 때, 전체 규모(TNT)는 줄였지만, 그것을 작은 탄두로 쪼개서 결과적으로는 큰 파괴력을 보유하게 되었다.[45] 2001년 9월 11일 테러 이후, 미국은 테러집단의 핵무기 확보에 대해서 가장 큰 관심을 기울이고 있으며 이를 막기 위해서는 기존의 방식과는 달라야 한다는 인식을 하게 되었다. 냉

42) 한인택, "핵폐기 사례연구: 남아프리카공화국 사례의 함의와 한계", 「한국과 국제정치」, 27(1), 2011, 84-85면.
43) 조동준, "핵확산의 추세 vs. 비확산의 방책", 「한국과 국제정치」, 27(1), 2011, 70면.
44) 조성복, 「탈냉전기 미국의 외교 · 안보정책과 북한의 핵정책」, 오름, 2011, 65면.
45) 리차드 뮬러(장종훈 옮김), 앞의 책, 175면.

전시대 핵전략을 고안한 키신저와 페리, 슈츠, 넌은 2007년 1월 월스트리트 저널 기고문을 통해 핵무기에 대한 인식의 전환을 촉구하였다.[46] 즉 냉전시대에는 핵무기가 전쟁을 억제하는 기능을 했으나, 냉전이 해체된 이후 상호 확증 파괴에 기초한 핵전략은 더 이상 필요 없게 되었다고 지적했다. 오히려 미국 등 핵보유국이 자신의 핵무기를 폐기하지 않고 핵무기에 안보를 의존하는 관성을 버리지 못하면, 비핵 국가들의 핵무기 개발 욕구를 자극하고 테러 집단이 핵무기를 손에 넣을 가능성만 높인다며, 미국이 '핵무기 없는 세상'을 주도적으로 나설 것을 촉구했다. 2010년 미국과 소련은 1991년 이래 최대 규모의 핵무기 감축에 합의해 전략무기감축 후속 협정조인식을 가졌다. 그러나 미국은 1992년 이래 지하 핵실험을 중단했지만 1997년부터 폭발을 수반하지 않는 임계 전 핵실험으로 대체했으며 2010년부터는 플루토늄을 이용해서 유사한 실험을 계속하고 있다.[47] 오바마 대통령 행정부는 2010년 11월, 2011년 3월 그리고 2011년 여름에 임계 전 핵실험을 실시했다고 알려졌다.[48] 또한 2010년 5월 5일, 미국이 세계적인 군축을 추진하겠지만 새로운 핵무기협약의 형태는 아니라고 밝혀 NPT 이외의 조약에 대해 부정적 입장을 밝혔다.

핵무기가 테러집단에 사용될지도 모른다는 두려움이 일극체제 하에서의 미국으로 하여금 보다 적극적인 핵무기 감축에 나서게 하고, 이로 인해 비핵국이 핵무기 보유의 필요성을 덜 느끼게 된다면 핵무기 확산은 통제 가능한 상황이 될 것으로 보인다. 또한 원자력발전소를 가진 국가들이 비교적 쉽게 핵무기를 보유할 수 있는 상황에서 이를 상시적이고 효율적으로 관리 할 시스템을 확보할 수 있을 지 여부도 핵무기 철폐를 위한 중요한 과제라고 하겠다.

46) 정욱식, 앞의 책, 19면.

47) 임계 전 핵실험이란 핵물질 주위에서 고성능 폭약을 터뜨려 핵폭발에 필요한 조건에 도달하는지 확인하는 실험으로, 핵폭발이 일어나는 데 필요한 임계점 직전까지만 진행하는 대체 핵실험의 일종이다.

48) 연합뉴스, 2012. 1. 6.

제 10 장
원자력, 그 빛과 그림자

투수에게는 강속구보다 제구력이 더 중요하다.

– 박찬호 –

원자력은 핵분열과 핵융합에 의해서 나오는 에너지를 활용한 것이다. 핵융합에서 더 큰 에너지가 나오지만, 통제하지 못해서, 핵분열에 의한 에너지만을 활용하고 있다.

원자력은 자원문제와 기후문제의 대안으로서 적합하다는 긍정적인 면과, 근본적으로 안전성을 보장할 수 없다는 부정적인 면을 동시에 가지고 있다. 원자력발전소에서 일어나는 일련의 사고를 겪으면서, 원자력 에너지는 장기적으로는 폐기해야 하지만 재생에너지로 대치되기 전까지의 징검다리 에너지(bridge energy)로 보는 시각도 등장하게 되었다.

제1절　원자력 발전의 기술적 이해

1. 원자력

원자력이란 원자핵을 연쇄적으로 분열시킨다든지 핵융합을 시키는 방법에 의하여 거대한 에너지를 방출하게 하는 것을 말한다. 원자폭탄에서 일어나는 반응은 원자로에서 일어나는 반응과 같으며, 차이점은 폭탄 내부의 반응속도는 감속재로 조절되지 않는 반면에, 원자로에서는 중성자들의 연쇄반응이 서서히 유지되도록 한다는 점이다. 중성자는 반응을 일으킴과 동시에, 반응으로부터 생성되며, 이러한 이중적 특성으로 인해 연쇄반응이 일어난다.[1)]

원자로에서 반응을 조절하는 기능을 수행하는 것으로 제어봉과 감속재가 있다. 제어봉은 주로 카드늄으로 만들며, 중성자에 의해 분열을 일으키지 않고 중성자를 흡수하여, 핵분열을 조절하는 역할을 한다.

우라늄 원자폭탄과 우라늄을 원료로 하는 원자력발전소와의 중요한 차이점은 전자는 고농도로 정제된 우라늄-235을 필요로 하지만, 후자는 우라늄-238이 대부분을 차지하는 천연우라늄으로도 가능하다는 점이다. 우라늄-238은 핵분열에서 나오는 고속중성자는 잘 흡수하는 반면에 저속중성자는 잘 흡수하지 않는다. 원자로가 원자폭탄과 같은 정도로 폭발하지 않는 이유는 원자로가 제어불능이 되면 중성자는 감속되지 않고, 따라서 연료봉 안에 가득 들어 있는 우라늄-238에 흡수되어 핵분열 연쇄반응이 정지되기 때문이다.

2. 원자로의 종류

원자로는 감속재와 냉각방식에 따라 분류할 수 있다.[2)] 감속재로서 널리 사용되는 물질은 흑연과 물이며, 냉각재로 널리 사용되는 물질은 물이다. 흑연로는 흑연을 감속재로 사용한 원자로로서, 1942년 엔리코페르미가 처음으로 만들었으며, 체르노빌 원전이 흑연로이다.

경수로는 물을 감속재와 냉각재로 동시에 사용하는 원자로이며, 한국

1) 클로드 알레그르 · 도미니크 드 몽발드(이소영 옮김), 「원자력, 대안은 없다」, 흐름출판, 2011, 89면.

2) 김명자, 「원자력딜레마」, 사이언스북스, 2011, 160면.

의 대부분 원자로가 이 방식이다. 경수로의 위험 요인은 냉각재인 물이 부족할 경우, 핵분열 반응의 잔열이 원자로 내부의 온도를 높여 수소폭발 등의 사고를 유발한다는 것이다.

중수로는 경수로가 물을 사용하는데 비해 물의 동위원소인 중수를 감속재로 사용하는 점이 다르다. 중수로는 냉각재로 통상 중수를 사용하나, 기체를 냉각재로 사용하는 원자로도 있다. 경수(물)는 중수에 비해 중성자와 많이 충돌하기 때문에 핵연료로 농축우라늄을 써야 하지만, 중수로는 농도가 낮은 천연우라늄을 사용할 수 있다는 장점이 있다. 그러나 중수가 가격이 비싸고, 연료를 자주 교체해야 하며, 사용 후 핵연료가 다량 발생하며, 플루토늄 등의 부산물이 군사용으로 사용가능하다는 단점을 가진다.

원자로는 냉각방식에 따라서도 구분된다.

가압경수로는 냉각방식이 세 단계로 구성되어 있다. 첫째, 핵반응이 일어나는 원자로에 들어가는 1차 냉각재는 고압의 가압수를 이용하며, 이 가압수는 열을 받아도 끓어오르지 않아서 안정적이다. 둘째, 가열된 가압수는 다시 보통물인 일반수로 냉각시키는데, 일반수는 수증기로 변한다. 이때 발생하는 수증기가 터빈을 돌려 전기를 생산한다. 셋째, 수증기는 물(예: 초당 70톤의 바다물)로 냉각된 후 다시 순환된다.

비등경수로는 냉각재로 쓰이는 물에 압력을 가하지 않고 증기를 발생시켜 터빈을 돌린다. 비등경수로는 원자로 내에서 물을 끓여 발생한 증기가 직접 터빈을 돌린다는 점에서, 원자로가 아니라 증기발생기에서 발생된 증기로 터빈을 돌리는 가압경수로와 차이가 있다. 따라서, 냉각단계가 세 단계가 아니라 두 단계라고 할 수 있다.

원자력계는 핵폐기물을 재활용하는 방식으로 운영할 수 있는 고속증식로(fast breeder reactor: FBR)라는 원자로의 개발을 추진하고 있다.[3] 원자로에 우라늄-238을 넣으면 중성자 일부를 흡수해 플루토늄이 만들어

3) 김명자, 앞의 책, 240-241면.

진다.[4)] 반응을 마쳤을 때 처음 갖고 있던 플루토늄보다 더 많은 양을 얻을 수 있다. 이와 같이 플루토늄을 원료로 사용하는 양보다 많은 연료를 만들어 내는 반응로를 증식로라고 부른다. 동 방식은 방사능물질의 잔여량을 최소로 하고, 연료사용 효율이 높다는 장점을 가지고 있다. 이러한 증식로에 대한 다음과 같은 반대의견이 있다. 첫째, 플루토늄이 테러단체나 테러지원국이 핵무기를 만드는데 전용될 수 있다는 점이다.[5)] 둘째, 가장 효율적인 증식로는 저속중성자가 아닌 고속중성자를 쓰는 고속증식로인데, 연쇄반응이 통제가 안 될 경우 폭발할 우려가 있다는 것이다. 고속증식로는 고농도로 농축된 핵분열물질을 사용하는 데 따르는 설계의 어려움으로 인해서 널리 사용되고 있지는 않다.

증식로에서는 냉각재로 물 대신 액체금속인 나트륨을 많이 사용하고 있다. 나트륨은 누출될 경우 물, 공기, 콘크리트와 반응해 화재를 일으킬 수 있다. 러시아의 BR-5/BN-350/BN-600, 영국의 DFR, 미국의 EBR-2, 프랑스의 랩소디/피닉스/슈퍼피닉스, 일본의 몬쥬 등 주요한 고속증식로가 냉각재 유출과 관련한 비슷한 사고를 겪고 운영을 중단한 사례가 많다. 일본의 몬쥬 지역 고속증식로는 1985년 건설을 시작하여 1994년 가동하였으나, 1995년 12월 냉각재 유출 사고로 운행이 중단되었다. 나트륨 냉각재가 파이프의 온도계 구멍으로 새어나와 나트륨 화재가 일어났다. 2010년 5월 재가동 준비를 시작하였으나, 8월 핵연료를 교환하는 데 사용하는 중계장치가 원자로에 떨어지는 사고가 발생하여 운행이 중단되었다.

한국에는 상업용 원자로(고리, 울진, 영광, 월성)와 연구용 원자로(대전 한국원자력연구원)가 있다. 고리, 울진, 영광은 가압경수로이며, 월성은

4) 리차드 뮬러(장종훈 옮김), 「대통령을 위한 물리학」, 살림, 2011, 195-196면.

5) 플루토늄은 에어로졸 형태가 되어 흡입할 경우는 탄저균보다 훨씬 독성이 강하다. 그러나 보툴리즘 톡신(상한 마요네즈)의 독성은 1천배나 강하다. 암을 유발할 정도가 되려면 플루토늄 0.5그램 이상을 섭취해야 한다. 청산가리에 비교하면 독성이 1/5이다.: 리차드 뮬러(장종훈 옮김), 위의 책, 214면.

캐나다에서 도입한 가압중수로이다.

2005년 12월 31일 기준 전 세계에서 가동 중인 원자로는 가압경수로가 214개로 가장 많으며, 비등경수로가 90개, 러시아형 가압수형로가 53개, 가압중수로가 41개이다. 대부분을 차지하고 있는 경수로의 기원은 미 해군의 함정 추진용으로 개발된 것이며, 단 시간 내에 원자력발전소를 건설한다는 당시 미 정부의 정책에 의해 선택되었다.[6] 선택의 원인으로서는 물은 가스나 액체금속 같은 다른 생소한 냉각재에 비해 잘 알려진 소재였고, 물을 이용한 에너지 전환기술(증기보일러, 터빈 등)에는 많은 경험이 축적되어 있었다는 점이다.

3. 방사능

방사선이 공격하는 것은 DNA 분자이다.[7] 이론상으로는 알파선의 약한 공격에도 유전자가 손상될 수 있고, 암과 같은 질병이 생길 수 있다. 단기적으로는 백혈구와 적혈구를 생산하는 골수가 방사능에 가장 민감하게 반응한다. 방사능으로 오염된 물, 음식물을 먹으면 더 치명적이다. 방사선이 인체에 미치는 영향은 시버트라는 단위로 계산한다. 방사선이 인체에 미치는 영향을 정리하면 〈표 10-1〉과 같다.[8]

방사선 방어에 관련된 국제법규는 노출되어도 괜찮은 최대한의 방사선량이 정해져 있다.[9] 5년간 100밀리시버트, 즉 연간 평균 20밀리시버트로 연간 50밀리시버트를 넘지 않는다. 이는 자연방사능의 약 10배에

6) 중수로형 원자로보다 하위 기술로 평가되었던 경수로형 원자로가 주도적 기술로 자리잡은 것은 경수로형 원자로가 해군의 핵잠수함 추진기술로 선정되면서 주도권을 가지게 된 기술잠김(lock-in effect) 효과에 의한 것이라는 분석이 있다. 특정 기술이 표준으로 선정되면, 좋은 신기술이 등장해도 경제성이 떨어지는 낡은 기술에 사용자들이 구속되는 것을 잠김효과라 한다.: 진상현, "한국 원자력 정책의 경로의존성에 관한 연구", 「한국정책학회보」, 18(4), 2009, 124면, 127면.

7) 장마르크 카브동(정은비 옮김), 「방사능은 정말 위험할까?」, 황금가지, 2006, 28면.

8) 위의 책, 40-41면.

9) 위의 책, 57-58면.

:: 표 10-1 방사선이 인체에 미치는 영향[10)]

정도(시버트)	인체에 미치는 영향
100밀리시버트 이하	결정적인 영향은 없다. 일상생활에서 받는 자연 방사능의 수준이며, 원자력발전소 또는 원전 수거물 처분 시설에서 받는 인공 방사능의 수준이 대부분 여기에 속한다.
100-1,000밀리시버트	암 발생률이 조금씩 증가한다는 사실이 과학적으로 증명되기도 했다. 결정적인 영향은 거의 나타나지 않지만 심각한 손상이 있을 수 있으므로, 법적으로 규제하는 양이다.
1,000-10,000 밀리시버트	조직과 기관이 조금씩 손상된다. 양에 따라 점점 빨리 손상되며, 그 정도도 심각해진다. 강력한 규제가 필요하며, 심한 경우 격리 치료를 감행해야 한다.
10,000 밀리시버트 이상	살아남기 어렵다. 단 며칠 사이에 죽을 수도 있다.

해당하는 양이다. 이 밖에도 법규를 최대한 엄격하게 지킬 것과 인체에 흡수되는 방사선량을 줄이기 위해 최선을 다해야 한다는 규정이 포함되어 있다. 가장 중요한 원칙은 적합한 이유 없이 방사선에 노출되면 안 된다는 것이다.

제2절 원자력발전소 위험의 근원

원자력발전소의 안전은 핵물질(우라늄 또는 플루토늄)의 획득과정, 핵반응 과정, 핵폐기물 처리과정에 모두 관련이 있다. 원자력발전소는 핵분열로 생성되는 열을 끊임없이 냉각시켜야 하는 커다란 냉각장치라고 볼 수 있다.[11)] 일련의 핵반응으로부터 열이 발산되며, 이를 수거해 전기를 생산하는 것이 원자력발전의 원리이다. 따라서 원자력발전소의 안전은 핵반응을 일으키는 연료봉의 열을 어떻게 통제하느냐에 달려있다고

10) 위의 책, 40-41면.
11) 이필렬, 「에너지 대안을 찾아서」, 창작과 비평사, 1999, 94면.

하겠다. 문제는 일단 핵물질이 핵반응을 일으키기 시작하면, 상당기간 지속된다는 것이다. 우라늄 원료가 핵분열하면, 높은 열과 함께 세슘, 스트론튬 등의 100여 가지의 핵분열 생성물도 발생한다.[12] 따라서, 제어봉의 삽입으로 핵분열이 정지되어도 이미 형성되어 있던 핵분열생성물이 안정된 원소로 되기 위해 스스로 붕괴하게 되며, 이때 나오는 열을 붕괴열이라고 한다. 후쿠시마 원전의 경우, 2011년 3월 11일 원자로가 정지된 후 거의 일년이 지난 2012년 3월 8일 현재 1호기의 붕괴열은 아직도 시간당 약 6.6톤의 물을 증발시킨다고 한다. 핵반응이 일어나면 이를 완전히 중단시키기 어렵다는 점에서 원자력은 '영원히 꺼지지 않는 불'이라는 표현이 있으며, 핵폐기물을 완전히 처리하기가 힘들다는 점에서, '출발은 했으나 착륙하지 못하는 항공기'에 비유되기도 한다.

1. 원자력발전소 사고

원자로는 열로 증기를 발생시켜 터빈으로 전기를 생산한다.[13] 핵분열은 열을 만들어내고 물은 열을 이동시킨다. 배관이 새서 물이 없어지는 경우를 가정하면, 냉각수는 중성자를 감속시키는 감속재 역할도 하기 때문에 고속중성자만 남고, 이것은 우라늄-238에 의해 흡수되어서 연쇄반응이 중단된다. 노심에는 분열부산물들의 방사능이 남아있어 뜨거워지며, 냉각수가 주입되지 않은 경우 연료봉은 녹아내리게 되고, 그것이 외부까지 노출된다면 방사능이 외부로 누출되게 된다. 원자력발전소 전체가 낼 수 있는 방사능량이 인체에 들어간다면 사망자가 5천만 명에 달할 수 있다.

원자력발전소는 보통 4차 방호벽을 가지고 있다. 1차는 연료인 우라

12) 장정욱, 후쿠시마 이후, 일본의 원자력 정책은④, 프레시안(www.pressian.com), 2012. 3. 15.

13) 리차드 뮬러(장종훈 옮김), 앞의 책, 195-196면.

늄을 도자기 굽듯 구워서 세라믹 형태인 펠렛으로 만든다. 2차는 이 펠렛을 지르코늄 튜브안에 넣어 연료봉을 만드는데 이 튜브를 피복관이라 한다. 노심 온도가 비정상적으로 높아지면 핵연료봉의 지르코늄이 냉각수와 반응, 수소를 만들어내며, 수소는 인화성이 높아서 폭발로 이어질 수 있다. 3차는 연료봉을 다발로 만든 집합체가 핵분열 반응을 하는 원자로이며, 원통을 두드려서 만든 15cm 두께의 강철로 되어 있다. 4차는 우리나라에서는 둥근 돔 형태의 방호벽(격납고)이며, 3cm 두께의 강철이 안쪽에 있고, 1m의 콘크리트가 덧대어져 있다.

(1) 미국 쓰리마일 원전

미국 쓰리마일 원전은 가압경수로이다. 1979년 3월 29일 쓰리마일 섬의 원자력발전소에서 원자로가 제어불능의 상태에 빠져 우라늄 연료의 1/3이 녹아내렸다. 사고는 원자로에 외부 냉각수를 주입하는 펌프고장에서 시작되었다. 즉시 제어봉이 원자로의 노심에 삽입되어 연쇄반응은 멈추었으나, 분열부산물의 방사능 붕괴에서 나오는 에너지로 인해 노심은 뜨거워졌으며, 담당 기술자는 냉각수가 주입되고 있다고 잘못 판단하여 긴급노심 냉각 장치(ECCS)를 껐다. 우라늄이 과열되어 연료와 부산물이 용융되어 액화되었으나, 강철외벽을 뚫지는 못하였다. 연료를 냉각하던 냉각수 일부가 방사능에 오염되었으며, 내부의 압력이 증가하는 것을 막기 위해서 가스의 일부를 외부로 유출하였다.

동 사건은 완벽할 것이라고 믿었던 안전장치가 사실은 작동하지 않을 수도 있다는 점에서 커다란 충격을 주게 되었다.

(2) 소련 체르노빌 원전

1986년 4월 26일 사고가 난 우크라이나 체르노빌 원자로는 감속재로 물이 아닌 흑연을 사용하고, 냉각재로 경수를 사용하는 RBMK형(흑연감속경수냉각형) 원자로이다. 동 원자로는 원자로의 온도가 높아질수록 연쇄반응의 속도가 빨라지는 양의 온도계수를 가지고 있는 시스템이다.

이 사고는 전기기사가 원전이 불시 정지하였을 경우 관성을 이용해 전기를 생산할 수 있는지를 시험하는 상황에서 벌어졌다.[14] 그 기사는 제어봉을 제거하고, 비상 노심 냉각장치를 차단하고 시험하다 원자로의 노심이 녹아내리는 사고를 일으켰다. 원자로가 가열되어 냉각수가 끓어 올랐으며, 탄소가 불타기 시작해서 노심에 있는 핵반응 부산물의 방사능이 연기를 타고 널리 퍼지게 되었다. 체르노빌 발전소에는 콘크리트 방호벽이 없었으며, 방호벽이 있었다면 피해가 크지 않았을 것으로 보는 전문가도 있다.

흑연에서 발생한 불길은 10일 동안 높이 치솟아 올랐고, 구름모양으로 하늘 높이 떠오른 방사선 물질은 유럽전역으로 퍼져나갔다.[15] 이 사고는 사고가 발생한 이후로도 몇 년 동안 피해가 주변국까지 계속 확대될 정도로 사상최고의 재난으로 기록되었다. 2005년 IAEA는 동 사건으로 인해 발생한 암사망자가 4천 명이라고 추정하였다.

(3) 일본 후쿠시마 원전

후쿠시마 제1원전은 1960년에 최초 가동된 비등경수로(BWR)에 해당하며, 6개의 원자로와 6,375개의 폐연료봉을 보유하고 있었다.

2011년 3월 11일 오후 2시 46분 지진 발생으로 원전 지역에 진도 6강의 지진이 일어나, 후쿠시마 제1원전 1,2,3호기에 자동적으로 제어봉이 삽입되어 핵분열이 정지되었다.[16] 제어봉이 삽입되면, 자동적으로 비상용 디젤발전기가 작동하여 원자로의 냉각을 위한 전원을 공급한다. 원자로와 비상노심냉각장치(ECCS)는 방수성이 강한 원자로 건물 속에 있었으며, 비상용 디젤 발전기와 배전판 등은 방수성이 약한 터빈 건물의 지

14) 김명자, 앞의 책, 181면.
15) 장마르크 카브동(정은비 옮김), 앞의 책, 50-53면.
16) 장정욱, 앞의 글.

하에, 취수 펌프는 바닷가에 있었다. 쓰나미로 인해 냉각용의 바닷물을 퍼 올리는 취수펌프와 전원을 공급할 터빈 건물 지하에 있던 비상용 디젤 발전기와 배전판 등이 바닷물에 담겨 누전되어 작동 불능이 되었다. 후쿠시마 원전 사고 시 물이 있고, 또 전원이 정상적으로 확보되어 있었다 하더라도, 바닷가의 취수펌프가 이미 쓰나미의 침수로 누전된 상태였기 때문에 계속적인 냉각은 사실상 불가능했다. 전원상실과 냉각불능으로 원자로 속의 핵연료가 녹고, 핵연료의 지르코늄 피복관과 증기와의 상호작용으로 수소가 발생하고, 폭발에 이르게 되었다. 6기의 원자로 중 1, 2, 3, 4호기에서 사고가 발생하였으며, 1, 2, 3호기의 경우 노심용융 현상이 발생했다.

2. 사용 후 핵연료 처리

원자로에서 생성된 방사능물질은 각각 방출할 수 있는 방사선량이 한정되어 있어서 그 양을 전부 방출하고 나면 해가 없는 물질이 된다. 반감기가 긴 경우(100년에서 백만년)에는 대응방법이 필요하다.

원자력발전소는 운영과정에서 플루토늄 등과 같은 폐기물을 만들어 내고 있다. 이들 핵폐기물을 안전하게 처리하는 것이 원자력안전의 중요한 과제이다. 핵연료는 3년 정도 사용하면 교체하며, 일단 임시저장 수조에서 냉각시킨다.[17] 수조에 넣어두는 기간은 점차 장기화되어 30년 정도이며, 이후 원전 부지 내에 '중간저장'하는 경우가 많다. 중간저장기간도 30-60년으로 장기화되는 추세이다. 장기관리방안으로는 사용 후 핵연료를 재처리해 추출하는 방법과 지하에 묻는 직접처분 방법이 있다. 재처리하는 경우에도 고준위 방사성물질은 남게 되므로 결국은 지하에 묻어야 한다. 대부분의 국가가 장기관리정책을 결정하지 못하고 있으며, 이는 핵연료처리방법이 아직 완전하게 해결되지는 못한 상황임을

17) 김명자, 앞의 책, 355-357면.

말해준다.

국내 원자력발전 과정에서 나오는 핵폐기물인 사용 후 핵연료가 매년 700톤가량 나오고 있으며, 임시저장고 상황을 고려하면, 2016년에는 포화상태에 이른다고 알려져 있다.[18] 정부는 사용 후 핵연료를 재처리하여, 재사용한다면 임시저장고의 포화문제를 해결할 수 있다고 보고 한미 원자력 협정의 개정을 추진하고 있다. 1956년 처음 체결된 한·미 원자력 협정은 수 차례 개정되어, 2014년 효력이 만료될 예정이다. 1974년 개정된 협정에 따르면, 미국이 제공한 핵물질 재처리는 양 당사자가 공동으로 결정 및 수락하는 시설에서 재처리 또는 변형을 하도록 되어 있다(제8조 제C항).[19] 동 협정은 미국의 동의 없이는 우리나라가 우라늄의 농축이나 사용 후 연료 처리를 할 수 없도록 되어있으며, 한국은 우라늄 농축 및 핵재처리 시설을 가지고 있지 않다. 핵연료는 우라늄원광을 농축해서 만들며, 한국은 해외 광산에서 구입한 연간 4천5백톤의 우라늄 농축 처리를 외국에 맡기면서 연간 6천억원을 지불하고 있다.[20] 한국은 핵연료의 안정적 공급과 핵폐기물 처리를 위해 우라늄 농축과 사용 후 핵연료 재처리 권리를 요구하고 있지만, 미국은 국제적인 핵비확산 정책에 부정적인 영향을 미칠 수 있다는 점에서 부정적이다. 사용 후 핵연료 재처리 기술은 '습식 재처리 방식'과 '건식 재처리 방식(파이로프로세싱)'으로 구분할 수 있다. 전자는 플루토늄과 우라늄을 분리하여 회수하는 방식이며, 후자는 플루토늄과 다른 물질을 한꺼번에 추출하기 때문에 핵무기로 활용될 가능성이 상대적으로 낮은 것으로 알려져 있다. 정부는 우리나라가 추진하고 있는 '파이로프로세싱'은 기존의 핵재처리시설과는 다르다는 주장을 펴고 있다. 한편, 한국은 1991년의 '비핵화 선언'과 1992년 '한반도 비핵화 공동선언'을 통해 우라늄 농축시설과 핵재처리

18) 권태호, 한국, 고농축우라늄 쓸 특별한 용도 없다, 한겨레 신문, 2012. 7. 25.
19) 유웅조, "한·미 원자력협정 개정 협상의 쟁점과 과제", 「이슈와 논점」, 제504호, 2012. 8. 1., 1-2면.
20) 박방주, 우라늄 농축 처리에만 '외국에 연 6,000억씩' 왜, 중앙일보, 2012. 7. 23.

:: 표 10-2 우라늄 농축/재처리 시설 보유 현황(2012년 7월 기준)[21)]

국 가	우라늄 농축시설	핵재처리 시설
미국	O	O
영국	O	O
프랑스	O	O
러시아	O	O
중국	O	O
인도	O	O
파키스탄	O	O
북한	O	O
일본	O	O
이스라엘	×	O
독일	O	×
브라질	O	×
이란	O	×
아르헨티나	O	×
네덜란드	O	×

시설을 보유하지 않겠다고 선언하였다.

핵폐기물의 군사적 남용을 방지하기 위한 방안으로서, 핵연료은행 설치가 제안되고 있다. 핵연료은행이란 핵탄두의 개발로 연결될 수 있는 농축우라늄 개발계획을 엄격히 제한하는 대신, 다국적 핵연료은행을 만들어 필요한 나라에 핵에너지를 공급하자는 발상이다.[22)] 국제원자력기구가 제안한 것으로, 핵연료은행이 설치되면, 민군 양용의 핵에너지시설들을 구축하려는 각국의 시도를 감소시킬 수 있을 것이라는 기대에서 제안되었다.

21) 유웅조, 앞의 글, 2-3면. 다음 자료 인용 IPFM Database (www. fissilematerials.org)
22) 이상현, "핵비확산 외교와 원자력정책", 「한국과 국제정치」, 27(1), 2011, 249면.

제3절 원자력산업의 탄생과 전개

원자력산업은 거대한 자본이 요구되며, 민간기업이 위험을 감당할 수 없다는 점에서 기본적으로 정부의 지원으로 존속한다. 원자력산업은 정부의 정책에 직접적인 영향을 받는다. 예컨대 독일은 재생에너지 중심의 국가발전전략을 수립하여 원자력산업을 단계적으로 폐쇄하는 정책을 추진하고 있으며, 프랑스의 경우 원자력산업을 경쟁력 있는 산업으로 육성하려는 정책을 추진하고 있다.

1. 원자력산업 동향

2012년 현재(7월 28일 기준) 전 세계에 435개의 원자력발전소가 30개국에서 가동 중이다. 세계 1차 에너지 공급에서 원자력이 차지하는 비중은 6%이며, 세계전력생산의 14%를 차지하고 있다.[23] 미국, 프랑스, 일본, 독일, 한국, 러시아 6개 국가들이 전 세계 원자력 전력의 약 70% 이상을 차지하고 있다.

원자력발전소에서 일어나는 사고는 드물지만, 그 잠재적 위험성이 크기 때문에, 원자력정책에 큰 영향을 주고 있다. 1979년 미국에서 발생한 쓰리마일 섬 사고 이후로 미국은 원자력발전소를 건설하지 않고 있다가 2012년에 와서 허락을 재개하였다. 유럽의 경우 1986년 체르노빌사고 이후 프랑스를 제외하고 원자력산업이 침체되었다. 1992년 리우 기후협약을 계기로 기후변화가 국내외 중요한 정책현안으로 등장하면서, 원자력이 온실가스를 배출하지 않으면서 에너지공급의 안정성을 확보할 수 있는 기후변화 대응 수단이라는 점이 부각되었고, 원자력 르네상스라는

23) 정연미, “독일의 원자력정책과 생태적 근대화”, 「환경정책」, 19(3), 2011, 119면.

용어가 나올 정도로 원자력에 대한 인식에 변화가 나타나게 되었다. 국내외적으로 기후변화 대응수단으로 원자력 확대정책을 추진할지 갈림길에 처해 있는 시점에서 2011년 발생한 일본 후쿠시마 원전사고는 각국의 원자력 정책에 큰 영향을 주었다. 프랑스 · 한국 · 미국 · 중동 등은 '안전성 확보'를 통한 확산을, 독일 · 스위스 · 일본 등은 폐기 또는 축소를 꾀하고 있다.

원자력발전소를 계속 활용하려는 논거는 다음과 같다.[24] 첫째, 원자력발전의 경제성이다. 1kw 전기를 생산할 때 드는 비용이 중유 184.59원, 무연탄 101.08원, 원자력 34.47원이다. 둘째, 지구온난화 가스발생 측면에서 원자력은 청정에너지이다. 전력발전시 1kWh당 이산화탄소 배출량은 석탄 860g, 석유 689g, 가스 460g인데 반해 원자력은 9g이다. 대체에너지인 태양광의 34g이나 풍력의 11g 보다 적다. 셋째, 대체에너지의 경우 원자력발전처럼 대규모로 전기를 공급하기에는 많은 한계가 존재한다. 넷째, 프랑스, 한국의 경우 에너지 부존자원이 빈약하여, 에너지 안보차원에서 원자력발전이 필요하다.

원자력발전이 가지는 위험성과 경제성에 문제가 있다고 판단하여, 원전을 폐쇄하고 장기적인 에너지 수급대책 마련에 나서는 국가도 있다. 경제성과 관련해서는 사회적 비용을 포함한다면 원자력발전 경제적 효과는 사실상 크지 않다는 것이다. 일본 정부는 '발전단가검증위원회'를 구성하여 2011년 12월말 검증결과 보고서를 발표하여 원자력 등 에너지 단가를 비교하였다.[25] 후쿠시마 원전사고를 6조엔으로 가정하고, 사고위험대책비용, 원전입지에 대한 교부금 등 다양한 사회적 비용을 포함시킨 결과 원자력발전단가는 8.9엔/kWh로, 석탄(9.5엔/kWh), LNG(10.7엔/kWh) 등 화석연료와 유사한 것으로 나타났다. 또한 육상풍력과 지열의

24) 송종순, "일본 후쿠시마 원전사고와 우리나라의 원자력발전", 「Urban Affairs」, 2011, 27면.

25) 정성춘, "동일본 대지진 이후 일본의 에너지 선택: '발전단가검증위원회' 결과 분석 및 시사점", 「오늘의 세계경제」, 2012, 12(3), 8면.

발전단가는 입지에 따라 각각 9.9-17.3엔/kWh, 9.2-11.6엔/kWh 수준으로 원자력과 유사한 수준으로 평가되었다. 원자력발전의 경우 폐기물처리에 드는 비용 뿐만 아니라 폐쇄를 위한 해체작업에 드는 비용으로 인해, 초기에 예상했던 것보다 더 큰 비용이 든다는 점도 경제성과 관련하여 지적되고 있다. 미국의 콜로라도주 소재 발전소의 경우 1993년 최초로 해체된 발전소는 건설시 2억 2천 4백만 달러의 비용이 소요되었는데, 해체하는 데는 3억 3천 3백만 달러의 비용이 들었다.[26)]

2. 미 국

미국은 에너지소비를 가장 많이 하는 국가로서, 104기의 원자로를 가동하여 20%의 전력을 얻고 있다.[27)]

원자력이 가지는 위험성과 유용성에 대해서는 1950년대 원자력발전소 건설 초기 단계부터 고려 되었으나, 위험성에 대한 인식은 현재와 비교해서 크지 않았던 것으로 보인다. 원자력의 평화적 이용은 1954년 6월 소련이 세계 최초로 5천kw급 오브닌스크(Obninsk) 원자력발전소를 가동함으로써 시작되었다.[28)] 미국 정부는 심해잠항이 가능한 잠수함을 원자력을 이용해서 개발할 것을 결정하고 1948년 민간회사인 웨스팅하우스와 '마크 I(Mark I)'이라는 원자로 제작계약을 체결하였다. 그 결과 경수로원자로가 만들어지고, 1955년 핵잠수함 노틸러스호가 기존 잠함기록의 10배가 넘는 항해에 성공하였다. 동 경수로 원자로는 최초의 민간원자력발전소인 쉽핑포트(Shippingport) 원자력발전소에 채택되었으며, 경수로가 세계 원전시장의 주류를 이루는 계기가 되었다. 쉽핑포트 원자로는 1954년 9월에 착공되었으며, 1957년 시험가동에 들어갔다. 이후

26) 석인선, "미국의 원자력관련 판례연구 -원자력법제와 사법적 통제를 중심으로-", 「환경법연구」, 2003, 196면.
27) 김명자, 앞의 책, 268면.
28) 진상현, 앞의 논문, 130면.

미국과 소련은 각자 자국과 우호관계에 있는 국가들에게 원자로 건설자금과 농축우라늄을 제공하면서 원자력협정을 경쟁적으로 체결하기 시작했다.

미국에서 원자력발전사업은 1960년대에 급속하게 성장하였다.[29] 1962년 미국 원자력위원회(Atomic Energy Commission: AEC)는 원자력발전소의 설계 및 건설을 지원하는 방안을 골자로 한 '원자력 개발 10개년 계획'을 공표했다.[30] 이에 따라 미국 전력회사들은 원자력발전을 경제적이고, 친환경적이며 안전한 유망 사업으로 인식하게 되었다. 1973년 제1차 석유위기가 발생하자, 미국에서는 연간 최고 기록인 41기의 신규 원전이 발주되었다.

제1차 석유위기가 끝난 1970년대 말과 1980년대 초 미국 경기가 후퇴하고 에너지 절약으로 전력 수요가 감소했다. 또한 급격한 인플레이션 현상이 일어나 대규모 프로젝트가 위축되었다. 특히 1979년 쓰리마일 섬(Three Mile Island: TMI)에서 미국 원자력 사상 초유의 사고가 발생함으로써 원자력발전에 대한 국민의 우려가 깊어졌다. 이와 같이 1970년 후반과 1980년대에는 전력수요의 감소, 핵안전에 대한 우려, 정부의 지원중단으로 인해 원자력 산업의 성장세가 둔화되었다.

2000년대 이후 미국은 기후협약에 대한 대응, 고유가, 에너지 안보 등을 고려하여 다시 원자력산업을 적극적으로 지원하기 시작했다. 즉 2002년부터 '원자력 2010' 계획을 추진해왔다.[31] 동 계획은 원전부지 관련 절차를 간소화하고, 경수로 설계, 재정적 부담 등과 관련해 정부가 전력회사를 지원하는 내용을 담고 있다. 2012년 2월 9일 미국 원자력규제위원회는 쓰리마일 원자력발전소 사고 이후 처음으로 전력업체 '서던 컴퍼니'가 조지아주 보글에 2기의 원자로를 추가 건설하는 계획을 승인

29) U.S. Department of Energy, 「The History of Nuclear Energy」, DOE/NE-0088, p. 9.
30) 오근배, 한국의 핵주권, 「신동아」, 통권567호, 2006. 12, 121-129면.
31) 김명자, 앞의 책, 269면.

했다.[32)]

3. 유 럽

같은 유럽국가들이라고 하더라도 각 나라의 사정에 따라 대조적인 원자력정책을 가지고 있다. 에너지 자원 빈국인 프랑스의 경우 적극적으로 원자력중심의 에너지 정책을 펴고 있으며, 독일의 경우 재생에너지 중심의 에너지 정책을 추진하고 있다. 영국의 경우 기후변화에 대응하는 에너지 정책을 중심에 두고, 원자력을 부분적으로 활용하고 있으며, 이탈리아의 경우 원전사고의 영향을 직접 받아, 체르노빌사고 이후 원자력발전소를 폐기하였다. 이 같은 정책으로 인해, 프랑스는 원자력기술 분야에서, 독일은 재생에너지 분야에서 수준 높은 기술을 보유하고 있다고 평가되고 있으며, 정책 및 법제가 과학기술의 발전에 큰 영향을 주고 있음을 보여주는 사례라고 하겠다. 이를 상술하면 아래와 같다.

프랑스는 2009년 기준 총 생산전력에서 원자력이 차지하는 비중이 세계 최고인 75%를 차지하고 있다.[33)] 생산전력의 15%를 스위스, 독일, 벨기에, 네덜란드, 이탈리아 등에 수출해 연간 30억 유로의 수익과 10만 명의 고용창출 효과를 누리고 있다. 프랑스는 1973년 에너지 위기 때 다른 대안이 없다는 국민적 공감대 속에서 원자력 기술개발을 적극 추진하였으며, 원자로형을 가압수로형으로 표준화하여 건설공기와 단가를 줄였다. 2004년 신에너지법을 통과시켰으며, 2020년까지 1차 에너지원으로 원자력을 유지하여 에너지안보와 국가경쟁력을 확보하기로 하였다.

영국은 기후변화 대응을 국제적으로 주도하고 있다는 입장이며, 2050년까지 온실가스를 1990년 대비 80% 감축한다는 목표로 온실가스 감축정책을 추진해 왔다.[34)] 환경법에 의해 화력발전소의 3분의 1이 가동하

32) 박건형, 日 대지진 그 후 1년, 서울신문, 2012. 3. 3.
33) 김명자, 앞의 책, 272면.

지 못할 것으로 예상되는 상황에서, 영국정부는 2007년 원자력 재도입과 화석연료의존도를 낮추는 정책을 표명하였다. 이에 따라 2008년 1월 신규원전의 건설이 승인되었고, 2025년까지 500억 파운드를 투자하여 8기의 신규원전을 건설할 계획을 2010년 10월에 발표했다. 영국은 후쿠시마 원전 사고 후, 관련 보고서를 작성하여 원전의 안전성을 높이는 대책을 마련하였다.[35] 동 보고서는 지속적으로 원자력에너지의 안전성을 높이는 정책이 매우 중요하다고 강조하고 있다. 영국 에너지 장관(Chris Huhne)은 원자력을 에너지의 일부로 채택하는 정책은 지속되어야 하며, 다만 저탄소에너지원에서와 같은 공공 보조금이 원자력에 제공되어서는 안 된다는 입장을 밝혔다.

독일은 슈레더 총리의 사민당-녹색당 연립정부 시절 가동 중인 원전을 2021년까지 모두 폐기한다는 원자력 폐지법을 제정하였다.[36] 그 배경에는 원자력 안전성에 대한 국민의 불안감, 전력수요의 정체, 대체에너지 확충에 있어서의 유리한 여건(노천 갈탄의 풍부함, 바이오에너지인 유채 생산량 풍부, 풍력발전 가능 지역의 풍부 등)이 작용한 것으로 평가되고 있다. 독일은 전력생산의 23%를 원자력에 의존하고 있으며, 17%의 대체에너지 비율을 2020년까지 40%로 끌어올리려는 계획을 가지고 있다.[37] 후쿠시마 원전 사고 전에는 원자력을 다시 도입하려는 움직임도 있었으나, 원전 사고 후 다시 폐지쪽으로 돌아서는 모습을 보이고 있다.

이탈리아는 체르노빌 원전사고 이후 1987년 국민투표에 의해 5년간 원자력 동결에 들어갔으며, 1990년 원전을 완전히 폐쇄하였다. 이로 인해 2003년 대규모 정전사태 발생 등 경제적 손실과 전력공급의 불안정, 에너지 수입부담(2003년 기준 총 전력 수요의 16%) 등을 경험하게 되었다.

34) 위의 책, 279면.

35) U.K Office for Nuclear Regulation, An agency of HSE HM Chief Inspector's Final Fukushima Report, 2011. 9.

36) 김명자, 앞의 책, 283면.

37) 위의 책, 285면.

이탈리아는 2008년 탈원전정책을 포기하고 새로운 원전정책을 발표하였으나, 후쿠시마 사고 이후, 탈원전정책으로 회귀하였다.

4. 한 국

미국의 주도하에 한미 원자력 협정(원자력의 비군사적 이용에 관한 대한민국 정부와 미합중국정부간의 협력을 위한 협정)이 1956년 체결되었다. 한국 최초의 원자력발전소는 미국의 웨스팅하우스에 의해 1971년 착공되어 1978년 가동되었다. 1986년에는 대규모 원자력 발전소 건설계획이 추진되었다. 미국의 컴버스천 엔지니어링사는 1987년 원전기술을 제공할 뿐만 아니라 한국형 원자로의 설계 및 판매를 인정하는 계약을 체결하였다. 이 같은 파격적인 계약은 1979년 미국의 쓰리마일섬 원전사고와 1986년 체르노빌 사태로 인해 전 세계적으로 신규발주가 거의 없었던 시기였다는 요소가 작용한 결과이다.[38] 2008년 기후변화대책에 원자력이 포함되면서 원자력 확대계획이 수립되었다.

한국은 2011년 기준 21기의 원전을 가동하고 있어, 미국, 프랑스, 일본, 러시아 다음의 세계 5위 원전국가이며, 다음과 같은 환경이 탈원전정책을 어렵게 하고 있다.[39] 첫째, 한국은 2008년 기준 1차 에너지 수입의존도가 차지하는 비율이 97%인 에너지 빈국이다. 둘째, 에너지 고소비 산업구조(석유화학, 철강 등)로 인해 에너지 효율이 낮다. 에너지 효율은 단위 GDP를 생산하는데 소비되는 에너지 양으로 표시되는데, 우리나라의 에너지 단위는 0.3정도로 일본의 약 3배, 독일의 약 2배이다. 지난 30년간 일본과 영국은 GDP가 증가하면서도 에너지 소비가 일정수준을 유지하고 있으나, 한국은 GDP 성장에 따라 급등하고 있다. 셋째, 재생에너지의 경우 한국의 기술수준이 선진 기술과 상당한 격차를 보이고

38) 진상현, 앞의 논문, 133면.
39) 김명자, 앞의 책, 307-317면.

있는 것으로 평가된다. 이 같은 상황은 탈원자력정책을 펴기에 어려운 요인으로 작용하고 있으며, 2009년 국가에너지 기본 계획에서는 2030년 원자력에너지의 비중을 전략생산의 59%까지 확대하는 것으로 나와있다. 한국정부는 2011년 3월 발생한 일본 후쿠시마 원자력발전소 사고에도 불구하고, 원자력발전을 계속 증설할 예정이라고 밝혔다.

제4절 원자력산업에 미치는 법의 힘: 미국의 경우

미국은 1946년 원자력법을 제정하였다. 1946년 원자력법에 대한 논의에서 쟁점이 된 사항은 크게 두 가지였다.[40] 첫 번째, 원자력을 민간이 관리할 것인가, 군부가 관리할 것인가에 대한 문제이다. 두 번째, 원자력 관련 기술을 공개할 것인가, 비밀로 할 것인가의 문제이다. 메이-존슨이라는 법안은 군부에 의한 통제를 중심으로 한 법이며, 맥마흔 법안은 민간 통제를 중심으로 한 법으로서 과학자 다수의 지지를 받았으며, 후자가 통과되었다. 원자력의 평화적 이용에 대한 낙관적 전망과 원자력이란 기술을 이해할 수 있는 과학기술자를 필요로 한 시기라는 요인이 결합하여 민간통제로 귀결되었다.

1953년 미국의 아이젠하워 대통령이 '원자력의 평화적 이용(Atoms for Peace)'을 제창함에 따라 민간의 원자력 이용이 가능하게 되었다. 이 연설이 있은 후 1954년 미국은 민간이 원자로를 소유하고 운전할 수 있도록 원자력법을 개정했다. 1954년 개정 원자력법의 목적은 재정상의 유인과 연구보조를 통한 사적 기업의 참여를 장려하고 연방정부의 원자력 개발에 대한 장악을 완화하려는 것이었다.[41] 미연방의회는 원자력이 안전하고 경제적이고 상대적으로 오염에서 자유로운 것으로 인식하였다.

40) 댄 쿠퍼(승영조 옮김), 「현대물리학과 페르미」, 바다출판사, 2002, 148면.
41) 석인선, 앞의 논문, 198-199면.

실질적인 재정상의 유인에도 불구하고 전력산업이 원자력산업에 뛰어들기를 주저했던 가장 큰 이유는 핵사고의 가능성에 대한 보험의 불유용성 때문이었다. 이에 대해 의회는 1957년 원자력 손해배상에 대한 법(Price-Anderson Act)을 제정하였다. 동 법은 핵사고의 경우 배상책임을 제한함으로써, 민간의 원자력산업 참여를 유도하였다. 미국 최초의 상업용 원자력발전소인 쉽핑포트 원전이 1957년 12월 상업 발전을 시작했다. 1964년에는 존슨 대통령이 특수 핵물질 보유에 대한 법률에 서명함으로써, 원자력 발전회사가 핵연료를 보유하는 것을 허락했다.

1950년대와 1960년대의 원자력법제는 원자력진흥과 안전성을 동시에 고려했지만, 사법부는 의회의 의도가 원자력진흥에 있다고 전제하고 원자력안전보다는 원자력증진을 지지하는 입장을 보였다.[42] 그러나 사법부는 쓰리마일섬 사고와 같은 원자력사고를 계기로 원자력안전에 대한 대중의 요구에 대응하기 시작하여 엄격한 입장을 취하게 되었다.

미국은 2000년대에 들어와 다시금 원자력 이용 지원정책을 적극적으로 펴기 시작했다.[43] 2005년 8월 발효된 에너지 정책법은 미국 에너지원의 다양화, 에너지 효율성의 증대, 새로운 에너지 생산기술 개발, 에너지 인프라 보강 등에 초점을 맞추고 있다. 에너지정책법이 담고 있는 원자력과 관련된 주요 내용은 다음과 같다. 첫째, 원자력 손해배상법인 '프라이스 앤더슨법'의 효력을 2025년 말까지 연장한다. 둘째, 원전 인 · 허가 지연으로 인한 산업체의 재정적 손실을 보상한다. 셋째, 차세대 원전에 대해서는 가동 후 8년 동안 kWh당 1.8센트의 세금을 감면한다. 넷째, 에너지부의 원자력 핵심 프로그램으로 Gen-IV(제4세대 원자로)개발을 시행한다. 다섯째, 첨단 핵연료주기의 연구개발 및 실증 프로그램을 수행한다.

한편, 2011년 3월 일본 후쿠시마 사고 이후 미국 원자력규제위원회

42) 위의 논문, 222면.
43) 오근배, 앞의 논문, 121-129면.

(NRC)는 안전지침을 강화하였다.

제5절 원자력의 위험성에 대한 법적 대응

원자력관련법제는 원자력에너지의 평화적 이용의 촉진이라는 관점에서 원자력이용의 안전적 규제의 관점으로 움직이고 있다.[44] 또한 원자력사고가 일어나는 것을 계기로 안전규정을 강화하고 있다.

원자력이 가지는 위험성을 어떻게 효과적으로 통제할 것인가가 원자력안전법제의 화두라고 할 수 있다. 이러한 목표를 달성하기 위해서 많은 노력이 이루어져 왔으며, 가장 핵심이 되는 요소를 살펴보면 다음과 같다. 첫째, 독립적인 규제기관이 있어야 한다는 것이다. 둘째, 주기적으로 안전성 평가가 이루어져야 하며, 안전성의 기술기준이 지속적으로 최신기술을 반영하여 갱신되어야 한다는 점이다. 이를 통해 지속적으로 안전성이 높아지도록 해야 한다. 셋째, 허가절차의 투명성을 강조하고 있으며, 이를 위해 공청회 등 주민들의 의견을 수렴할 것을 요구하고 있다. 이러한 세 가지 요소가 어떻게 관련 국제법이나 국내법에 반영되었는지를 살펴보면 아래와 같다.

1. 국제 차원의 법제

1986년 소련의 체르노빌 원전사고 이전까지는 원자력안전성 확보의 책임과 권한을 해당 시설 보유국에 맡기고 운영이 이루어졌다. 이 사고를 계기로 1991년 IAEA는 제35차 총회에서 원자력안전을 위한 제도적 장치를 마련하기로 결의하였다. 이후 IAEA는 '원자력안전협약(The Convention on Nuclear Safety)'의 초안을 마련하였고, 1994년 최종 협

44) 석인선, 앞의 논문, 191면.

약안이 채택되어, 1996년 10월 24일 발효되었다. 우리나라는 1995년 9월 협약을 비준하였다. 동 협약의 목적은 사고 방지를 위한 수단을 강구하여, 높은 수준의 안전성을 확보하는데 있다. 동 법의 주요 내용은 다음과 같다. 첫째, 규제기관을 설립하되, 규제기관의 기능을 원자력 에너지의 증진과 관련된 다른 기관과 분리하도록 하고 있다(제8조). 둘째, 원자력 사업자가 원자력시설에 대한 안전을 책임지도록 하고 있다(제9조). 셋째, 원전 종사자들이 원자력의 안전에 우선권을 부여하도록 하고 있다(제10조). 넷째, 품질보증 프로그램을 운영하도록 하고 있다(제13조). 다섯째, 체계적인 안전성 평가를 하도록 하며, 이러한 평가는 최신 안전 정보를 반영하여 지속적으로 갱신되도록 하고 있다(제14조).

:: 표 10-3 원자력법의 체계(IAEA 지침)[45]

Ⅰ. 법률의 목적 Ⅱ. 적용범위 Ⅲ. 주요 용어의 정리 Ⅳ. 규제 당국
Ⅴ. 인가(면허, 허가 등) Ⅵ. 피면허자, 사업자, 사용자의 책임
Ⅶ. 검사 Ⅷ. 집행
Ⅸ. 구체적인 요건(각 주제 분야별로 방사능 보호, 방사능 물질 및 방사선원, 핵시설 안전, 비상대비 및 대응, 우라늄 채광, 운반, 방사능 폐기물 및 폐원료, 원자력 책임 및 보상 범위, 부칙, 경과조치, 기존 법률의 개정, 폐지 등)

IAEA는 동 조약에 기초하여 원자력법에 대한 지침을 제공하고 있다. 또한 IAEA는 안전성에 대한 기준을 기술향상이나 원자력사고를 반영하여, 지속적으로 개정하여 제시하고 있다. IAEA는 종합규제평가서비스(Integrated Regulatory Review Service: IRRS)를 제공하고 있다. IRRS는 원자력 안전규제와 관련되는 국가의 제도 등에 대해 IAEA 안전기준과 비교하여 종합적으로 평가하는 서비스이다. 특히 IRRS는 법적 및 제도적 요건과 규제기관의 효과성에 집중하고 있다. IRRS를 받은 국가는

45) 차성민, "원자력법의 체계에 관한 입법 정책적 고찰", 「법과 정책연구」, 9(2), 637면.

해당 IRRS 평가에 구속되는 것은 아니다.

한편, IAEA는 후쿠시마 사고 이후 2011년 7월 한국에 대해 통합규제검토서비스(IRRS)를 실시하여, 〈표 10-4〉와 같은 개선사항을 제시하였다.[46] 동 점검에서는 IAEA가 가지고 있던 기존의 가이드라인에서 제시되는 분야 외에 후쿠시마 사고 이후 새롭게 추가된 규제쟁점을 적용하였다. IRRS 결과보고서는 제안사항으로서 규제기관의 독립성, 안전성 관련 사항, 대중의 참여가 포함되어 있다. 즉, IAEA는 원자력안전위원회 위원은 독립성과 역량을 고려하여 선정할 수 있도록 관련 기준을 마련하고, 규제전문기관의 규정 및 지침의 제 · 개정 과정에 일반 대중의 참여도를 제고하며, 안전성분석보고서에 중대사고가 포함되게 시행규칙을 개정하도록 제안하고 있다.

원자력안전협약이나 IAEA에 의한 안전 관련 활동은, 이를 따르지 않을 경우 벌칙조항이 없다는 점에서 한계를 가지고 있다는 부정적 시각과 관련 국가가 이를 자발적으로 반영하여 일정한 효과를 거두고 있다는 긍정적 시각이 있다. 다음은 그 한계를 보여주는 사례이다. 일본정부의 후쿠시마 사고조사 검증위원회가 2011년 12월 발표한 중간보고서에 따르면,

:: 표 10-4 국제원자력기구의 통합규제검토서비스(IRRS) 수검 결과

▶ IRRS 주요 수검국 수검결과

국가	연도	수검 결과			국가	연도	수검 결과		
		권고	제안	우수			권고	제안	우수
프랑스	2006	35	49	40	독일	2008	13	34	4
영국	2006	13	14	13	캐나다	2009	14	18	19
일본	2007	10	18	17	중국	2010	40	41	9
우크라이나	2008	20	34	14	미국	2010	2	20	25
					한국	2011	10	12	15

46) 원자력안전위원회 보도 자료, 'IAEA, 한국 원자력안전관리체제를 높은 수준으로 평가', 2011. 10. 30.

▶ 한국 IRRS보고서(2011년 7월 실시)에 기술된 권고사항

(1) 원자력시설 해체에 대한 계획을 수립하고, 정기적으로 개정
(2) 새로운 규제기관의 업무(책임)에 맞는 자원과 인력이 배정되어야 하며 내부(위원회 사무처-위원회-KINS)의 책임사항은 명확히 정의하여 업무중복 방지
(3) 신설되는 원자력안전위원회 및 사무국의 모든 활동을 반영하도록 업무관리시스템 매뉴얼 개정
(4) 규제전문기관(KINS: 한국원자력안전기술원) 업무관리시스템 매뉴얼에 자원관리 프로세스 개발
(5) 경미한 사항 변경신고 시, 안전성과 관련되는 경우에는 사업자가 안전성평가보고서를 제출토록 하고 규제기관의 안전성확인 후 변경하도록 규정 개정
(6) 사업자의 안전관련 위반사항 발생 시, 정지를 명하여야 할 경우 과징금으로 대신할 수 없도록 「원자력법」 개정 필요
(7) 교육용원자로(경희대)도 품질보증계획 및 방사선 비상계획을 제출하도록 하고, 기재 내용 및 평가 등은 차등접근법을 적용하여 수행
(8) 신설되는 원자력안전위원회는 주재관(교과부)과 주재원(KINS)간의 기술적 사항에 대한 이견이 발생할 경우, 이에 대한 조정방안 도입
(9) 주재관실의 일상검사는 위험도를 고려한 차등적 검사기법을 도입
(10) IAEA요건(GS-R-2)에 따라 비상계획구역을 정의하여야 함 * 현재의 비상계획구역을 예방조치구역과 긴급보호조치계획구역으로 구분

▶ 한국 IRRS보고서(2011년 7월 실시)에 기술된 제안사항

(1) 신설되는 원자력안전위원회 위원은 독립성과 역량을 고려하여 선정될 수 있도록 관련 기준을 마련
(2) 신설되는 원자력안전위원회는 업무수행에 필요한 적정 인력 확보 * 원자력안전위원회 인적자원 계획 마련 필요
(3) 신설되는 원자력안전위원회는 의사결정을 지원하기 위해 기존 안전전문위원회와 유사한 역량을 가진 자문위원회 설치 필요
(4) 규제기관 업무관리매뉴얼에 안전문화를 지속적으로 개발 · 개선하기 위한 구체적인 방안 기술
(5) 규제효율성 및 실효성이 저하되지 않도록, 조직개편에 대한 프로세스와 절차를 업무관리매뉴얼에 반영
(6) 규제전문기관(KINS)은 업무관리매뉴얼에 반영된 내용 전반을 보완 * 업무프로세스 개요(목적 등), 업무관련 문서종류 설명 등
(7) 안전성분석보고서(SAR)에 기재하는 사항으로 중대사고 및 확률론적 안전성평가(PSA)가 포함될 수 있도록 시행규칙 개정

(8) 안전성분석보고서(SAR) 및 방사선 환경영향평가서(RER)에서 방사선량을 결정하기 위한 분석방법들의 적절성 검토
(9) 원자로의 인 · 허가시, 설계기준사고에 대한 방사선량 허용기준과 비상계획 적용기준간의 조화를 고려하고, 중대사고시의 방사선안전 기준을 설정
(10) 검사가 일관성있게 수행되도록 검사방법의 적절성을 평가하기 위한 프로세스 개발 시행
(11) 행정처분 의사결정과정의 적절성을 평가하고 개선필요사항이 있는지 확인
(12) 규제전문기관(KINS)의 규정 및 지침의 제 · 개정 과정에 일반 대중의 참여도를 제고

도쿄전력은 2006년에 노심용융 같은 심각한 사고를 일으킬 10m 높이의 쓰나미가 후쿠시마 원전지역에 올 확률을 50년 동안 1%로 계산한 적이 있다.[47] 당시 IAEA가 기본안전규칙으로 요구한 심각한 사고 발생확률인 10만년분의 1회, 즉 0.001% 보다 높은 숫자였다. 2006년 원자력안전위원회의 분과 위원회에서 10만년분의 1회의 수치를 도입하려 했으나, 전력회사 소속의 위원이 반대하여 1만년의 1회로 결정되었다.

2. 국내 원자력 관련법

(1) 규제기관의 독립성

원자력안전의 기준을 엄격하게 할수록 비용이 많이 들어간다. 따라서 '비용 대비 효과'라는 관점에서 접근하면 안전기준이 낮아질 우려가 있다. 또한 원자력발전소의 수명을 연장하는 것으로 커다란 경제적 이익을 얻을 수 있기 때문에 수명연장의 안전기준이 낮아질 우려도 있다고 하겠다. 도쿄전력은 2008년 6월 1896년 발생한 8.3 리히터 기준의 지진이 발생할 경우, 후쿠시마 원전지역에 최대 15.7미터의 쓰나미가 올 수 있다는 계산결과를 가지고 있었으나, 발생가능성이 희박하다는 이유로 대책이 강구되지 않았다. 이에 대해 도쿄전력이 수백억원의 추가비용과 4년

47) 장정욱, 앞의 글.

:: 표 10-5 원자력관련 법령[48)]

법률명	주요내용
원자력진흥법	원자력의 연구 · 개발 · 생산 · 이용에 관한 사항을 규정하여 학술의 진보와 산업의 진흥을 촉진
원자력안전법	원자력의 연구 · 개발 · 생산 · 이용에 따른 안전관리에 관한 사항을 규정, 방사선에 의한 재해의 방지와 공동의 안전을 도모
원자력안전위원회의 설치 및 운영에 관한 법률	원자력안전위원회의 설치, 원자력생산과 이용에 따른 방사선 재해로부터 국민을 보호
원자력시설 등의 방호 및 방사능 방재대책법	핵물질 및 원자력시설 방화체제를 강화하고 방사능재난 관리체제를 구축
방사선 및 방사성동위원소 이용진흥법	방사선 및 방사성동위원소의 이용확대, 기술개발 촉진, 관련산업육성
원자력손해배상법	원자력사고로 인한 손해의 배상을 위한 특별 불법행위 제도의 창설과 그 담보 방안 등을 규정
원자력손해배상보상계약에 관한 법률	책임보험으로 전보하지 못하는 손해를 담보하기 위해 사업자와 정부간에 체결하는 보상계약에 관한 사항을 규정
한국원자력안전기술원법	원자력안전전문기관인 한국원자력안전기술원의 설립, 운영에 관한 법
생활주변방사선안전관리법	생활주변에서 접할 수 있는 방사선의 안전관리에 관한 사항을 규정
방사선폐기물 관리법	방사선폐기물의 관리에 관한 사항(방사선 폐기물 관리공단의 설립)을 통합

여의 기간이 소요되는 것을 피하기 위한 것이었다는 비판이 제기되고 있다. 미국의 경우 후쿠시마 사고 이후, 2012년 3월 1일 새 원전설계 및 운영안전지침을 발표했으며, 그 내용에는 지진 · 홍수 등 재난 대비 방안, 사용 후 핵연료봉 저장수조 개선, 원전 통풍 체계 봉쇄 등이 포함되어 있다.[49)] 새 지침 시행시 원전 운영사들은 수백만 달러의 추가 비용을 부담해야 할 것으로 예상되며, 그레고리 잭코 NRC 위원장은 개선 사항들은

48) 이상윤, 「원자력 관련법령 체계 개편에 관한 연구」, 한국법제연구원, 2011, 21-22면, 표-1 일부 인용함.

49) 연합뉴스. 2012. 3. 2.

모두 의무적으로 시행돼야 하며 더 이상 비용–효과 분석 대상이 되어서는 안 된다고 강조했다.

기존의 한국 원자력법은 원자력의 이용과 안전관리에 관한 사항을 함께 규정하여 원자력안전규제체제의 독립성이 부족하다고 지적되기도 했다. 2011년 7월 25일에 원자력안전위원회의 설치 및 운영에 관한 법률, 원자력안전법이 각각 제정되었고, 기존의 원자력법을 원자력진흥법으로 개정하였다. 기존의 원자력법에서 규정하고 있는 원자력위원회가 개별법에 의해서 각각 원자력진흥위원회와 원자력안전위원회로 구분되었다. 종래의 원자력법은 원자력위원회의 경우 국무총리 소속으로 하고, 원자력안전위원회는 과학기술부장관 소속으로 규정하고 있어서, 원자력의 안전보다는 원자력의 이용을 중시한다는 느낌을 준다. 그러나 원자력법이 분화되면서, 원자력진흥위원회의 경우 국무총리 소속으로 되어있으며, 원자력안전위원회는 대통령 소속으로 하고 있어서, 원자력 안전을 더욱 중시하는 방향으로 정책이 변화하고 있음을 보여주고 있다.

(2) 인 · 허가 행정의 정교화

우리나라 원자력 안전에 관한 대표적인 법은 '원자력안전법'이다. 원자력안전법은 원자력 안전의 인프라에 대한 사항과 분야별 원자력 안전에 대한 사항을 담고 있으며, 전자와 관련하여 원자력안전종합계획의 수립, 원자력안전전문기관(한국원자력안전기술원: KINS), 한국원자력통제기술원 등을 규정하고 있다. 또한 원자력안전법은 원자로의 설치 · 운영 · 해체, 핵연료주기사업 운영, 핵물질사용, 방사선동위원소 · 방사선발생장치의 생산 · 사용, 방사선폐기물 처리 시설의 건설 · 운영 등에 대해 규제하고 있다. 규제방식으로서 사전허가, 허가, 검사, 허가취소, 기록 등을 규정하고 있다.

원전의 설치 · 운전허가에 대한 판단은 복잡한 과정이며, 기술적 내용이 많이 포함되어 있어서 사법적 통제에 어려움이 있다.[50] 원자력관련

사건은 대부분 정책문제와 과학문제를 포함하고 있는 것이 일반적이다.[51] 원자력에 대한 사건은 고도의 전문성과 기술성이 개입되어 있기 때문에 해당분야의 전문가가 아닌 판사가 정확한 판단을 할 수 있냐는 의문이 제기되어 일부에서는 자연과학자들로 구성된 과학법원이 필요하다는 주장도 제기되었다. 이에 대해 행정기관의 정책결정 과정의 적절성이 중요하며, 사법부는 그 과정의 적절성에 의지해서 이를 존중하는 것이 타당하다는 의견이 있다. 예컨대, 1970년 콜럼비아특별구 순회항소법원의 데이비드 바젤론 판사는 환경쟁점에 대한 모든 견해들은 행정기관의 정책결정과정 속에 융합되어야 함을 강조했다. 또한 독일에서는 1980년대부터 과학기술시설의 안전성에 대해서 행정의 우선적 판단권을 인정하고자 하는 학설이 유력하며, 그 근거의 하나로 결정에 이르기까지의 절차가 신중하게 이루어졌다는 점을 들고 있다.[52] 예를 들어 독일의 원전허가 절차는 구두의 청문을 중심으로 한 신중한 절차에 의하여 이루어지고 있다.

한국의 원자력안전법도 원자력발전소의 허가를 건설허가와 운영허가로 이원화하고, 운영허가의 경우 검사와 주기적 안전성평가를 하도록 하는 등 관련 행정 절차를 세분화하고 있다.

가. 발전용원자로 설치

원자로를 건설하거나, 허가받은 사항을 변경하고자 하는 자는 원자력안전위원회의 허가를 받도록 하고 있다(제10조 제1항). 다만, 위원회 규칙에 명시된 경미한 사항의 변경은 위원회에 이를 신고하여야 한다. 허가신청서에는 방사선환경영향평가서, 예비안전성 분석보고서, 건설에 관한 품질보증계획서 등을 제출해야 한다(제10조 제2항). 허가기준은 건설

---

50) 강구철, "원자력안전규제에 대한 사법통제와 다단계적 행정절차", 「법학논총」, 제8집, 1996. 8, 148면.

51) 석인선, 앞의 논문, 220면.

52) 강구철, 앞의 논문, 135-136면.

에 필요한 기술능력을 확보하고, 원자로 등의 위치, 구조, 설비가 기술기준에 적합하여 재해방지에 지장이 없으며, 방사선 등으로부터 국민건강에 위해를 주지 않도록 기준에 적합하며, 품질보증계획서의 내용이 기준에 적합할 것 등으로 구성되어 있다(제11조). 위원회는 허가에 관련된 안전성 심사를 특정 기관에 위탁할 수 있으며(제111조 제1항), 허가 전에 수탁기관의 심사보고서를 첨부하여 심의하여야 한다(시행령 제20조). 허락을 받은 원자로 설치자는 핵물질의 계량관리규정을 정하여 핵물질 사용 전에 위원회의 승인을 받아야 한다(제15조). 원자로 설치자는 원자로 및 관련시설의 건설, 핵물질의 계량관리에 대한 사항에 대해 위원회의 검사를 받아야 한다(제16조 제1항). 위원회는 검사결과 허가기준에 미달되거나, 허가신청 첨부서류의 내용이 일치하지 않거나, 계량관리규정에 위반된 경우 보완을 명할 수 있고, 이를 어긴 경우 허가를 취소하거나 건설공사의 정지를 명할 수 있다.

한편, 위원회는 발전용 원자로를 건설하려는 자가 건설허가 신청 전에 부지에 대한 사전 승인을 신청한 경우 이를 검토하여 승인할 수 있다(제10조 제3항). 승인신청서에는 방사선환경영향평가서, 부지조사보고서 등의 서류를 첨부해야 한다(제10조 제5항).

나. 발전용원자로 운영

원자로를 운영하고자 하는 자는 원자력안전위원회의 허가를 받도록 하고 있다(제20조 제1항). 다만, 위원회 규칙에 명시된 경미한 사항의 변경은 위원회에 이를 신고하여야 한다. 허가신청서에는 운영기술지침서, 방사선환경영향평가서(건설허가 때 제출한 내용과 달라진 점만), 최종 안전성 분석보고서, 운전에 관한 품질보증계획서 등을 제출해야 한다(제10조 제2항). 허가기준은 운영에 필요한 기술능력을 확보하고, 원자로의 성능이 기술기준에 적합하여 재해방지에 지장이 없으며, 방사선 등으로부터 국민건강에 위해를 주지 않도록 기준에 적합하며, 품질보증계획서의 내용이 기준에 적합할 것 등으로 구성되어 있다(제21조). 위원회는 허가에 관련된 안전성 심사를 특정 기관에 위탁할 수 있으며(제111조 제1항), 허가 전에 수탁기관의 심사보고서를 첨부하여 심의하여야 한다(시행령 제33조 제3항). 원자로 운영자는 원자로 및 관련시설의 운영, 핵물질의 계량관리에 대한 사항에 대해 위원회의 검사를 받아야 한다(제22조 제1항). 위원회는 검사결과 허가기준에 미달되거나, 운영에 대한 안전조치가 부족하거나, 허가신청 첨부서류의 내용이 일치하지 않거나, 계량관리규정에 위반된 경우 보완을 명할 수 있다. 원자로운영자는 원자로 및 시설에 대한 안전성을 운영허가를 받은 날로부터 10년마다 평가하여 그 결과를 위원회에 보고하고, 위원회는 주기적안전성평가(PSR)결과가 부족하다고 인정하면 시정을 명할 수 있다(제23조, 시행령 제36조).

다. 발전용원자로 수명연장

발전용원자로운영자가 원자로시설의 설계수명기간이 만료된 후에 그 시설을 계속하여 운전하려는 경우에는 설계수명기간 만료일이 되기 5년 전부터 2년 전까지의 기간 내에 원자력위원회에 안전성 평가보고서를 제출하여야 한다(시행령 제36조 제4항). 이때 적용되는 기술기준은 '원자로시설의 계속운전 평가를 위한 기술기준 적용에 관한 지침(원자력안전위원회 고시 2011-25호)'이 적용된다.

월성1호기는 설계수명(30년)이 2012년 11월 20일 만료된다. 운영자는 2009년 12월 계속운전 인·허가 신청을 하였으며, 주기적안전성평가, 주요기기 수명평가, 방사선환경영향평가 등에 대한 서류적합성 검토가 2010년 12월에 완료되었다. 심사의 신뢰도를 높이기 위해 2012년 6월 IAEA Peer Review를 받아 수명연장이 적합하다는 판단을 받았다. 이에 대해 시민단체는 IAEA가 한번도 원전 폐쇄결정을 한 사실이 없으며, 열흘 만에 심사를 하는 것은 무리라는 이유로 IAEA의 판단을 수용할 수 없다는 입장이다. 또한 폐쇄된 130여개 원전의 평균가동 연한이 25년이라는 점을 근거로 들고 있다.[53] 반면에, 전 세계에서 가동 중인 435기의 원자로(2012년 7월) 중 30년 이상 가동되고 있는 것은 178기(41%), 40년 이상 된 것도 32기(7.4%)이며, 따라서, 적법한 평가를 거친 후 원자력발전소의 수명을 연장하는 것은 타당하다는 주장도 있다.[54]

(3) 시민의 참여

원자력에 관련된 위험은 전문가들도 판단하기 어려울 정도로 불확실성이 크다. 따라서, 시민의 의견을 듣는 절차가 점차 중요해지고 있으며, 원자력안전법도 다음과 같이 이를 반영하고 있다. 발전용원자로의 설치허가, 발전용원자로 건설 부지에 대한 사전승인, 방사성폐기물 처분시설 또는 사용 후 핵연료 저장시설의 건설 · 운영 허가를 받으려는 자는, 방사선환경영향평가서 초안을 작성하여, 공람하게 하거나 공청회 등을 개최하여 위원회가 정하는 범위의 주민의 의견을 수렴하고 이를 방사선환경영향평가서의 내용에 포함시켜야 한다(제103조). 해당 주민과 관련 행정기관의 장은 방사선 환경영향에 대한 의견을 제출할 수 있으며, 주민의 경우 공청회 개최여부에 대한 의사도 표시할 수 있다(시행령 제144조). 공청회 개최가 필요하다는 의견을 제출한 주민이 30명 이상이거나, 5명 이상 30명 미만인 경우로서 평가서 초안에 대한 의견을 제출한 주민 총수의 100분의 50 이상인 경우에는 공청회를 개최해야 한다(시행령 제145조). 그러나, 동 법은 원자력수명 연장과 관련한 주민의 의견 수렴절차는 포함되어 있지 않다.

'원자력안전위원회의 설치 및 운영에 관한 법률'은 위원회의 회의가 공개를 원칙으로 한다고 규정하여, 행정의 투명성과 정보공개를 통한 시민의 참여를 배려하고 있다(제13조 제4항). 이와 관련하여, 2012년 7월 4일 원자력안전위원회가 고리1호기 재가동을 승인하는 회의를 비공개로

53) 양이원영, 혹사당한 한국원전, 수명연장 안 된다, 경향신문, 2012. 3. 30.
54) 김병학, 고리1호기 위험 근거없다, Focus, 2012. 7. 26.

진행했다는 비판이 있다.[55)]

한편, 일본의 경우 주민의견 수렴과정에서 원전사업자가 부당하게 개입한 사례도 보고되고 있다.[56)] 일본의 원전입지 지방자치단체장은 원전입지 · 재가동 · 새로운 발전방식 등의 허가에 대한 법적 권한은 가지고 있지 않지만, 입지 지자체와 원자력 회사 간에 체결하는 원자력안전협정을 통해 원자력정책의 추진에 결정적인 역할을 하고 있다. 일본의 경제산업성은 2011년 6월 26일 큐슈전력의 겐카이 원전이 있는 사가현 주민을 대상으로 고장으로 운전정지 되었던 원전의 재가동에 대한 설명회를 유선TV 방송으로 실시하였다. 총 473건의 주민의견 중 225건이 재가동에 찬성하였고, 이를 근거로 사가현 지사와 겐카이군 군수는 원전의 재가동에 동의한다고 발표하였다. 그러나, 사가현 지사가 설명회 4일전에 큐슈전력 간부들에게 의견제출에 적극적 자세를 보이도록 촉구 했으며, 큐슈전력은 직원들에게 설명회에 찬성의견을 보내도록 했다는 것이 밝혀졌고, 겐카이군 군수는 재가동에 대한 동의를 철회한다고 발표했다. 사가현 지사와 겐카이군 군수는 큐슈전력과 이해관계가 있음이 밝혀졌다. 이 사건을 계기로 설치된 정부 조사위원회 보고서에 따르면, 원전 입지 지자체에서 열린 설명회에서 찬성의견을 표명하도록 전력회사에 요청한 것은 원자력규제를 담당하는 원자력안전보안원과 입지 현의 간부들이었다.

(4) 원자력안전위원회의 역할

원자력안전위원회의 중요성은 다음과 같은 사례에서도 알 수 있다. 1977년 독일의 프라이부르그행정법원은, 빌(Wyhl)원자력발전소가 '원자로압력용기에 대한 파열방지조치'에 필요한 안전대책을 취하지 않았다는 이유로 원전의 허가를 취소하였으나, 거의 같은 시기 뷔르쯔부르그

55) 하승수, 원자력 '불안전위원회', 주간경향, 제986호, 2012. 7. 31, 82면.
56) 장정욱, 앞의 글.

행정법원은 이 조치를 취하지 않더라도 압력용기의 안전조치는 보장되어 있어 원전허가가 적법하다고 상반된 판결을 하였다.[57] 판례는 원자로안전위원회의 평가를 인용하고 있는데, 동 위원회가 파열방지대책에 관하여 일관된 태도를 취하지 못한 것이 두 법원이 정반대의 결론을 도출하는 요인으로 작용했다.

원자력 관련법에는 그 특성상 기술적 규정이 많이 나온다. 이를 법에 상세히 규정할 경우 과학과 기술, 경영, 규제의 유용한 발전사항을 적시에 반영하지 못해서 안전과 관련한 발전을 해칠 수 있다.[58] 원자력안전법은 원자력안전위원회에게 많은 구체적 사항들을 위임하고 있다. 먼저, 원자력안전위원회는 구체적인 기술적 사항에 대한 기준을 정하도록 위임을 받고 있다(원자로 건설 허용기준 제11조 제1호 등). 또한 원자력안전위원회는 핵물질 및 원자로의 규제에 대한 사항, 원자력이용자의 허가 · 재허가 · 인가 · 승인 · 등록 및 취소에 관한 사항 등을 심의 · 의결하는 권한을 가진다. 발전용원자로 운영자는 그 안전성을 주기적으로 평가하고, 그 결과를 위원회에 제출하며, 위원회는 안전조치가 부족하다고 인정되면 이를 시정 · 보완하게 할 수 있도록 규정하여(제23조), IAEA의 지속적 통제원칙을 반영하고 있다. 위원회는 안전조치가 부족하다고 판단할 경우, 원자로 및 관련 시설의 사용정지, 개조, 수리, 이전, 운영방법의 지정 등 필요한 조치를 명할 수 있다(제27조).

이와 같이 원자력안전위원회는 원자력안전을 담보하는데 매우 중요한 권한을 가지고 있고, 동 위원회가 독립적이고 전문가적 역량을 가지고 활동하도록 규정하는 것이 필요하다고 하겠다. 관련법에서는 원자력안전위원회의 독립성을 강화하기 위해 이해관계자를 위원에 임명하지 못하도록 규정하고 있다(원자력안전위원회의 설치 및 운영에 관한 법률). 동 법 제10조는 '최근 3년 이내 원자력이용자, 원자력이용자단체의 장 또는 그 종업원

57) 강구철, 앞의 논문, 131면.
58) 차성민, 앞의 논문, 640면.

으로서 근무하였거나 근무하고 있는 사람' 및 '최근 3년 이내 원자력이용자 또는 원자력이용자단체로부터 연구개발과제를 수탁하는 등 원자력이용자 또는 원자력이용자단체가 수행하는 사업에 관여하였거나 관여하고 있는 사람'을 결격사유로 들고 있다(제10조). 원자력위원회의 위원장과 부위원장이 한국원자력산업협회에서 각각 부회장과 이사직을 맡은 경력과 관련하여 시민단체는 동 조항을 어겼다고 주장하고 있으며, 원자력안전위원회는 '한국 원자력산업회의는 원자력계 업체와 단체를 총망라한 단체로 임원은 실질적인 종사자가 아닌 명예직일 뿐'이라는 입장을 밝혔다.[59] 앞서 본 바와 같이 한국에 대한 IRRS 보고서에서도 원자력안전위원회에 관련된 사항이 다수 포함되어 있다.

원자력안전위원회는 원자력사업자가 관련 지침을 잘 지키는지에 대한 관리도 충실히 할 필요가 있다고 하겠다. 일본정부의 후쿠시마 사고조사 검증위원회에 따르면 원자력안전위원회가 2006년 강화된 내진지침을 도입하였으나, 2011년 3월 원전사고 당시까지 후쿠시마 원전은 설비강화에 대한 심사를 받지 않은 상태로 가동하고 있었다고 한다.[60]

:: 표 10-6 원자력안전법의 '검사'와 관련한 위임 규정 체제

명칭	관련 조문
원자력안전법	제22조(검사) ① ..발전용원자로운영자는 발전용원자로 및 관계시설의 운영, 특정핵물질의 계량관리에 관한 사항을 대통령령으로 정하는 바에 따라 **위원회**의 검사를 받아야 한다.
원자력안전법 시행령	제35조(정기검사) ① 법 제22조 제1항에 따라 발전용원자로운영자는 원자로시설의 성능에 관하여 **위원회**규칙으로 정하는 검사대상 및 검사방법에 따라 정기적으로 검사를 받아야 한다.

59) 송채경화 · 이근영, 무자격 원자력안전위, 고리1호기 재가동 허용, 한겨레신문, 2012. 7. 26.

60) 장정욱, 앞의 글.

<table>
<tr><td>원자력안전법
시행규칙</td><td>제23조(정기검사) ① 영 제35조 제1항에 따라 검사를 받아야 하는 시설은 다음 각 호와 같으며, 시설별 검사대상과 세부적인 검사방법은 원자력안전위원회가 정한다. 다만, 원자로시설의 설계상의 특성으로 인하여 검사를 받을 필요가 없다고 원자력안전위원회가 인정하는 경우에는 해당 시설에 대한 검사를 실시하지 아니할 수 있다.
1. 원자로 본체(핵연료를 포함한다) 2. 원자로냉각계통시설 3. 계측 및 제어계통시설.... 11. 그 밖에 원자로의 안전에 관계되는 시설로서 원자력안전위원회가 정하여 고시하는 시설</td></tr>
<tr><td>원자로시설의 정기검사 대상 및 방법에 관한 규정(원자력 안전위원회고시) 제2012-24호)</td><td>제1조(목적) 이 규정은 「원자력안전법 시행규칙」 제23조제1항 및 제34조에 따른 원자로시설 및 연구용 등 원자로시설의 정기검사에 대한 시설별 검사대상과 검사방법을 규정함을 목적으로 한다.
제2조(정기검사 대상시설 및 분야) ② 경수형원자로시설, 중수형원자로시설 및 연구용 등 원자로시설에 대한 검사대상은 각각 별표 1, 별표 2 및 별표 3과 같다. 다만, 원자로의 안전성 및 성능을 평가 · 확인하는데 필요한 경우에는 별도의 검사대상을 추가 할 수 있다.
[별표1] 일부분 발췌
경수형원자로시설 정기검사 대상항목(제2조제2항 관련)
<table>
<tr><th>검사대상시설</th><th>검사대상항목</th></tr>
<tr><td>1. 원자로 본체</td><td>핵연료 검사, 노물리 시험, 원자로본체 가동 중 검사</td></tr>
<tr><td>2. 원자로 냉각 계통 시설</td><td>원자로냉각재압력경계 기기 및 배관 가동중 검사, 증기발생기 세관검사, 원자로냉각재계통 펌프 및 밸브, 원자로냉각재계통 누설량, 원자로냉각재 유량측정, 안전관련계통 누설 점검</td></tr>
</table>
</td></tr>
</table>

(5) 안전성의 기준

원자력에 대한 안전성 기준은 지속적으로 최신 기술수준에 따라 높아지도록 하는 것이 바람직하다. 원자력안전법은 원자력안전위원회가 안전성에 대한 검사를 하도록 하고 있으며, 또한 주기적으로 사업자로 하여금 안전성평가를 하도록 하고 있다. 주기적 안전성 평가의 기술기준은 '안전성 평가 당시 해당 원자로 시설에 유효한 기술기준을 활용하여 평가할 것'이라고 규정하고 있다(시행령 제38조 제1항 제4호). 시행규칙은 구체적인 관련 규칙을 명시하고 있다. 예컨대, 원자로시설의 구조 · 설비 및 성능에 관한 기술기준의 경우 '원자로시설 등의 기술기준에 관한 규칙'에 따르도록 하고 있다(시행규칙 제25조). 한편, 원자로 수명 연장을 위한 계속운전에 대한 주기적 안전성 평가의 기술기준의 경우 더 높은 기준을 요구하고 있다(시행령 제38조 제2항). 즉 계통 · 구조물 · 기기에 대해서는 최신 운전경험 및 연구결과 등을 반영한 기술기준을 활용하며, 방사선환경영향에 대하여는 최신 기술기준을 활용하여 평가할 것을 요구하고 있다.

독일의 경우 원자력법 제7조 제2항에 원전의 설치 · 운전에 대한 허가의 요건을 규정하고 있다.[61] 동항 제3호는 시설의 설치, 운전에 의한 재해에 대해서 '과학, 기술수준'에 비추어 필요한 '사전배려'가 이루어져야 한다고 규정하고 있다. '기술수준'의 개념은 기술의 진보라는 측면에 안전규제를 결합한 것이다. 많은 학설은 원자력 분야 재해의 특수성을 근거로 '과학, 기술수준' 개념은 영업법상의 '기술수준' 개념보다도 더 안전규제를 과학기술의 발전과 연계시킨 것이라고 본다.[62]

우리나라나 독일이나 원자력의 이용에 따른 리스크를 어떠한 정도의 범위로 할 것인가에 대하여 법률에 구체적인 기준이 제시되어 있지 않다. 따라서, 과학기술의 변화와 원자력사고의 발생 등 상황변화에 따라 적절한 기술기준을 유연하고 신속하게 만들어 가는 것이 필요하다. 한국의 원자력안전위원회도 후쿠시마 사고 이후, 원자력안전을 강화하기 위해 관련 지침을 개정하고 있다. 예컨대, '원자력이용시설 사고 · 고장 발생시 보고 · 공개 규정'의 경우 분기별로 개최하던 사고 · 고장등급 평가위원

61) 강구철, 앞의 논문, 125면.
62) 위의 논문, 129면.

회를 수시로 개최할 수 있도록 바꾸었다(제8조). 또한 '원자로압력용기 감시시험 기준(안)'에서는 가압열충격 평가 내용을 신설하는 입법예고를 하였다(원자력안전위원회 공고 제2012-20호). 그 동안 가압열충격 기준과 관련하여 원전 사업자인 한국수력원자력㈜가 미국 원자력규제위원회(NRC) 등의 기준을 적용한 보고서를 교과부에 내면 되도록 해 왔다. 2000년대 중반 교과부 장관 고시에 넣는 개정을 추진했으나, 당시 정부의 '규제 완화' 방침에 따라 중단했다고 한다.[63]

원자로 압력용기는 강력한 에너지인 고방사선과 중성자선에 의해 시간이 갈수록 유리처럼 딱딱하게 변한다(조사취화). 원자로에 사고가 났을 경우 물을 뿌려서 냉각시켜야 하는데, 물의 온도에 따라서는 압력용기가 유리처럼 깨지게 된다. 가압열충격 기준온도란 사고 시 원자로의 급격한 온도 변화와 냉각수에 의한 충격을 견딜 수 있는 상한선을 말하는데, 기준온도를 낮출수록 원자로의 내구성 평가를 좀 더 엄격하게 할 수 있다. 동 고시(안)은 제16조에 가압열충격 규정을 신설하였고, 부록1과 부록2에 구체적 기준을 명시하고 있다. 2010년 2월 이전에 건설허가를 취득한 경우 부록2의 적용을 받게 되는데, 부록2의 표1에, 원자로내 원주방향 용착금속에 대한 기준온도를 화씨 312도(섭씨 155.6도)로 규정하고 있다(부록1은 화씨 300도: 섭씨 149도).[64] 우리나라는 지금까지 미국 원자력

63) 김광수, 원자로 용기 안전성기준 허술… '정부 고시' 없는 것도, 한겨레신문, 2011. 4. 18.
64) 원자로 압력용기에는 용접 부분이 있으며, 2006년 미국의 Wolf Creek 원전 가압기의 이종금속 용접부에서 원주방향 균열이 발견되면서, 가압경수로의 용접부의 구조적 건전성에 대한 관심이 증대되었다. 용착금속이란 용접 시 부과된 금속재료가 굳어진 것이다. 고리1호기 원자로용기의 경우, 조사취화에 취약한 구리함량이 높은 용접재 사용으로 인해 원자로용기 용착금속 부위의 기준온도가 2013년 3월에 허용기준(≤300°F)을 초과할 것으로 예상되었다(정해동, 「기계해석분야 안전현안 및 규제방향」, 제11회 원자력안전기술정보회의 발표자료, 2006. 4. 6, 18면.). 1998년까지 수행된 샤르피 충격시험을 통한 1~4차 감시시험 결과, 기준온도가 계속운전 종료시점 이전에 허용온도인 149℃를 초과할 것으로 예상되었다. 그러나 정밀한 파괴시험결과를 이용한 ASME Code Case N-629의 Master Curve 방법에 따라 기준온도를 재평가한 결과, 계속운전 종료시점에서 127℃로 평가되어 허용기준(149℃ 이하)을 만족하였다(한국원자력안전기술원, 「고리1호기 종합 안전점검결과 보고서」, 2012. 7, 47면.).

규제위원회(NRC)가 1982년 상향조정한 기준온도(화씨 300도)를 적용해 왔으며, 이번 고시(안)은 2010년 이전에 건설허가를 받은 원전의 경우, NRC가 다시 2010년 화씨 312도로 높인 조처를 따르고 있다.[65)]

동 고시(안)에 대해, 형식상으로는 고시(안)에 기준이 생겨서 안전성 기준이 강화된 것처럼 보이지만, 가압열충격 기준이 약화되었다는 점, 고시(안)이 원자력안전위원회 홈페이지에만 게시되어 일반시민에게 충분히 고지되지 않았다는 점, 한국의 원전가동률이 90%이상으로 세계평균가동률 78.9%보다 높다는 것을 고려하지 않았다는 점 등을 들어 비판하는 시각도 있다.[66)]

(6) 전문인력에 대한 교육훈련

미국의 쓰리마일 사고나 소련의 체르노빌 사고에서 볼 수 있는 바와 같이 원자력사고는 여기에 참여하는 인력의 실수로 유발될 수 있다. 따라서 이들 인력이 적절한 전문지식을 갖추도록 하는 조치가 필요하며, 동 법은 관련인력이 일정한 면허를 취득하도록 규정하고 있으며(제84조), 교육훈련을 받도록 하고 있다(제106조).

(7) 원자력손해배상법의 내용

원자력발전 관련 사고로 인한 손해배상은 그 특성으로 인해 두 가지 특징을 가진다. 첫 번째, 피해자가 보상을 확실히 받을 수 있도록 규정하고 있다. 원자력 사고의 경우 손해배상에 대한 일반적 원칙을 적용하는 경우 적절한 배상을 받지 못할 수 있다는 점을 감안한 접근방법이다. 두 번째, 원자력사업자가 감내할 수 있는 한도 내의 보상을 허용하고 있다. 원자력발전으로 인해 발생된 손실이 매우 클 수 있기 때문에, 일반적 손해배상원칙을 적용한다면 원자력사업을 원하는 사업자가 없을 것이기

65) 노현웅, 섭씨 6.6도를 올려라… "고리1호기 수명연장" 의혹, 한겨레신문, 2012. 8. 22.
66) 양이원영, 앞의 글.

때문이다. 첫 번째 접근법과 관련해서 세계적으로 대부분 무과실책임과 책임집중제를 도입하고 있다. 두 번째 접근법과 관련해서는 원자력사업자에게 배상액을 일정부분으로 제한하고, 나머지 금액에 대해서는 정부에서 부담하는 것으로 하고 있다.

원자력발전소의 손해배상과 관련한 국제협약으로서, 파리협약(1968년 발효)과 비엔나협약(1977년 발효)이 있다.[67] 두 국제협약의 공통사항은 다음과 같다. 첫째, 원자력손해와 관련한 일차적 책임은 사업자가 지며(책임집중), 무과실책임을 적용한다. 둘째, 원자력사업자의 보호를 위해 배상능력을 초과하는 부분은 국가가 보상하며 이들의 배상액이 협약에서 정한 상한을 넘지 않도록 한다. 예를 들어 파리협약 제3조와 제4조에서 시설보유자는 원칙적으로 원자력시설에서 발생한 원자력사고에 기인하는 모든 손해에 대하여 책임을 부담한다.[68] 이러한 법적 책임집중을 인정하지 않는다면 –예컨대, 원자력발전소 건설의 경우 재료공급자와 같이– 손해원인을 제공할 수 있는 모든 사람들은 책임보험을 가입해야 하는데, 이는 바람직하지 않다.

한국의 원자력손해배상법도 원자로의 운전 등으로 인하여 원자력손해가 생긴 때에는 당해 원자력사업자가 그 손해를 배상할 책임을 지도록 하여 무과실책임과 책임의 집중화를 규정하고 있다(제3조 제1항). 다만, 법적 책임집중주의의 예외로서 손해가 어떤 자연인에 의해서 고의 또는 중대한 과실로 인해서 생긴 경우 등에는 원자력시설보유자가 손해야기자에 대하여 구상권을 행사할 수 있다(제4조).

피해자의 손해를 확실하게 전보하기 위해서 원자력시설보유자 등에게 무한책임을 부과하여도 배상의무자가 이를 이행할 재정적 수단을 마련하고 있지 않은 경우 의미가 없다.[69] 따라서 원자력법에서는 손해배

---

67) 권용우, “원자력손해배상책임에 관한 연구”, 「법학논총」, 31(2), 2007, 166면.
68) 안경희, “독일원자력책임법에 관한 소고”, 「법학논총」, 24(1), 2011, 273면.
69) 위의 논문, 285면.

상을 재정적으로 확보하기 위하여 원자력시설보유자의 손해배상조치의무를 법제화하고 있다. 손해배상조치는 두 가지가 가능한데 첫째, 원자력손해배상책임보험계약과 원자력손해배상보상계약을 동시에 체결하는 방법과 둘째, 공탁하는 방법이 있다(제5조 제2항). 원자력손해배상책임보험계약은 원자력사업자의 손실을 보험자가 보장할 것을 약정하고, 보험계약자는 보험료를 지급할 것을 약정하는 계약이다(제7조 제1항). 또한 원자력손해배상보상계약은 보험계약에 의해서 보전할 수 없는 원자력손해를 원자력사업자가 배상함으로써 생기는 손실을 정부가 보상할 것을 약정하고, 원자력사업자는 정부에 보상료를 납입할 것을 약정하는 계약이다(제9조 제1항). 정부는 원자력손해가 발생한 경우에 원자력사업자가 배상하여야 할 손해배상액이 배상조치액을 초과하고, 필요하다고 인정될 때에는, 국회의 의결에 의하여 허용된 범위 안에서 원조를 하도록 규정하고 있다(제14조).

원자력손해배상법은 원자력시설보유자의 무한책임을 인정하고 있음에도 불구하고 최고한도액을 규정하고 있다. 즉, 최고한도액은 1사건당 3억 SDR[70)]의 한도 내에서(제3조2 제1항) 원자력이용시설의 종류 등에 따라 다르며, 발전용원자로의 500억원이 제일 높은 금액이다(제6조, 별표 1). 독일의 경우 원자력법 제정당시 유한책임주의를 채택하여 원자력시설보유자의 책임최고한도액을 5억 마르크로 법정하였으며, 1975년 10억마르크로 상향조정하였다가 1985년 무한책임주의를 도입하였다.[71)] 다만 불가항력으로 인한 손해배상의 경우 원자력시설보유자의 책임은 25억 유로로 한정된다.

우리 원자력손해배상법은 최고배상조치액(500억)이 낮다는 점, 원자

70) 국제통화기금(IMF) 특별인출권(SDR · Special Drawing Rights)이란 담보 없이 외화를 인출할 수 있는 권리를 뜻한다. SDR은 미국, 영국, 프랑스, 독일, 일본 등 5개국 통화시세를 가중평균하는 방법으로 가치를 평가한다. (2012년 3월 7일 기준 1SDR=1.54 달러, 3억 SDR=518억3640만원): 매일경제신문, 2011. 8. 5.

71) 안경희, 앞의 논문, 278면.

력사업자가 배상하여야 할 배상액이 배상조치액을 초과할 경우 '정부의 조치'를 규정하고 있으나 구체적이지 않다는 점, 1986년 체르노빌 사건에서 드러난 바와 같이 원자력사고는 이웃 국가까지 손해를 입힐 우려가 있으나, 월경손해에 대한 규정이 없다는 등의 문제점이 지적되고 있다.[72)]

72) 위의 논문, 292-297면.

제3부

과학기술과 법의 미래

제 11 장
기후변화, 어떻게 대처 할 것인가

지구온도가 1도 상승할 경우 생물 10%가 멸종할 것으로 전망된다.

– 영국정부 '스턴 보고서', 2006 –

기후변화현상은 산업혁명 이후 화석연료 에너지에 기반한 문명에 대해 지속가능하지 않다는 신호를 보냈다. 온실가스 배출에 대한 국제적인 규제는 새로운 에너지 기술의 개발을 유도하고 있다. 에너지 기술이 가지는 함의를 고려하면, 이러한 현상은 과학기술의 발전 방향에 근본적인 영향을 미칠 것으로 보인다. 기후변화현상에 대한 대응은 현대인의 생활방식을 뿌리부터 바꾸는 내용을 포괄하고 있기 때문에, 그 해결방법이 다른 과학기술 위험요소에 대한 방법과 큰 차이를 보이고 있다.

환경과 관련된 문제제기는 대체로 다음과 같은 과정을 거친다. 초기 단계에서는 특정 인간의 활동이 환경에 미치는 영향에 대한 과학적 근거를 둘러싸고 논란이 벌어진다. 두 번째 단계는 이에 대한 객관적 자료가 축적되면서, 사회적으로 그 위험성에 대한 공감대가 형성되고 국제적 차원의 합의가 이루어지는 단계이다. 이는 통상 국제협약의 형태로 나타나게 된다. 세 번째 단계는 국내적 차원에서 이를 실천하기 위한 조치를 취하게 되며, 구체적 행동으로 실천된다. 이러한 과정이 적절한 시점을 놓치는 경우 회복할 수 없거나, 회복하는 데 큰 사회적, 경제적 비용을 부담하게 된다. 오존층 문제와 기후변화 문제도 이러한 과정을 거치게 되는데, 오존층 문제부터 살펴보기로 한다.

제1절 오존층 파괴

인간이 만들어 낸 화학물질이 생명체와 지구에 어떠한 영향을 미칠지 아는 것은 쉽지 않다. 일찍이 레이첼 카슨은 지구 생명의 역사가 생명체와 환경의 상호작용의 역사이며, 수억년의 긴 세월 동안 생물들은 환경에 적응해 왔음을 상기시키면서, 자연에 존재하지 않았던 인공적인 화학물질의 등장이 인류에게 위험요소로 작용할 수 있음을 경고했다.[1] 자연은 인위적 화학물질 중 많은 것에 대해서 저항력이 없다.[2] 냉장고의 냉매로 사용해 왔던 염화불화탄소는 이러한 우려가 현실화된 사례라고 하겠다.

1. 오존층 파괴 현상

오존층은 태양으로부터의 자외선(UV)을 흡수하는 역할을 하기 때문에 매우 중요하다. 1974년 캘리포니아 대학의 모리나(Molina)와 로우랜드(Rowland)는 염화불화탄소(CFC, 일명 프레온 가스)가 오존층을 파괴한다는 내용의 논문을 과학 잡지 〈Nature〉에 처음 발표하였다.[3] CFC는 1890년대 벨기에의 화학자 스와르츠(Swarts)에 의해 합성되었으며(CFC-

1) 레이첼 카슨(김은령 옮김), 「침묵의 봄」, 에코리브르, 2011, 29-31면.
2) E.F. 슈마허(이상호 옮김), 「작은 것이 아름답다」, 문예출판사, 2001, 27면.
3) Mario J. Molina & F. S. Rowland, "Stratospheric sink for chlorofluoromethanes: chlorine atom-catalysed destruction of ozone", 「Nature」, no.249, 28 June 1974: "Photodissociation of the Chlorofluoromethanes in the stratosphere produces significant amounts of chlorine atoms, and leads to the destruction of atmospheric ozone."

12), 1928년 미국의 미즐리(Midgley)는 CFC를 냉각제로 개발하였다. CFC는 당시 냉동제로 사용되던 인체에 유해한 암모니아나 황산화물의 대체물질로서, 사람에게 무해하고 안정된 물질이다. 이 논문에서 두 과학자는 CFC가 안정적인 성질로 인해 대류권에서 누적되어 성층권까지 올라가고, 성층권에서 자외선에 의해 분해되면서 생성된 염소원자가 오존층을 파괴하는 촉매 작용을 한다고 주장하였다.

CFC는 생산량이 빠르게 증가했으며, 1980년대 후반에 정점에 달하였다.[4] 로우랜드는 1984년 'The New Yorker'와의 인터뷰에서 "상당한 양의 오존이 파괴된다는 또 다른 증거가 제시되기 전까지 오존층 파괴문제

:: 표 11-1 염화불화탄소에 의한 오존층의 파괴[5]

CFC는 염소, 불소, 탄소로 이루어진 화학물질이다. CFC에 의한 오존층 파괴는 큰 에너지를 가진 광자가 CFC 분자의 탄소, 염소 결합을 끊을 때 시작된다. 그 뒤 염소 원자는 연쇄반응 메커니즘에 참여한다. 염소원자라디칼(Cl·)은 먼저 오존 분자(O_3)와 결합하여 산화염소라디칼(ClO·)과 산소분자(O_2)가 된다.

단계 1 $Cl\cdot + O_3 \rightarrow ClO\cdot + O_2$

이렇게 해서 오존 분자가 파괴되었다. 이것이 특정 CFC 분자만이 일으키는 반응이라면 오존층에 거의 위험을 끼치지 않을 것이다. 그러나 문제는 산화염소 라디칼은 산소원자와 반응하여 염소원자를 재생산한다는 데 있다.

단계 2 $ClO\cdot + O \rightarrow O_2 + Cl\cdot$

이 두 단계를 더해서 얻어진 알짜 반응은 한 개의 오존 분자와 한 개의 산소원자가 두 개의 산소분자로 전환되어 오존이 없어진다.

$O_3 + O \rightarrow 2O_2$

4) http://www.afeas.org/overview.php

5) 디냐르 고드레지(황성원 옮김), 「기후변화, 지구의 미래에 희망은 있는가?」, 이후, 2010, 70면.

에 대해서 아무런 조치가 없을 것이다. 불행하게도 그 의미는 성층권에 재난이 일어난다고 해도, 그것을 피하지 못한다는 것이다"라고 탄식하였다.[6] 마침내 1985년, 1957년 이래 남극 오존층을 정기적으로 관측하고 있는 영국 남극 조사팀에 의해 남극 오존층 파괴 현상이 처음 발견되었다. 오존 구멍이 발견된 이후 남극대륙 상공의 성층권에서 행해진 야외 조사와 실험실 내에서의 연구 결과들은 CFC가 오존 감소의 원인인가에 대한 논쟁을 종결시켰다.[7] CFC 이외에도 소화제로 쓰이는 할론이 더욱 빠른 속도로 오존층을 파괴할 수 있음이 알려졌다.

네이처 논문이 발표된 후 약 10년의 세월이 흘러서야, CFC의 생산과 사용을 금지하는 국제협약이 체결되었다. 대표적인 CFC인 CFC-11, CFC-12 등의 농도는 1990년대에 들어서면서 증가 속도가 감소하고 있다. 그러나 이들이 대기 중에 머무는 시간이 100년 이상으로 길기 때문에, 오존층 파괴 효과가 적어도 앞으로 1세기 동안은 지속될 것으로 보인다.

2. 국제협약

1985년 처음 발견된 남극 상공의 오존 구멍은 인류에게 큰 충격을 주었다. 1985년 3월 '오존층 보호를 위한 비엔나 협약(Vienna Convention for the Protection of the Ozone Layer)'이 체결되었다. 1987년 체결된 몬트리올 의정서는 기본협약인 비엔나 협약을 보완하는 내용을 담고 있으며, 오존층 보호를 위한 구체적인 규제조치를 확립하고 있다는 점에서 비엔나 협약보다 더 중요한 것으로 평가되고 있다.[8] 〈표 11-2〉에서 볼

6) Jeffrey Masters, "The Skeptics vs. the Ozone Hole": http://www.wunderground.com/resources/climate/ozone_skeptics.asp 2012. 8. 21.

7) 김경렬, "두 얼굴의 오존 VI", 「과학과 기술」, 한국과학기술단체총연합회, 2011. 3. 86-89면.

8) 산하온 환경연구소(김기순 소장), "1987 몬트리올 의정서 체제": http://sanhaon.or.kr/agreement/2/Montreal.htm, 2012년 8월 21일 최종방문.

:: 표 11-2 몬트리올 협약의 오존층 파괴물질의 규제조치 동향[9)]

1987년 몬트리올 의정서에서는 당사국에 대해 1999년까지 CFC의 1986년 생산량과 소비량의 50%를 감축하도록 규제하고, 개도국에 대해서는 이를 10년간 유예하되 그 후에는 1986년 생산량의 일정비율까지(10-15%) 증가시킬 수 있도록 하였다.

1990년 런던 개정안에서는 대폭적인 감축조치를 취하고 있다. CFC의 경우 1991년 7월 1일부터 1994년까지 1986년도 소비량 또는 생산량의 150%까지 생산하도록 허용하되, 1995년부터 50%, 1997년부터 15%를 초과하지 않도록 규제하고 2000년에는 폐기하도록 규정하고 있다. 할론의 경우 1992년부터 1986년도 소비량 또는 생산량의 100%, 1995년부터 50%를 초과하지 않도록 규제하고, 2000년에는 폐기하도록 규정하고 있다.

1992년 코펜하겐 개정안은 이를 단축하여 1996년까지 CFC와 할론, 사염화탄소(CCl_4), 클로로포름($CHCl_3$), 메틸클로로포름, HBFC를 폐기하도록 하되, 당사국들의 필수적 용도를 충족시키는 데 필요한 한도 내에서는 생산 또는 소비할 수 있도록 허용했다.

CFC보다 값싼 대체물질로 개발된 HCFC에 대해서 1990년 런던 개정안에서는 이를 과도기적 물질로 규정하여 규제를 미루었으나, 1992년 코펜하겐 개정안에서는 잠재적인 악영향을 인정하여 2030년까지 이를 폐기하도록 규정하였다.

1997년 몬트리올 조정안에서는 개도국의 경우 메틸브로마이드를 2005년까지 20%를 감축하고 2015년까지 폐기하며, 선진국은 폐기 기한을 2010년에서 2005년으로 앞당기도록 규정하였다.

1999년 베이징 개정안에서는 선진국은 HCFC의 생산을 2004년 1월부터 동결하고, 개도국은 2016년부터 동결하도록 하였으며, 메틸브로마이드의 사용을 제한하기 위해 사용량에 대한 보고를 하도록 규정하고 있다. 브롬클로로메탄은 2002년부터 사용을 중단하도록 결정하였다.

수 있는 바와 같이 몬트리올 의정서는 4차례에 걸친 개정안과 6차례에 걸친 조정안을 통해 오존층 파괴물질에 대한 규제조치를 지속적으로 강화하고 있다.[10)]

---

9) 산하온 환경연구소, 앞의 글.

10) 1990년 런던 개정안, 1992년 코펜하겐 개정안, 1997년 몬트리올 개정안, 1999년 베이징 개정안 등 4개의 개정안과, 1990년 런던 조정안, 1992년 코펜하겐 조정안, 1995년

1987년 몬트리올 의정서에서 사용이 허가되어 있는 화합물들은 CFC에 수소가 첨가된 HCFC들이다. 이들은 수소(H)를 가지고 있어서 대류권 내에서 세정제 HO · 라디칼의 공격을 받아 분해될 수 있으며, 따라서 성층권으로 들어가 오존층을 파괴할 수 있는 능력이 제한적이다. 궁극적으로 몬트리올 의정서가 추천하는 대체화합물들은 수소는 가지고 있으나 염소를 전혀 포함하고 있지 않은 HFC들이다. 그러나 HCFC, HFC들 중 일부화합물이 지구온난화 효과가 매우 크다는 것이 밝혀졌다.

HCFC에 대해서 1990년 런던 개정안에서는 이를 과도기적 물질로 규정하여 규제를 미루었으나, 1992년 코펜하겐 개정안에서는 잠재적인 악영향을 인정하여 2030년까지 이를 폐기하도록 규정하였다. 1999년 베이징 개정안에서는 선진국은 HCFC의 생산을 2004년 1월부터 동결하고, 개도국은 2016년부터 동결하도록 하였다.

한편, HFC는 교토의정서에는 온실가스로 지정되어 있으나, 몬트리올 의정서에는 오존층 파괴 물질로 규정되어 있지 않다. 자동차의 에어컨 등에 많이 쓰이는 HFC-134a의 경우, 온실가스인 이산화탄소보다 매우 높은 활성을 가지고 있다. 몬트리올 의정서 체제는 기후협약체제에 비해서 매우 효과적으로 작동 한다고 평가되고 있으며, 따라서 HFC 규제를 찬성하는 미국, 캐나다, 멕시코 등은 이들 물질에 대한 규제를 몬트리올 체제에 반영하고자 노력하고 있다. 그러나 중국, 인도, 브라질 등 HFC 주요 생산국들은 이를 반대하고 있으며, 2012년 8월 기준으로 아직 반영되고 있지 않다.

비엔나 조정안, 1997년 몬트리올 조정안, 1999년 베이징 조정안, 2007년 몬트리올 조정안 등 6개의 조정안.

3. 국내 대응

우리나라가 몬트리올 의정서 체제에 가입함으로써 부담하는 의무는 의정서 제5조(개도국에 대한 특별 고려)로, 규제물질의 생산과 소비의 폐지 일정을 지키고 생산량과 소비량을 매년 사무국에 보고하며, 비당사국과의 규제대상물질의 무역을 금지하는 것 등이다.

우리나라는 1991년 1월 「오존층보호를 위한 특정물질의 제조규제 등에 관한 법률」을 제정하여, 의정서를 국내에서 실행하기 위한 법 · 제도적 장치를 마련하였다. 동 법은 특정물질 제조업 및 수입에 대한 허가제를 도입하고 있다(제4조, 제11조). 또한 특정물질 제조수량을 허락받도록 규제하고 있다(제5조). 정부는 대체물질의 개발과 특정물질의 배출 억제 및 특정물질의 사용합리화에 도움이 되는 설비의 개발과 이용 등을 위하여 조세 · 금융 · 행정상의 필요한 지원을 할 수 있다(제20조). 특정물질 사용합리화 기금을 설치하여, 대체물질의 개발, 특정물질의 배출 억제, 특정물질의 사용합리화 등에 사용할 수 있도록 하고 있다(제21조). 1990년 이후 한국과학기술원의 CFC 대체기술센터 주관으로 정부 부처와 민간이 공동 참여하여 CFC 대체물질 개발사업을 추진하였다. 환경부장관은 오존층의 상황 및 지구온난화 효과를 유발하는 주요 온실기체의 대기 내 상황을 관측하여 그 결과를 공고하도록 하고 있다(제18조). 1996년부터 환경부 국립환경연구원 주관으로 제주도에서 CFC-11, CFC-12의 지상농도를 분기별로 측정하고 있다.

4. 특허제도의 역할

특허제도는 민간기업들로 하여금 CFC 대체물질을 개발하는 데 자본을 투자하도록 유인하는 긍정적인 역할을 수행하는 한편, 개발된 대체물질의 생산을 독점하는 권리를 줌으로써 발생하는 부정적 역할을 동시에 수행하고 있다. CFC를 생산해 온 화학회사인 듀폰은 동 물질이 오존층을 파괴한다는 과학적 근거가 약하다고 주장해 왔으나, 1986년 갑자기 CFC 규제를 찬성하는 입장을 표명하였다.[11] 이에 대해 이 회사가 1987년 몬트리올 의정서가 금지하지 않고 있던 HCFC에 대한 특허권을 확보한 데에 따른 기업의 전략이라는 시각이 있다. 한편, 영국의 화학회사인 ICI는 대체물질을 개발하고 영국과 한국 등에 특허출원을 하였다. 한 한국기자가 ICI 한국지사장에게 한국기업에게 라이센스를 할 의향이 있느냐고 물어보자 전혀 고려하고 있지 않다고 답변하였다. 이런 경우에 강제실시권이라는 제도가 효과적으로 제동을 걸 수 있는 장치가 될 수 있다.

제2절 기후변화 현상

지구온난화는 지역에 따라 다른 현상으로 나타난다.[12] 바다의 증발이 늘어나고, 따뜻해진 대기가 그 증기를 머금어 비를 내리게 하여 홍수가 발생할 수 있다. 반면에 토양에 함유된 습기도 쉽게 증발하여, 사막화를 불러오기도 한다.

스웨덴의 과학자 스반테 아레니우스는 1896년 대기 중 이산화탄소 기체가 온난화로 이어진다고 주장하였다. 과학자들은 1950년대 이후 대기 중 이산화탄소의 정확한 양을 측정해 오면서 이것이 해마다 증가하고 있음을 관찰해 왔다. 1970년대 이후, 특정기체들이 온실효과를 만들어 낼 수 있다는 과학적 우려가 제기되었다.[13] 1979년 세계기상기구(WMO)는 스위스 제네바에서 '제1회 세계 기후 회의'를 열었으며, 참석한 과학자들은 각국 정부들이 '인간에 의해 유발된 기후변화의 부정적 영향을 예

11) Smith B., "Ethics of Du Pont's CFC Strategy 1975–1995", Journal of Business Ethics, 17(5), 1998, p. 558.
12) 엘고어(김명남 옮김), 「불편한 진실」, 좋은 생각, 2006, 118면.
13) 디냐르 고드레지(황성원 옮김), 앞의 책, 145–146면.

방하고 준비할 것'을 요청했다. 1988년 6월 나사의 고다드 연구소 기후 과학자인 제임스 한센은 워싱턴 회의에서 "세계는 온실기체가 누적되면서 점점 더 온난해질 것이며, 가뭄과 홍수가 점점 늘어날 것으로 예측된다"고 경고했다.

기후변화에 관한 정부간 협의체(Intergovernmental Panel on Climate Change: IPCC)는 1988년 WMO와 유엔환경계획(UNEP)이 공동으로 기후변화 문제에 대처하고자 설립한 국제기구로 기후변화 및 대응책을 연구하고 있다. IPCC는 1992년 리우 환경정상회의에서 채택한 유엔기후변화협약과 관련된 의제에 대해서 보고서를 작성하고 있다.[14] IPCC는 1990년 1차 특별보고서에서, 20세기 동안 대기 평균기온이 섭씨 0.3-0.6도 올랐다고 기록했다. 1995년 2차 보고서에서는 온실가스가 현재 추세대로 가면, 2100년 지구 평균기온은 섭씨 0.8-3.5도 높아질 것이라고 기술하고 있다. 2001년 3차 보고서에서는 기후변화가 인간 활동에 의한 것이라고 규정하고, 이대로 가면 21세기 내에 지구가 1만 년 동안 겪었던 피해보다 더 큰 이변을 겪게 될 것이라고 보고하였다. 2007년 4차 보고서에서는 21세기 내에 지구 평균기온이 섭씨 1.8-4.0도 상승할 것으로 전망하였다. 반면에 지구온난화 현상은 1,500년 주기로 나타나는 자연적 기후변동 현상의 하나로서, 이산화탄소에 의한 것이 아니라는 주장도 제기되고 있다.[15]

이 같은 과학자들의 주장에 대해 합의된 결론에 도달하지 못한 채 지속적인 논쟁이 계속되어 왔으나, 다음과 같은 사례는 기후변화에 대한 불확실성이 제거되고 있음을 보여주고 있다.[16] 첫째, 미국에서는 기후변화가 '법적 사실'이 되었다. 미국 연방대법원은 2007년 선고된 판결에서

14) 김명자, 「원자력딜레마」, 사이언스북스, 2011, 250면.
15) 프레드 싱거 · 데니스 에이버리(김민정 옮김), 「지구온난화에 속지마라」, 동아시아, 2009, 11면.
16) 조홍식(조홍식 · 이재협 · 허성욱, 편저), "일본의 온실가스 배출권 거래제도의 현황과 전망", 「기후변화와 법의 지배」, 박영사, 2010, 4면.

온실가스는 청정대기법(Clean Air Act)상의 대기오염물질이며 동 법에 따라 환경보호청이 이를 규제할 권한이 있다고 최종 판결하였다. 또한 미

:: 표 11-3 온실효과[17)]

대기 중 기체의 층이 태양에너지를 가두는 단열담요와 같은 역할을 해서 태양에너지가 우주로 빠져 나가지 못하게 한다. 대기 중 온실가스의 양이 너무 많으면 금성과 같이 너무 뜨겁게 되고, 화성과 같이 온실가스가 거의 없으면 온도가 낮게 된다. 온실효과의 작동원리는 다음과 같다.

1. 태양에너지가 온실가스 영향을 받지 않고 대기 중으로 들어온다.
2. 지구가 태양광선을 흡수했다가 다시 이것을 더 긴 열파장으로 반사한다.
3. 온실가스들이 이 열의 일부를 흡수하여 낮은 대기 중에 이것을 가둔다.
4. 온실가스의 농도가 증가하면 더 많은 열이 대기 중에 포획되어 낮은 대기 및 지표면의 온도상승을 유발한다.

:: 표 11-4 온도상승에 따른 환경재앙[18)]

1도 상승: 30만 명 이상이 말라리아, 영양부족, 설사 등 기후 관련 질병으로 사망, 안데스 산맥 빙하 소멸에 따른 5천만 명 물 부족, 생물 10퍼센트 멸종

2도 상승: 아프리카 4천만 명~6천만 명 말라리아 감염, 해안 주민 1천만 명 홍수 피해, 북극곰 등 생물 15퍼센트~40퍼센트 멸종, 열대 농작물 생산 급감

3도 상승: 1억 5천만 명~5억 5천만 명 기근, 남유럽 십 년 마다 극심한 가뭄, 아마존 열대우림 붕괴, 생물종 20퍼센트~50퍼센트 멸종

4도 상승: 7백만 명~3억 명 연안 주민 홍수 피해, 북극 툰드라 절반 감소

5도 상승: 바다 산성화로 해양 생태계 손상, 히말라야 빙하 소멸로 중국 4분의 1과 인도 수억 명 물 부족 사태

5도 이상 상승(빙하시대와 현재의 온도 차이): 대규모 인구 이동과 재앙

출처: 영국정부 '스턴 보고서', 2006

17) 엘고어(김명남 옮김), 앞의 책, 26면; 디냐르 고드레지(황성원 옮김), 앞의 책, 32면.
18) 디냐르 고드레지(황성원 옮김), 앞의 책, 91면.

국 대법원은 환경보호청으로 하여금 신규 자동차로부터 배출되는 온실가스가 대기오염을 야기하는지 판단할 것을 명령하였는데, 환경보호청은 2009년 12월 7일 온실가스의 유해성을 최종적으로 확인하였다. 둘째, 2009년 12월 기후변화 정상회의에서 채택된 '코펜하겐 합의문' 제1조는 온도 상승률을 2도 이하로 억제하여야 한다는 과학적 견해를 인정('recognize')하였다. 이는 기후변화에 대한 다양한 견해에 대하여 사실상 결론을 내린 것으로 평가할 수 있다.

제3절 기후변화에 대한 국제적 차원의 법제

기후변화현상에 따른 위험은 앞서의 원자력기술이나 생명공학기술로 인한 위험성과 다른 특별한 면을 가지고 있다. 첫째, 위험원이 광범위하다. 즉 통제의 대상이, 인간복제나 핵무기생산의 경우 한정된 특정 과학기술자나 특정 조직의 활동에 국한되는 반면에, 탄소배출 활동은 어느 정도 차이가 있지만 인류 모두가 하고 있다는 점에서 큰 차이가 있다. 즉 위험원이 한정되지 않고, 광범위 하다는 점에서 통제에 한계가 있다. 둘째, 점진적으로 다가오는 위험이라는 점이다. 셋째, 위험원을 근본적으로 제거하기 위해서는 대체기술, 좀 더 좁히면, 대체 에너지 기술을 필요로 한다는 점이다. 이러한 맥락에서 원자력기술 또는 유전자변형생물체와 같은 기술들이 위험성을 가지고 있음에도 불구하고 대안으로 검토되고 있다. 넷째, 화석연료에 기반한 현대문명이 근본적으로 바뀌어야만 해결이 가능하다는 점에서 매우 포괄적인 접근방법을 필요로 한다는 점이다. 이러한 관점에서 기후변화에 대한 정책 및 법제는 다양한 방식을 취하고 있다.

지구온난화에 대한 과학적 자료가 증가하여 범지구 차원의 노력이 필요하다는 인식이 확산되었고, 1992년 브라질 리우데자네이루에서 열린

환경회의에서 "기후변화에 관한 UN협약"(United Nations Framework Convention on Climate Change: UNFCCC)이 채택되어 1994년 3월에 발효되었다.

기후변화협약은 인류의 활동에 의해 발생되는 위험하고 인위적인 영향이 기후 시스템에 미치지 않도록 대기 중 온실가스의 농도를 안정화시키는 것을 궁극적인 목적으로 한다. 온실가스에는 이산화탄소, 메탄, 아산화질소, 불화탄소, 수소화불화탄소, 불화유황의 6종이 지정되었다.

동 협약은 기후변화의 예측 · 방지를 위한 예방 조치의 시행, 모든 국가의 지속가능한 성장의 보장 등을 기본원칙으로 한다(제3조). 선진국은 발전하면서 대기 중에 온실가스를 배출한 역사적 책임이 있으므로 선도적 역할을 수행하도록 하고, 개발도상국에는 현재의 개발 상황에 대한 특수 사정을 배려하되 공동의 차별화된 책임과 능력에 입각한 의무부담을 한다(제4조). 즉, 동 협약은 협약 당사국을 부속서 I, 부속서 II, 비부속서 국가로 구분하여 다른 의무를 부담토록 규정하고 있다. 산업혁명 당시 경제적 부를 이룩한 국가들로 구성된 부속서 I (협약체결 당시 기준 35개국이며, 교토의정서 기준 38개국) 국가는 온실가스 배출량을 1990년 수준으로 감축하도록 노력해야 하며, 부속서 II 국가는 온실가스 감축 노력과 함께 온실가스 감축에 대한 재정 및 기술이전의 의무를 가진다. 한국은 2012년 현재 비부속서 국가에 속해 있으나, 부속서 I 국가에 소속되어야 한다는 주장도 제기되고 있다. 특기 할 만한 사실은 산업혁명을 선도했던 영국이, 최초로 온실가스배출권 거래제를 실시하는 등 기후변화 문제 해결에 적극적으로 나서고 있다는 점이며, 원자력발전도 활용하고 있다.

기후변화협약의 구체적 이행을 위하여 1997년 일본 교토에서 채택된, 교토의정서(Kyoto Protocol to the UNFCCC)는 전 세계 온실가스 감축을 위한 구체적인 목표와 감축방법을 제시한 획기적인 계기가 되었다. 미국의 탈퇴 등 우여곡절 끝에 2005년 2월 발효된 교토의정서에 의하면, 본

협약에 참여한 국가 중 부속서 I 국가는 2008-2012년 기간 중 온실가스 배출 총량을 1990년 수준 대비 평균 5.2%를 의무적으로 감축하도록 목표를 설정하였다. 교토의정서는 선진 각국이 배출삭감목표를 효율적으로 달성토록 하기 위해서 배출권거래 등과 같은 유연한 조치를 마련하고 있다. 기후변화협약과 교토의정서의 영향으로, 세계 각국은 저탄소, 재생에너지 등 지금까지 대안 기술 영역으로 평가되어 오던 환경기술에 대한 투자를 확대하였고, 관련 산업의 육성에 노력하고 있다.

한편, 2011년 남아공 더반에서 개최된 제17차 유엔기후변화협약 당사국총회 결과 1차 공약기간이 만료되는 교토의정서를 2013년 이후에도 연장하여 2차 공약기간을 설정하고 2020년 이후 미국 · 중국 · 인도 등 모든 당사국이 참여하는 새로운 단일 기후변화체제 설립에 합의했다. 2012년부터 새로운 기후변화체제를 위한 협상이 2015년을 타결 목표로 개시될 예정이다. 그러나, 미국, 중국, 인도가 교토의정서에 가입하고 있지 않고, 교토의정서 2차 공약에 일본, 캐나다, 러시아가 참여하지 않을 예정이며, 선진국과 개도국의 입장이 달라서 기후변화협약의 미래는 불투명하다고 하겠다.

제4절 기후변화 관련 국내 법제

기후변화에 대한 개별국 차원의 대응은 온실가스 배출 억제와 같은 긴급한 문제에 대한 대안과 화석원료를 다른 에너지원으로 대처하는 근본적 문제에 대한 대안으로 구분할 수 있다. 또한 현재와 같이 에너지 소비가 계속해서 증가할 경우, 재생에너지 기술이 발전한다고 해도 한계가 있으며, 에너지 소비수요의 조절이 따라야 한다.

이에 따라 기후변화에 관련된 법제는 온실가스 배출을 억제하는 법, 에너지를 절약하는 법, 새로운 에너지를 개발하는 법으로 구분할 수 있다. 즉 온실가스 배출억제(온실가스 배출권의 할당 및 거래에 대한 법률, 대기환경보전법), 에너지절약 및 효율성 향상(에너지 이용 합리화법), 에너지 개발(신에너지 및 재생에너지 개발 · 이용 · 보급 촉진법, 핵융합에너지 개발진흥법)로 분류할 수 있다. 또한 이를 종합하는 기본법으로 저탄소 녹색성장기본법이 있다.

1. 저탄소 녹색성장기본법: 포괄적 법제

한국의 '저탄소 녹색성장기본법'은 환경과 경제성장을 연계시킨 법으로서, 기후변화에 대한 대응 방안을 포괄하고 있다(제1조). 동 법이 제정됨으로써, 위험의 관리를 전제로 한 지속가능한 경제발전이라는 새로운 패러다임이 국내 법제에 도입되었다. 동 법에서 말하는 "녹색성장"이란 에너지와 자원을 절약하고 효율적으로 사용하여 기후변화와 환경훼손을 줄이고 청정에너지와 녹색기술의 연구개발을 통하여 성장동력과 일자리를 창출해 나가는 등 경제와 환경이 조화를 이루는 성장을 말한다(제2조 제2호).

동 법은 에너지 정책의 기본 방향을 명시하고 있다(제39조). 에너지 수요관리(에너지 가격 합리화, 에너지 절약, 에너지 효율성 향상 등)를 통해 에너지 저소비 사회구조로 전환하고 신 · 재생에너지(태양에너지, 폐기물 · 바이오에너지, 풍력, 지열, 조력, 연료전지, 수소에너지 등) 개발 및 이용을 통해 화석연료사용을 단계적으로 축소하고, 에너지 자립도를 높인다는 것이다.

녹생성장기본법은 다양한 규제수단을 활용하고 있다.[19] 첫째, 오염원에 대해서 명령하고 통제하는 규칙을 내용으로 하는 행위수단을 담고 있다. 즉, 정부는 일정 기준량 이상의 온실가스 배출 업체를 '관리업체'로

19) 조홍식(조홍식 · 이재협 · 허성욱 편저), "기후변화의 법정책", 「기후변화와 법의 지배」, 박영사, 2010, 8면.

분류하여, 업체별 목표를 설정하고 관리해야 한다(제42조). 업체는 목표를 준수해야 하고, 실적을 정부에 보고하도록 하고 있으며, 실적이 목표에 미달하는 경우에 정부는 개선명령을 명할 수 있다. 둘째, 환경세나 보조금을 통해 오염행위자로 하여금 오염행위의 사회적 비용을 내부화하도록 유도하는 '가격수단'을 활용하고 있다. 동 법은 보조금정책(제31조) 및 조세정책(제30조)을 이용하여 경제주체의 동기를 유발하게 하고 있다. 셋째, 오염할 수 있는 권한의 상한선을 정한 후 이 권한의 거래를 허용함으로써 오염행위를 통제하는 '수량수단'을 활용하고 있다(제46조). 온실가스배출권 거래제도는 매출총량을 설정함으로써 온실가스의 확실한 배출삭감을 실현할 수 있는 효과적인 수단임과 동시에, 배출권을 거래 가능한 것으로 함으로써, 효과가 높은 대책의 실시를 탄력적으로 추진하도록 한다는 점에서 유효한 정책수단으로 평가되고 있다.[20] 넷째, 환경오염에 관한 정보를 공유하게 하고 이로써 형성된 여론을 의식하게 함으로써 오염행위를 통제하는 '정보공유수단'을 활용하고 있다. 녹색성장과 관련된 사항의 보고의무(제44조) 및 기후변화영향평가(제48조) 같은 제도를 통해 녹색성장에 필요한 각종 정보를 공개하게 하고 있다.

또한 녹색성장기본법은 녹색성장위원회, 녹색성장기획단 등 녹색성장 정책을 추진하기 위해 필요한 각종 행정조직을 규정하고 있다.

한편, 한국의 저탄소 녹색성장기본법안의 초안은 원자력을 청정에너지로 규정하고 이를 육성하는 내용을 포함하고 있었으며, 야당의 반대로 삭제되었다. 한국은 독일과는 달리 원자력발전의 확대라는 정책을 녹색성장 정책과 병렬적으로 추진하고 있다.

20) 김태호(조홍식 · 이재협 · 허성욱 편저), "독일의 기후변화 대응 법체계", 「기후변화와 법의 지배」, 박영사, 2010, 213면.

2. 온실가스 배출억제 관련 법제

(1) 대기환경보전법과 그 한계

한국의 대기환경보전법은 '대기오염물질'을 '대기오염의 원인이 되는 가스 · 입자상물질로서 환경부령으로 정하는 것'으로 규정하고 있으며(제2조 제1호), 동 법 시행규칙은 온실가스를 포함하지 않는 61가지를 나열하고 있다(별표 1). 온실가스는 이산화탄소, 메탄, 아산화질소, 수소불화탄소, 과불화탄소, 육불화황의 6가지를 특정하고 있다(제2조 제3호). 따라서, 동법에서 '대기오염물질'에 대한 규제사항은 온실가스에 해당하지 않는다. 또한 별도로 '기후 · 생태계 변화유발물질'을 온실가스와 환경부령으로 정하는 것(염화불화탄소)으로 정의하고 있다.

동 법은 대기오염물질에 대해서는 배출허용기준 마련, 배출원 및 배출량 조사, 총량규제, 배출시설의 설치허가 및 신고 등과 같은 다양한 방식으로 규제하고 있으나, 온실가스에 대해서는 다음과 같이 상대적으로 약하게 규제하고 있다. 즉 환경부장관은 온실가스의 농도 변화 현황 및 전망, 온실가스 배출을 줄이기 위한 목표 설정과 분야별 · 단계별 대책, 기후변화로 인한 영향평가와 적응대책에 관한 사항이 포함된 대기환경개선 종합계획을 수립하도록 하고 있다(제11조). 또한 기후 · 생태계 변화유발물질의 실태를 파악하기 위하여 측정망을 설치하고 대기오염도 등을 상시 측정하도록 하고 있다(제3조). 정부는 기후 · 생태계 변화유발물질의 배출을 줄이기 위한 조사 · 연구, 회수 · 재사용, 대체물질 개발 등의 시책을 강구하고, 국제교류를 하도록 하고 있다(제9조).

(2) 온실가스 배출권의 할당 및 거래에 관한 법률

동 법은 저탄소 녹색성장기본법의 규정(제46조)에 따라 온실가스 배출권을 거래하는 제도를 도입하여 시장기능을 활용해 국가 온실가스 감축목표를 달성하기 위해서 제정되었다(제1조).

정부는 배출권거래제 기본계획과 배출권 할당계획을 수립하여야 한다(제4조, 제5조). 할당 대상업체는 일정기준에 해당하는 업체를 지정하는 방식과 자발적으로 선정하는 방법을 병행하도록 규정하고 있다(제8조). 정부는 할당대상업체에게 계획기간마다 배출권을 할당한다(제12조). 배출권은 매매나 그 밖의 방법으로 거래가 가능하며(제19조), 거래하려는 자는 배출권 등록부에 배출권 거래계정을 등록해야 한다(제20조). 배출권을 거래한 자는 주무관청에 그 사실을 신고하고, 주무관청은 배출권등록부에 그 내용을 등록하여야 한다(제21조). 배출권 거래를 효율적으로 하기 위해서는 주무관청은 배출권 거래소를 지정하거나 설치 · 운영할 수 있다(제22조). 기업의 경쟁력 감소를 방지하고, 배출권 거래를 활성화시키기 위해 정부는 온실가스감축설비를 설치하거나 관련 기술을 개발하는 사업에 대해서 금융상, 세제상의 지원 또는 보조금을 지급할 수 있도록 하였다(제35조).

3. 에너지이용 합리화법

에너지이용 합리화법은 에너지 수요를 통제하는 법이다. 즉 에너지 사용을 줄이거나 에너지의 효율을 높이는 방법에 의해 수요를 줄이는 것을 목적으로 한다. 한국의 경우 산업화 과정에서 고에너지 소비 구조를 가지게 되었으며, 이를 전환하지 않고서는 기후변화에 능동적으로 대응하기 어렵다. 2011년 기준 한국의 1인당 전력소비량은 9,510kWh로 일본(8,110kWh) · 독일(7,180kWh)보다 많고, 전력증가율(2005~2010년)도 30.6%로 일본(-1.9%), 영국(-5.1%), 미국(1.7%), 프랑스(5.6%)보다 높다.[21] 동 법의 내용을 설명하면 다음과 같다.

지식경제부 장관은 에너지이용 합리화 기본계획을 수립해야 한다(제4

21) 김은지, 산업계가 투자한 20분 원전9기 멈추게 한다, 사사IN, 제256호, 2012. 8. 11, 19면.

조). 동 계획에는 에너지절약형 경제구조로의 전환, 에너지이용효율의 증대, 에너지이용 합리화를 위한 기술개발, 에너지이용 합리화를 위한 가격예시제의 시행에 관한 사항, 에너지의 합리적인 이용을 통한 온실가스의 배출을 줄이기 위한 대책 등을 포함하도록 하고 있다. 국가에너지절약추진위원회를 두고, 기본계획 심의 등의 역할을 수행하도록 하고 있다(제5조).

정부는 에너지절약형 시설투자, 기자재의 제조 · 설치 · 시공 등과 같은 에너지 절약에 대한 사업에 대해 금융 · 세제상의 지원을 할 수 있다(제14조). 정부는 온실가스의 배출을 줄이기 위한 목표와 그 이행방법 등에 관한 계획을 자발적으로 수립하여 이를 이행하기로 약속한 자가 에너지절약형 시설에 투자하는 경우에는 지원을 할 수 있다(제28조). 지식경제부장관은 에너지효율 향상을 위하여 에너지경영시스템을 도입하는 자에게 필요한 지원을 할 수 있다(제28조의2).

지식경제부장관은 에너지이용 합리화를 위하여 필요한 경우 에너지사용기자재에 대해 에너지의 목표소비효율, 최저소비효율, 등급기준 등을 고시해야 한다(제15조). 효율관리기자재의 제조업자 또는 수입업자는 에너지소비효율등급 또는 에너지소비효율을 표시하여야 한다. 고효율에너지기자재에 대해 인증제도를 운영할 수 있도록 하고 있다(제22조).

지식경제부장관은 에너지의 절약 및 합리적인 이용을 위하여 냉난방온도를 제한하는 건물을 지정할 수 있다(제36조의2). 이를 어긴 경우 냉난방온도의 적합한 유지 · 관리에 필요한 조치를 하도록 권고하거나 시정조치를 명할 수 있으며(제36조의3), 시정조치명령을 정당한 사유없이 이행하지 아니한 자에게는 300만원 이하의 과태료를 부과한다(제78조).

4. 대체에너지 개발 관련 법제

(1) 신에너지 및 재생에너지 개발 · 이용 · 보급 촉진법

동 법은 신에너지 및 재생에너지의 기술개발 및 이용 촉진과 동 분야 산업의 활성화를 통해 에너지 구조의 환경친화적 전환 및 온실가스 배출의 감소를 추진하는 것을 목적으로 한다.

동 법에서는 '신 · 재생에너지'를 태양에너지, 바이오에너지, 풍력, 수력, 연료전지, 해양에너지, 지열에너지, 수소에너지 등으로 규정하고 있으며, 원자력에너지를 배제하고 있다(제2조).

동 법은 신 · 재생 에너지를 체계적으로 보급하기 위해 일반적인 과학기술진흥법제의 골격인 추진주체, 추진계획, 지원체계를 명시하고 있다. 즉 지경부 장관은 신 · 재생에너지의 기술개발 및 이용에 대한 기본계획 및 실행계획을 수립하도록 되어 있으며(제5조, 제6조), 이와 관련된 주요사항을 심의하기 위한 '신 · 재생에너지 정책심의회'를 두도록 하고 있다(제8조). 정부는 실행계획 시행에 필요한 사업비를 회계연도마다 세출예산에 계상해야 하며(제9조), 조성된 사업비는 연구개발, 이용의무화 지원 등에 사용할 수 있다(제10조).

규제 수단으로서는 의무화와 인증제도를 활용하고 있다. 주로 공공부문이 신축하는 건축물에 대해 일정 비율을 신 · 재생에너지를 이용한 에너지를 사용하도록 관련 설비를 의무적으로 설치하게 할 수 있으며, 민간 부문에 대해서는 권고할 수 있도록 하고 있다(제12조). 일정 규모 이상의 건축물을 소유한 자는 일정 비율 이상을 신 · 재생에너지를 사용한다는 신 · 재생에너지 이용 건축물인증을 받을 수 있도록 규정하고 있다(제12조의2).

정부는 발전사업자 등에 대해서 의무적으로 일정비율의 신 · 재생에너지 공급을 강제할 수 있으며, 이를 어길 경우 과징금을 부과할 수 있다(제12조의 5, 제12조의 6). 이때 공급의무자가 의무적으로 신 · 재생에너지를 이용하여 공급하여야 하는 발전량의 합계는 총전력생산량의 10% 이내의 범위에서 연도별로 대통령령으로 정한다. 정부는 신·재생에너지 발전 기준가격을 고시하고 차액을 지원할 수 있다(제17조). 동 규정은 신·재생에너지의 경제성이 확보되기 전까지 이를 보완하기 위한 것이다. 독일의 재생가능에너지법도 재생가능에너지로 생산된 전기를 지원하고 화석에너지에 대한 새로운 수요를 제한하고 있다.[22] 이 법에 따르면 전기사용에 있어 2020년까지 재생에너지 비율을 20−25%로 하도록 하고, 재생에너지 사용에 우선권을 부여하여, 바이오매스, 풍력, 수력, 지열, 태양열로부터 전기공급을 할 경우 고정요금제를 적용하도록 하고 있다.

:: **표 11-5 재생에너지**[23]

재생에너지란 태양에너지, 수력, 바이오매스, 풍력, 지열, 수소에너지 등과 같이 자연계에 존재하는 에너지로서, 아무리 소비하여도 없어지지 않고 무한하게 공급되는 에너지를 말한다. 재생에너지는 깨끗하고 고갈될 염려가 없다는 큰 장점을 가지고 있는 반면, 에너지의 밀도가 너무 낮아 현대사회와 같이 많은 양의 에너지를 필요로 하는 곳에서는 실용성이 떨어진다는 단점을 가진다. 또한 태양에너지나 풍력 등은 기상조건의 변화에 영향을 많이 받기 때문에 보조 설비를 갖추어야 하고, 소규모 발전에 적합하다.

수력과 화력에 이어 제3의 에너지원으로 떠오른 원자력은 온실가스를 배출하지 않고 대규모 에너지 수요에도 대처할 수 있는 에너지로 주목을 받고 있다. 그러나 우라늄의 매장량이 한정되어 있고, 방사성 폐기물 등 안전성과 관련한 단점을 가지고 있다.

(2) 핵융합에너지 개발진흥법

핵융합에너지는 이산화탄소 발생이 없고, 연료공급이 중단되면 운전이 자동 정지되어 안전성도 높다는 점에서 이상적인 원자력에너지로 평

22) 김태호(조홍식 · 이재협 · 허성욱 편저), 앞의 책, 190면.

23) 폴 마티스(이수지 역),「재생에너지란 무엇인가?」, 황금가지, 2006, 35면.

가되고 있다. 그러나 실현하기가 매우 어려운 기술로 알려져 있다. 또한 현재의 에너지원은 근본적으로 태양에서 온 것이고, 핵융합에너지의 경우 지구에 존재하지 않는 새로운 에너지이기 때문에 태양에너지의 투입과 방출사이의 균형을 깨뜨릴 우려가 있다는 견해도 있다.[24)]

핵융합에너지 개발진흥법은 핵융합에너지 연구개발을 촉진하는 것을 목적으로 한다(제1조). "핵융합"이라 함은 2개의 가벼운 원자핵이 융합반응을 일으켜 반응 전보다 무거운 원자핵이 생성되는 현상을 말하며, "핵융합에너지"라 함은 핵융합 과정에서 방출되는 모든 종류의 에너지를 말한다(제2조).

정부는 핵융합에너지 연구개발을 촉진하기 위하여 핵융합에너지개발

:: 표 11-6 핵융합 기술[25)]

핵융합을 하기 위해서는 같은 양전하를 가진 수소원자핵이 서로를 밀어낸다는 문제점을 극복해야 하는데, 수소폭탄의 경우 1차 핵폭발로 인한 압력으로 핵융합을 일으킨다. 핵융합원자로에서도 수소를 수백만도까지 가열하는 방식을 이용할 수 있는데, 그 정도의 온도가 되면 어느 물체든 높은 압력 때문에 폭발하려고 한다. 이 문제를 해결하기 위한 방법으로 첫째, 매우 낮은 밀도의 수소가스를 이용해 고온이 되더라도 압력이 높아지는 것을 막는, 토카막이라고 부르는 방식이 있고, 둘째, 폭발에 레이저를 사용하여 수소폭발을 소규모로 하는 방법이 있으며, 셋째, 상온핵융합이라고 불리우는 수소원자핵사이의 반발력을 없애주는 방식이 있다. 토카막은 1951년 소련 물리학자 안드레이 사하로프가 처음 설계했다. 국제 핵융합실험로(ITER)라고 불리우는 토카막이 2016년 완공을 목표로 프랑스에서 건설되고 있다. 토카막의 작동원리는 다음과 같다. 수소가 고온이 되면, 수소 원자핵이 전자를 잃고 서로 분리될 정도가 되며, 이런 상태를 플라즈마라라고 부른다. 플라즈마는 초고온상태라서 용기에 담을 수 없고 자기장에 가두어 둔다. 플라즈마가 자기장에 의해 가열되면, 중수소와 삼중수소가 핵융합을 일으켜서 헬륨과 중성자를 만들게 된다.

24) 이필렬, 「에너지 대안을 찾아서」, 창작과 비평사, 1999, 36면.
25) 리차드 뮬러(장종훈 옮김), 「대통령을 위한 물리학」, 살림, 2011, 217-222면.

진흥기본계획과 시행계획을 수립해야 한다(제4조, 제5조). 기본계획에는 핵융합에너지에 관한 정책의 목표, 추진계획, 연구개발의 기반 확충, 소요재원의 조달 등을 포함해야 한다. 또한 핵융합에너지 연구개발에 관한 중요사항을 심의하기 위하여 교육과학기술부장관 소속하에 국가핵융합위원회를 두도록 하고 있다(제6조).

교육과학기술부장관은 기본계획에 따라 핵융합에너지 연구개발사업계획을 수립하고, 연구과제를 선정하여 기관과 협약을 맺어 연구하게 할 수 있다. 핵융합에너지 연구개발기관(제9조)의 설립 및 연구시설(제11조), 전문인력 양성(제10조), 핵융합에너지 연구개발에 대한 지원(제12조), 핵융합에너지 연구개발에 대한 기업 등의 투자 촉진(제13조), 국제협력의 촉진(제14조)에 대한 조항을 두고 있다. 핵융합 기술이 가지는 특수성을 반영하여 핵융합에너지에 관한 비밀유지 의무를 두고 있다(제15조).

제5절 기후변화대응 법 설계로서의 온실가스배출권 시장 도입 현황

1. 배 경

1990년 영국의 정부백서인 '공동의 유산(This Common Inheritance)'은 온실가스의 감축을 위해서 경제적 유인제도를 사용할 것을 주장하였다.[26] 산업혁명을 주도한 영국은 가장 적극적으로 기후변화정책 및 배출권 거래제도(Emission Trading Scheme: ETS)를 실시하고 있다고 평가되고 있다. 영국은 2002년부터 독자적인 배출권 거래제도(UK-ETS)를 운영하였으며, 2005년부터 EU 차원의 배출권 거래제도가 마련됨에 따라, 유

26) 황형준(조홍식 · 이재협 · 허성욱 편저), "EU 및 영국의 배출권 거래제도", 「기후변화와 법의 지배」, 박영사, 2010, 114면.

럽공동의 제도를 수용하여 운영하고 있다.

교토의정서의 협상 단계에서, 에너지세 등과 같은 명령통제 방식에 익숙했던 EU 회원국들은 공공재에 대해 시장원리에 기초한 유인제도를 도입하는데 회의적이었으나, 찬성하는 입장으로 돌아섰다.[27] 교토의정서는 선진국들이 온실가스 감축의무를 자국 내에서만 이행하기에는 한계가 있다는 점을 인정하여 감축의무 이행에 신축성을 부여하는 체제를 만들었다. 이를 교토메카니즘이라고 하며, 배출권거래제, 청정개발체제, 공동이행제로 구성되어 있다. 배출권거래제(Emission Trading: ET)란 선진국들이 온실가스 감축의무에 따른 배출쿼터를 국제시장에서 거래할 수 있게 하는 제도이다(교토의정서 제17조). 청정개발체제(Clean Development Mechanism: CDM)란 선진국(부속서 I 국가)이 개도국(비부속서 국가)에 투자하여 얻게 되는 온실가스 감축분을 선진국의 감축실적으로 인정받는 제도이다(교토의정서 제12조). CDM은 선진국과 후진국이 공동으로 수행하는 방식 뿐만 아니라, 개도국이 단독으로 수행하는 사업도 인정하고 있다. 공동이행제도(Joint Implementation: JI)는 선진국 A가 다른 선진국 B에 투자하여 얻게 되는 온실가스 감축분의 일정분을 A국의 감축실적으로 인정하는 제도이다(교토의정서 제6조). 유엔은 온실가스별로 1톤을 감축할 때마다 지구온난화에 미치는 파괴력의 정도에 따라 특정량의 탄소 크레디트를 부여한다. 온실가스의 감축이 강제참여 방식의 배출권거래제도가 아니라, JI나 CDM과 같은 자발적 감축방식에 의해 달성될 수 있을 지에 대해 회의적인 시각도 있으며, 이들에 의해 발생되는 크레디트는 일정한 한도 내에서 인정하는 것이 효율적이라는 주장도 있다.

온실가스배출 거래제는 배출목표를 설정하고 배출권한을 나누어 준 후 그 배출권한을 거래하도록 하는 총량거래방식(Cap & Trade 방식)과 배출목표를 정하지 않고 온실가스 감축 활동에 따라 크레디트를 부여하는 배출권한 감축량 계산방식(Baseline & Credit)이 가능하다. 교토의정서에

27) 위의 책, 108면.

따라 온실가스 배출량이 창출되는 방식은 다음과 같이 구분할 수 있다.[28] 첫째, 할당량 단위(Assigned Amount Units: AAU)이다. 당사국은 정해진 목표 배출량보다 적게 배출하고 나머지 잉여배출량을 다른 당사국에 이전할 수 있다. 이와 유사한 방식으로 EU-ETS(유럽연합 배출권거래체제)에서 정한 할당량 단위(European Allowance Unit: EAU)가 있다. 이들은 총량거래방식이다. 둘째, CDM에 의한 인증 배출량 감축(Certified Emission Reductions: CER)이 있다. 셋째, JI를 통해 생성되는 배출량 감축단위(Emission Reduction Units: ERU)가 있다. 둘째와 셋째가 감축량 계산방식에 해당한다고 하겠다. 이외에도 교토의정서 감축의무국의 조림사업을 통한 온실가스 흡수량을 나타내는 RMUs가 있다.

2. 유럽의 온실가스배출권 거래시장

온실가스배출권 거래시장은 크게 교토의정서의 규제에 의해 형성된 시장(EU-ETS)과 미국 등 온실가스 감축의무가 강제규범으로 설정되어 있지 않은 국가의 기업이나 개인이 온실가스배출권을 사고 파는 자발적 시장으로 대별할 수 있다. 2007년 기준 EU-ETS가 세계 탄소시장의 약 70%를 차지하고 있으며, EU 지역 7개 등 총 10여개의 탄소거래소가 운영되고 있다.

EU 차원의 배출권 거래제는 교토의정서 제17조에 근거한 국제적 배출거래제(ET)와 연결가능한 거래제로 논의 되었다. EU는 2005.1.1부터 온실가스배출권 거래제를 시행한다는 취지의 EU 배출권 거래제도 지침(Directive 2003/87/EC)을 채택하였다. EU-ETS는 원칙적으로 강제적인 할당을 전제로 하는 총량거래방식이다.[29] 유럽위원회와 환경단체는 강

28) 전종익(조홍식 · 이재협 · 허성욱 편저), "탄소배출권의 헌법적 성격과 거래제도", 「기후변화와 법의 지배」, 박영사, 2010, 251-252면.
29) 황형준, 앞의 책, 113면.

제적 참여방식을, 산업계는 자발적 참여방식을 선호했으며, 실효성을 높이기 위해 강제적 참여방식을 원칙으로 하고, 예외규정을 두는 방식으로 합의를 하게 되었다. 2004년에는 유동성을 보완하기 위해, JI 및 CDM에서 발생하는 크레디트의 사용을 허용하는 수정 지침을 채택하였다. 대부분의 유럽연합 회원국은 CER 사용 비율을 보통 10% 수준으로 제한하고 있는 반면, 독일은 20%까지 허용하여 기술이전 정책을 촉진하고 있다.[30] 유럽연합(EU)은 지난 2005년 배출권 거래제도(EU-ETS 1기)를 시행했으며 2008년부터 2기 사업을 진행해 오고 있다. 1기에서는 5% 미만의 유상할당, 2기에서는 10% 미만의 유상할당이 적용되었다. 2013년 시작되는 3기 사업은, 1, 2기가 무상할당을 기본으로 운영된 반면에, 경제적 비효율성을 피하기 위해서 경매방식의 유상할당을 기본으로 운영될 예정이다.

3. CDM 사업의 효과

2007년 11월 현재 UN에 등록된 CDM 사업은 844건이다.[31] CDM 사업의 구매국은 영국(41.2%), 네덜란드(14.7%), 일본(12.1%) 등의 순서이고, CDM 사업의 판매국은 중국(45.4%), 인도(15.8%), 브라질(9.9%), 한국(8.2%), 멕시코(3.7%) 순이다. 2008년에 유럽국가들이 CER 시장 거래량의 87%를 구입하였다. 이 중 약 90%는 유럽 민간기업이 구매하였고, 대부분 유럽 에너지 회사들이 투자 수익과 2012년 이후의 사용을 기대하여 구매한 것으로 나타났다. 세계적인 금융위기로 CDM에 의해 발생한 CER에 대한 수요가 2008년 하반기부터 급속히 감소하였다.[32] 생산활동

30) 박현(조홍식 · 이재협 · 허성욱 편저), “기후변화정책과 철강산업”, 「기후변화와 법의 지배」, 박영사, 2010, 496면.

31) 시장경제연구원, 「탄소배출권 거래시장의 인프라 구축방안」, 2007.12, 13면.: UN Framework Convention on Climate Change 홈페이지.

32) 최은정, “탄소배출권시장과 청정개발체제(CDM)사업의 위험분석”, 「KIS Credit Monitor」, 2009. 11. 23., 33면.

감소로 배출량이 감소하여 기업들은 무상으로 받은 할당배출권(EAU)의 판매를 통해 유동성에 확보하였고, 이에 따라 EAU 가격이 하락하였다. 또한 EAU의 가격 감소로 CER 가격도 7유로까지 급락하였다.

이러한 CDM 사업이 온실가스문제를 해결하는 것이 아니라, 오히려 환경문제를 악화시키고 있다는 비판도 제기되고 있다.[33] 개도국 제조업체들이 크레디트를 많이 얻기 위해 환경에 덜 해로운 '대안 가스'를 생산하지 않고, 규제한도 내에서 최대한의 유해가스를 만든 뒤 이를 줄여 크레디트를 얻어내고 있다는 것이다. 유엔은 이산화탄소 1t당 1크레디트, 냉각재(HCFC-22) 제조시 발생하는 부산물인 'HFC(수소불화탄소)-23'은 1만1,700크레디트를 주고 있다. 1크레디트는 시세에 따라 9달러~40달러 선에서 거래된다. 유엔이 2005년부터 CDM에 대해 크레디트를 부여하는 제도를 도입한 이후, 인도, 중국, 아르헨티나, 멕시코, 한국의 19개 냉각재 공장(주로 중국과 인도)들이 전체 탄소 크레디트의 46%를 가져갔다. EU의회는 2013년부터 CDM 프로젝트로부터의 HFC-23 크레디트를 금지하기로 결정했다. 이에 대해 HFC 사업자 중 일부는 인센티브가 부여되지 않을 경우 HCFC 부산물인 HFC를 파괴하지 않고 공기 중에 방출 할 수도 있다는 입장을 가지고 있다. 이 같은 사례는 오존층 문제와 기후변화 문제는 통합적으로 검토하는 것이 필요함을 말해준다고 하겠다.

4. 한국에서의 온실가스배출권 시장도입

한국도 2015년부터 온실가스배출권 시장을 도입할 계획이다. 정부는 2012년 7월 23일 '온실가스 배출권의 할당 및 거래에 관한 법률' 시행령(안)을 입법 예고하였다(국무총리실 공고 제2012-47호). 시행령에서의 주요

33) 전정윤, 탄소배출권이 되레 오존층 파괴 촉진?, 한겨레신문, 2012. 8. 9.; Qilai Shen, Profits on Carbon Credits Drive Output of a Harmful Gas, The New York Times, August 8, 2012.

쟁점사항은 배출권 할당방법과 기준, 유 · 무상 할당 비율과 무상할당의 기준, 제도 운영을 담당할 주무관청 등이다. 동 시행령(안)에 따르면, 1차 연도(2015~2017년)에는 배출권을 전액 무상으로 할당받도록 하고, 2차 연도(2018~2020년)에는 배출 허용량의 97%를, 3차 연도(2021~2025년)에는 90% 이하를 무상할당 받도록 하고 있다. 이에 대해 산업계는 무상으로 배출권을 할당받을 수 있는 기간을 2020년까지 3년 연장해 달라고 건의했다.[34] 산업계는 배출권 거래제 도입 자체가 부담인 상황에서 배출권을 유상 할당받으면 원가가 올라 가격 경쟁력에 심각한 영향을 줄 것이라고 주장했다. 이에 대해 환경단체는 비판적이다. 즉 온실가스 배출권 거래제는 2013년부터 시행하는 것을 목표로 논의됐으나, 법 제정과 시행령 입법예고까지 오는 동안 산업계의 요구로 시행 시기가 2년 늦춰지고, 1차 계획기간의 배출권을 2차 계획기간으로 넘겨 사용할 수 있게 내용이 바뀌는 등 산업계의 입장이 충분히 반영되었다는 입장이다. 정부는 배출권 거래제와 관련해 주무부서인 환경부 산하에 공동작업반을 설치해 업체별 할당량을 결정 · 조정 · 취소할 수 있도록 할 계획이다.

한편, 탄소세와 배출권 거래제는 모두 탄소가격을 형성하고, 온실가스 배출 효과를 내재화 한다는 점에서 모두 경제적 유인제도에 속한다. 탄소세의 경우 기존세제를 활용 할 수 있어 행정비용이 적게 드나, 배출권 거래제의 경우 할당량을 배정하는 과정에서 큰 행정비용이 발생할 것으로 보인다. 다른 한편으로는 배출권 거래제의 경우 이론적으로 배출업소간 한계저감비용을 일치시켜서 효율적이면서, 배출권의 총 발행량을 관리함으로써 확실한 환경개선 효과를 기대할 수 있다.[35]

오존층에 대비한 국제협정이 기후변화에 대비한 국제협정보다 효율적으로 작동하고 있다는 시각이 지배적이다. 따라서 몬트리올 의정서와

34) 윤정현, 탄소배출권 거래 무상할당…산업계 3년 더 늘려달라, 한국경제신문, 2012. 8. 6.
35) 윤종수(조홍식 · 이재협 · 허성욱 편저), "국내 온실가스 배출권 거래제도 구축 방향", 「기후변화와 법의 지배」, 박영사, 2010, 277면.

:: 표 11-6 탄소세 및 배출거래제의 장단점 비교[36)]

구분	배출권 거래제	탄소세
행정비용	높다(할당)	낮다(기존세제 활용)
환경목표달성	쉽다(배출허용 총량 할당)	어렵다(최적 탄소세율 설정 필요)
탄소가격변동	크다	작다(고정된 탄소가격)
기술개발측면	감축기술개발 속도 반영 용이하다	효과가 중장기적으로 나타난다.
국제적 연계	쉽다	어렵다

교토의정서의 접근 방식을 비교하는 것도 의미가 있다고 하겠다.

제 6 절 기후변화, 그 이후

산업혁명이후로 환경오염은 경제성장에 따른 불가피한 부작용으로 받아들여졌으나, 기후협약을 계기로 해서 환경오염의 외부효과가 일정 부분 내부화 되었다. 이에 대해 지속가능한 성장의 방식으로, 환경오염 등과 같은 위험에 대한 관리를 부의 생산보다 우선적으로 고려하는 이론과 실천이 나타나게 되었다.

독일은 일찍부터 경제발전과 환경개선을 동시에 달성하는 생태적 근대화론을 받아들였다. 이를 위해서는 공해를 배출하지 않는 새로운 기술이 필요하였고, 재생에너지를 선택하였다. 이는 독일 내에서 사회적 합의가 있었으며, 법률적 요소 등이 결합하여 작동하게 되었다고 할 수 있다.[37)] 이러한 국가발전 전략은 원자력 문제도 해결할 수 있게 하였고, 재생에너지의 수출을 통한 경제발전도 동시에 바라볼 수 있게 하였다. 이러한 전략은 1986년 체르노빌 원전사고, 2011년 후쿠시마 원전사고 등

36) 위의 책, 278면.
37) 정연미, "독일의 원자력 정책과 생태적 근대화", 「환경정책」, 19(3), 2011, 116면.

을 통해 더욱 강화되었다. 기후협약 체결로 인해 생태적 근대화 전략이 경제적 차원에서도 직접적으로 유용함이 입증되었다.

독일연방정부는 2010년 9월에 '에너지 콘셉트'라는 제목의 2050년까지의 장기적인 에너지 정책을 발표하였으며, 주된 내용은 에너지소비를 줄이고 재생에너지시대를 맞이하는 것이다.[38] 독일연방정부는 2020년까지 1990년 대비 40%, 2050년까지 80-95% 온실가스를 감축하기로 기후변화목표를 설정하였다. 원전 폐쇄를 규정한 원자력법과 함께 재생에너지법, 재생에너지열법, 열병합발전법을 개정해 재생에너지와 열병합발전 건설을 가속화 시킬 수 있는 정책수단을 마련하고 있다.

독일의 경우 부의 생산에 대한 위험관리의 우위현상이 원자력법과 같은 에너지법이 환경법에 포섭되는 형태로 나타나고 있다. 독일에서의 원자력법은 상위개념으로 환경법에 속한다는 견해가 다수를 점하고 있다.[39] 특히 석유류의 사용이 지구온난화를 가속시키는 것이 밝혀지고, 기후변화협약이 체결된 이후 에너지법의 환경법화는 정착되었다.

38) 위의 논문, 122면.

39) 조병선, "원자력 안전규제 법규의 개정 - 미국, 유럽, 일본, 한국의 경험을 근거로 한 비교법적 고찰", 「환경법연구」, 24(1), 2002, 495면.

제 12 장
새로운 문명과 좋은 과학기술로 향한 길

자기조정 시장경제란 존재하지 않는다.

\- 칼 폴리니 -

제1절 전환시대의 논리

일찍이 칼 폴리니는 그의 명저 '거대한 전환'에서 저절로 작동하는 시장경제는 존재하지 않는다는 점을 설파하였다.[1)] '보이지 않는 손', 즉 자유시장이라는 것은 없고 결국은 만들어진 시장이라는 것이다. 마찬가지로, 과학기술의 현재의 모습은 저절로 이루어진 것이 아니라 인간이 법제도 등을 활용하여 그 방향을 결정하여 온 결과이다.

인간은 원자핵과 DNA를 활용하여, 에너지와 생명을 많은 부분 지배하게 되었으며, 하고자만 한다면 거의 무엇이든지 할 수 있게 되었다. 이러한 과학기술에 힘입어 인간이 편안해진 면도 있으나, 인류멸종과 지구멸망의 위기에 처해 있기도 하다. 프랑수아 자콥이 말한 대로, 과학은 진실을 약속했지, 행복을 약속하지는 않았던 것이다.[2)] 인류는 산업혁명 이후 과학기술과 경제학에 의지하여 200여년을 지내왔으나, 마침내 길을 잃었다.

1) 칼 폴리니(홍기빈 옮김), 「거대한 전환」, 길, 2009, 94면.
2) 막스 페루츠(민병준,장세헌 옮김), 「과학자는 인류의 친구인가 적인가」, 솔, 2004, 197면.

산업혁명 이후 인류는 과학기술에 대한 낙관론과 국내총생산(GDP)의 신화에 의지하여 화석연료에 기반한 문명을 건설해 왔다. 물리학의 학문으로서 엄밀성에 인문학자들은 매료되었고, 이는 칸트가 자신의 저서가 뉴턴만큼 높은 평가를 받을 것으로 기대하는 자기고백에서도 드러난다. 마침내 아담스미스에 의해 경제학이라는 물리학을 닮으려는 사회과학이 만들어졌고, 이후 사회현상을 수학에 기반하여 설명하려는 시도가 강화되었다. 그러나, 인간의 기쁨, 행복 등과 같은 질적으로 중요한 요소들을 수학적 모델로 만드는 데 한계가 있으며, 경제학은 양적으로 측정가능한 요소만을 기반으로 하여 사회현상을 계량화하면서 성장해 왔다. 이러한 경제학은 인간을 괴롭히는 무기를 만들거나, 인간을 행복하게 하는 의약을 만들거나에 관계없이 GDP라는 수치에 담아내어, 인류의 발전방향을 견인해 왔다.

사회현상을 설명하기 위한 경제학이 아니라, 거꾸로 계량화 할 수 있는 학문으로 인정받기 위해 만들어진 경제학은 현실과 괴리되었고, 학문이 가지는 기본적인 기능인 사회를 객관적으로 분석하고, 미래를 예측하는 능력을 일정부분 상실하게 되었다. 측정될 수 없거나 측정되기 어려운 요인이면서, 인간에게 중요한 요소-예컨대 인간의 행복, 자연보존-를 고려한 새로운 문명의 건설이 필요함을 인류는 서서히 자각하게 되었다.

기후변화협약에 의해 환경오염이라는 외부효과를 내부화 하려는 노력은 이러한 인식을 반영한 하나의 사례라고 할 수 있다. 이제 인류는 그것이 계량화 할 수 있는지 여부에 관계 없이, 인간의 삶에 영향을 미치는 요인을 고려하여 새로운 문명을 건설해야 하는 역사적인 분기점에 서 있다고 평가된다. 그렇지 않으면 인류는 지속가능하게 생존하는 데 실패할 수 있다.

기존의 문명은 과학기술자로 하여금 인류 전체를 파멸시킬 수 있는 핵무기, 기후변화 등을 만들어내게 하였다. 이러한 맥락에서 과학기술도

인간의 지속가능한 행복한 삶에 도움이 되는 모습으로 다시 태어나야 할 시점이며, 이를 견인할 법제도 설계에 대한 근본적 성찰이 요구된다.

제2절 적정기술

적정기술은 영국의 경제학자 슈마허가 저술한 '작은 것이 아름답다'에서 중간기술(intermediate technology)이라는 개념으로 소개되어, 첨단기술과 토속기술의 중간에 위치한다는 의미로 쓰이게 되었다.[3] 슈마허는 생태계를 파괴하고 자원을 낭비하는 대량생산 대신에 대중에 의한 생산을 강조하면서, 근대의 지식을 활용하고, 분산화를 유도하며, 생태계 법칙과 공존할 수 있고, 값싼 기술개발을 제안하였다.[4]

슈마허가 중간기술 아이디어를 처음 구상했을 때 중간기술은 빈곤국의 자원과 필요에 적합한 소규모이며 간단하고 돈이 적게 드는 기술을

:: 표 12-1 적정기술의 사례: 라이프 스트로(Life straw)[5]

길이가 27센티미터인 원통형 빨대 모양의 휴대용 정수기이다. 2005년 토르벤 베스터가드 프란젠이 고안하였고, 가나, 나이지리아, 파키스탄, 우간다 등에서 판매되고 있다. 입으로 흡입하며, 흡입 압력에 의해 물이 라이프 스트로 입구로 들어온다. 물은 4단계의 필터를 통해 정수된다. 1단계는 100마이크로 크기의 구멍을 가진 프리필터를 거친 후, 15마이크로 크기의 폴리에스터 필터에서 대부분의 박테리아가 제거된다. 다음에는 요오드로 처리된 이온교환성 수지를 통과하면서 다시 한번 박테리아와 바이러스가 제거된다. 마지막으로 활성탄으로 악취를 제거한다.

3) 김정태 · 홍성욱, 「적정기술이란 무엇인가」, 살림출판사, 2011, 8-9면.
4) E.F. 슈마허(이상호 옮김), 「작은 것이 아름답다」, 문예출판사, 2001, 197면.
5) 김정태 · 홍성욱, 앞의 책, 46-47면.

의미했다.[6)] 그러나 1973-1974년 석유파동을 경험하면서, 부국에서도 그 상황에 적합한 새로운 기술이 필요하다는 것이 증명되기 시작했다. 현대사회에는 석유파동 때보다 강력한 위기가 동시다발적으로 발생하고 있다. 기후변화, 자연재해, 주기가 단축되는 경제위기, 석유를 비롯한 원자재의 가격변동 위기 등은 이제 단기적인 위기가 아니라 항시적인 위기가 되었다. 선진국도 예측할 수 없는 다양한 위기는 기존의 고비용 중앙집중식 에너지공급의 한계를 부각시키고 있다.

일본의 적정기술 전문가인 세이치로 요네쿠라 교수에 따르면, 지난 2011년 3월 11일 발생한 동일본 대지진 이후 일본사회의 변화 중의 하나가 '적정기술의 재발견'이다.[7)] 과거에 개발도상국 등에서 원조 성격으로 제공되는 기술로 여겨졌던 적정기술이 이제는 일본에서도 필요한 기술이 되어 수입되기 시작했다는 것이다. 재건되는 건물에 태양광 발전시스템을 기본적으로 갖춰서 에너지 의존도를 줄이는 일련의 조치들이 강력한 지지를 받으며 시행되고 있다고 한다.

적정기술의 개념이 현대사회의 이슈에 성공적으로 접목된 영역은 환경문제이다.[8)] 환경운동가들은 적정기술을 인류가 사용 가능한 자원의 지속가능성의 관점에서 이해하였다. 포리트 등 환경운동가들은 1992년 리우 기후변화협약을 이끌어 냈다. 이제 적정기술은 주류사회의 윤리영역이 아닌 인류의 생존을 위해 필요한 기술로 인식되고 있다.

역사를 돌이켜 보면 위기는 기존의 시스템이 수용하지 못하는 새로운 사고방식과 생활방식을 받아들이는 기회로 작용했다.[9)] 최첨단기술은 거대한 시스템의 구축과 지원이 필요하여, 이를 위해서는 인위적인 에너지 소비와 관리가 필요하다는 점에서 '지속가능성'에 취약하다. 반면에, 적정기술은 기본적으로 지속 가능한 시스템을 배경으로 한다. 지속가능성

6) 위의 책, 10면.
7) 김정태 · 홍성욱, 앞의 책, 21-22면.
8) 손정락(김찬중 편), 앞의 책, 23면.
9) 위의 책, 23면.

이란 미래의 자원을 현재에 끌어다 쓰지 않으면서 현재의 필요를 채우는 발전을 의미한다. '적정기술'은 단순히 저개발국을 도와주는 맥락에서가 아니라 환경협약이 경제질서를 오히려 감싸고 있는 상황에서 현실적이고 지속가능한 발전전략이 될 수 있다. 적정기술은 인간사회의 다양한 측면들을 고려하여 인간의 삶의 질을 향상시킬 수 있는 기술로 이해되고 있으며,[10] 좋은 과학기술을 위한 법제도 설계와 관련하여 중요한 시사점을 던져주고 있다고 하겠다.

제3절 좋은 과학기술을 위한 법제도 설계

지금 세상은 예전과 다르다. 유한한 인간의 손에 인류의 빈곤을 없앨 수 있는 힘과 인류를 멸망시킬 수 있는 힘이 동시에 주어졌기 때문이다.

– J.F. 케네디, 1960년 1월 20일 신년연설 –[11]

경제학에서는 경제활동이 당사자가 아닌 제3자에게 끼치는 영향을 '외부효과'라고 말하며, 외부효과는 긍정적 외부효과와 부정적 외부효과가 있다. 통상 상품에는 미래의 세대, 환경, 윤리, 도덕, 문화, 사회, 정치, 경제적인 측면의 외부효과가 내부화 되어있지 않으며, 따라서 단기적 이윤추구가 상품개발의 동기로 작용하고 있다. 이것이 과학기술투자에도 영향을 주고 있다. 과학에는 과학자체를 위한 지식, 자연을 지배하는 수단, 개발자를 위한 이윤 등과 같은 다양한 동기가 있으나,[12] 현대 주요기술(유전체학, 로봇공학, 인공지능, 나노기술)의 중요한 원동력은 산업이윤에 대한 기대이다. 지금의 많은 첨단기술들이 단기적 관점에서 개발

10) 손정락(김찬중 편), 앞의 책, 19면.
11) 김정태외, 「인간중심의 기술 적정기술과의 만남」, 에이지, 2012, 10면.
12) 제롬 라베츠(이혜경역), 「과학, 멋진 신세계로 가는 지름길인가?」, 이후, 2007, 23면.

되고 있다.[13]

법경제학적인 시각에서 보면 환경법은 외부효과를 내부화하기 위한 법적 대응, 즉 외부효과에 대한 법적 대응책이라고 할 수 있다.[14] 인간의 삶의 질을 향상시키는 데 관련되는 외부효과가 내부화될수록, 과학기술의 발전방향이 바람직하게 될 가능성이 높다고 하겠다. 기후협약이라는 법제도로 인해 온실가스 배출이라는 부정적 외부효과가 내부화되었으며, 이로 인해 에너지기술개발의 방향이 친환경적으로 바뀐 것이 이러한 사례 중의 하나라고 하겠다. 좋은 과학기술이란 인간의 삶의 질을 높이는 과학기술이며, 좋은 과학기술을 위한 법제도는 인간의 삶의 질을 높이는 요소를 모두 계량화하여 상품에 내부화하는 것에 의해 달성될 수 있다고 하겠다. 그러나 인간의 행복과 삶의 질을 계량화하는 데는 한계가 있으며, 오히려 경제학의 한계를 인정하고, 인문학적인 인간에 대한 이해에서 출발한 새로운 법제도 설계가 필요하다고 보여진다.

그 동안 과학기술과 관련한 법은 좋은 과학기술을 진흥시키거나, 나쁜 과학기술을 억압하는 도구로서의 역할을 수행하고자 노력해 왔다. 기존의 과학기술법은 과학기술을 진흥시키기 위해서 직접적으로 연구비를 주던지, 간접적으로 특허권과 같은 독점배타적인 재산권을 부여하였다. 또한 통제수단으로서 연구자체를 금지하거나, 인허가를 통해 간접적으로 인간의 행위를 조정하였다. 이러한 방식은 부분적으로 성과를 거두기도 했지만, 과학기술이 위험사회를 도래하게 했다는 측면에서 보면 시스템 실패라고 보여진다. 이러한 법제의 밑바탕에는 경쟁과 이기심, 공포감이 인간을 움직이는 강력한 동인이라는 전제가 깔려있다. 그러나, 인간은 협력과 이타심, 열정에 의해서도 움직여진다. 특히, 현대와 같이 학제간 융합이 가치를 높이는 시기에 있어서는 협력과 공유가 과학기술발

13) 경종민(김찬중 편), 앞의 책, 9면.

14) 조홍식, "환경법 소묘 – 환경법의 원리, 실제, 방법론에 관한 실험적 고찰", 「서울대학교 법학」, 40(2), 1999, 324면.

전의 중요한 덕목이라고 하겠다. 이러한 맥락에서 **과학기술 법제의 발전 방향은 인간의 협력과 소통**을 중시하는 구조로 나아가는 것이 바람직하다고 보여진다. 예컨대, 과학기술의 위험성과 관련해서는 과학기술이 가지는 불확실성을 함께 책임진다는 의미에서 **정보의 공개**와 **시민의 참여**를 강화하는 방향이 바람직하다고 하겠다.

한편, 현대 과학기술의 쟁점은 복합적이다. 예컨대, 히틀러의 핵무기 개발에 공포감을 느낀 미국은 핵무기를 개발했고, 이것이 소련의 핵무기 개발을 불러왔으며, 이에 대비해 미국은 '분산형' 정보통신기술(인터넷)을 개발하게 된다. '분산형'이라는 인터넷 기술의 속성은 표현의 자유에 기여하게 된다. 기술이 죽음과 자유를 이어준 것이다. 또한 오존층 파괴 문제를 해결하기 위해 개발된 화학물질이 지구온난화에 이산화탄소 보다 훨씬 크게 기여한다는 사실도 밝혀졌다.[15] 지구온난화 문제를 해결하기 위해서 원자력기술이나 유전자변형기술을 이용해야 하는지를 판단하는 것도 두 기술이 가지는 위험성 등을 종합적으로 고려해야 할 것이다. 따라서, 과학기술을 인간의 행복을 위한 도구로 이끌기 위한 해법을 찾기 위해서는, 과학기술과 인문학, 법학을 동시에 고려한 **통합적 이해와 사고**가 필요하다. 이를 위해서는 과학기술분야 간의 대화, 과학기술과 인문학 간의 대화, 그리고 과학기술과 법학 간의 대화가 요구된다. 과학기술과 법에 대한 통합적 이해가 그 출발점이 되기를 기대해 본다.

---

15) 1998년 7월 스위스 제네바에서 열린 몬트리올 의정서 개방실무그룹(OEWG) 회의 참석자들은 CFC의 대체물로 사용되는 HFC가 지구온난화를 일으키는 물질이라는 사실을 인정하고, 기후협약 및 몬트리올 의정서 부속기관들이 협조하는 것이 바람직하다고 하였다. 또한 두 국제협약 관련 기관이 협력하여 교토 의정서가 몬트리올 의정서에 어떻게 영향을 미치며 또 반대로 몬트리올 의정서가 교토 의정서에 어떻게 영향을 미치는가를 평가하자고 제안하였다.: http://iws.inha.ac.kr/~dsjung/cfcfocus.htm. 몬트리올 의정서와 기후협약 간 협력의 필요성에 대해서는 다음 논문 참조: Roberts, Mark W. "The Montreal Protocol Must Act to Prevent Global Climate Change While Restoring the Ozone Layer." Sustainable Development Law & Policy, Spring 2009, pp. 33-40.

좋은 과학기술에 도달하는 길은 멀고 험할 지라도, 우리가 올바른 길로 들어선다면 언젠가는 도달할 수 있을 것이다.

훗날에 훗날에 나는 어디선가
한숨을 쉬며 이야기할 것입니다.
숲 속에 두 갈래 길이 있었다고,
나는 사람이 적게 간 길을 택하였다고,
그리고 그것 때문에 모든 것이 달라졌다고.

– 로버트 프로스트(피천득 옮김), 가지 않은 길 –

참고문헌

서문

김영민, 「사랑, 그 환상의 물매」, 마음산책, 2004.

도정일 · 최재천, 「대담(인문학과 자연과학이 만나다)」, 휴머니스트, 2005.

박은정, 「왜 법의 지배인가 」, 돌베개, 2010.

이필렬, 「에너지 대안을 찾아서」, 창작과 비평사, 1999.

폴 우드러프(이윤철 옮김), 「최초의 민주주의」, 돌베개, 2012.

제1장

교육과학기술부, 「2010년도 연구개발활동조사보고서」.

김환석, 「과학사회학의 쟁점들」, 문학과 지성사, 2006.

서울대학교 기술과법센터 편저, 「과학기술과 법」, 박영사, 2007.

쉴라 재서너프(박상준 옮김), 「법정에 선 과학」, 동아시아, 2011.

C.P. 스노우(오영환 옮김), 「두 문화」, 민음사, 1996.

자크 데리다(진태원 옮김), 「법의 힘」, 문학과 지성사, 2004.

제롬 라베츠(이혜경 옮김), 「과학, 멋진 신세계로 가는 지름길인가?」, 이후, 2007.

제임스 E 매클렐란 3세 · 해럴드 도른 공저(전대호 옮김), 「과학과 기술로 본 세계사 강의」, 모티브, 2006.

토비 E. 하프(김병순 옮김), 「사회 · 법체계로 본 근대과학사강의」, 모티브, 2008.

김재호, "과학기술에 대한 행정법적 고찰 -원자력법령체계의 문제점과 개선방향을 중심으로-", 「법학연구」, 9(1), 1998.

안경환, 「안경환의 시대유감」, 라이프맵, 2012.

윤권순, "독립적 법체계로서의 과학기술법 개념 고찰", 「과학기술법연구」, 17(2), 2011.

Sheila Jasanoff, 「Science at the Bar」, the Twentieth Century Fund, Inc., 1995.

Susan R. Martyn, "Human Cloning: The Role of Law", Univ. of Toledo Law Review, 32, 2001.

제2장

윤권순 · 정성창 · 임근영, 「미국의 글로벌 특허전략 분석을 통한 지식기반경제에서의 산업정책 방향에 대한 연구」, 한국발명진흥회 지적재산권 연구센터, 2000.

김인자 · 박형준, "과학기술규제 정책의 형성과 변동 과정분석 -'생명윤리 및 안전에 관한 법률'을 중심으로-", 「한국정책학회보」, 20(1), 2011.

성재호 · 김민호 · 김일환, "법친화적 과학기술사회의 구축을 위한 법제정비 방향에 관한 고찰", 「법조」, 제570권, 2004.

데이비드 마우어리 · 리처드 넬슨 · 브헤이븐 샘팻 · 아비즈 지도니스(차소영 옮김), 「산학협력의 좌표를 찾아서 -미국 대학의 기술이전과 바이 돌 법-」, 소명출판, 2011.

Irvin Stewart, 「Organizing Scientific Research for War」, An Atlantic Monthly Press Book, 1948.

James, E Denny, 「Federal Patent Policy-Its Development and Present Status」, American Chemical Society, 1978.

William Aspray · Martin 「Campbell-kelly, Computer: a history of the information machine」, BasicBooks, 1996.

제3장

김동희, 「행정법 I」, 박영사, 2011.

김동희, 「행정법 II」, 박영사, 2011.

김환석, 「과학사회학의 쟁점들」, 문학과 지성사, 2006.

로랭드고(김성희 역), 「복제는 정말로 비윤리적인가?」, 황금가지, 2006.

Rolf Knutel(신유철 옮김), 「로마법 산책」, 법문사, 2008.

손경환편저, 「과학기술법」, 진원사, 2010.

울리히 벡(홍성태 옮김), 「위험사회 -새로운 근대(성)을 향하여-」, 새물결, 2006.

윌리엄 쉬어 · 마리아노 아르티가스(고종숙 옮김), 「갈릴레오의 진실」, 동아시아, 2006.

조홍식 · 이재협 · 허성욱 편저, 「기후변화와 법의 지배」, 박영사, 2010.

한스 요나스(이유택 옮김), 「기술 의학 윤리」, 솔, 2005.

홍준형, 「행정과정의 법적 통제」, 서울대학교출판문화원, 2010.

고봉진, "생명과학기술 연구에 대한 법정책의 책무", 「안암법학」, 제25권, 2007.

김재호, "과학기술에 대한 행정법적 고찰 -원자력법령체계의 문제점과 개선방향을 중심으로-", 「법학연구」, 9(1), 1998.

김환석, "유전자 재조합식품 표시제에 관한 연구: 유전자변형식품에 대한 사회적 논쟁과 규제방향", 「환경법연구」, 22, 2000.

제4장

김도균, 「권리의 문법」, 박영사, 2008.

법무법인 태평양, 「영업비밀판례 자료집」, 2011.

윤권순, 「특허권 재해석을 통한 특허괴물 현상 분석과 '지식권'의 제안」, 충북대학교 박사학위 논문, 2010.

특허청, 「우루과이라운드와 TRIPs 협정의 성립」, 2007.

김연미, "권리의 본질에 대한 세 가지 시험적 고찰", 「철학논총」, 26(4), 2009.

나종갑, "특허권의 역사적 변화와 자연권적 재산권으로서의 특허권의 변화", 「지식재산논단」, 1(1), 지식재산권 연구센터, 2004.

심미랑, "배타적 재산권으로서 특허권의 개념에 대한 연구", 「법학연구」, 14(2), 인하대학교 법학연구소, 2011.

윤권순, "국가연구개발사업 지식재산권의 귀속규정 현황 및 개선방안", 「법학연구」, 18(2), 충북대학교 법학연구소, 2007.

윤권순, "베니스 특허법 분석을 통한 특허제도 본질에 대한 고찰", 「지식재산연구」, 1(1), 2006.

윤권순, "의료발명의 특허성에 대한 비판적 고찰", 「창작과 권리」, 제14호, 1999.

윤권순 · 윤종민, "특허괴물의 현상 분석과 특허제도의 본질에 대한 고찰", 「창작과 권리」, 제58호, 2010. 3.

윤권순, "특허법 구조분석을 통한 '지식경계' 명확화에 대한 연구", 「창작과 권리」, 제63호, 2011.
윤권순 · 이승현 · 윤종민, "'intellectual property' 용어의 동아시아(한국, 일본, 중국)에서의 법적 수용", 「산업재산권」, 제34호, 한국산업재산권법학회, 2011.

Craig Allen Nard · Andrew P. Morriss, 「Constitutionalizing Patents: From Venice to Philadelphia」, Case Western Reserve University, 2004.
James Bessen. Eric Maskin, 「Intellectual Property on the Internet: What's Wrong with Conventional Wisdom?」, Working Paper(MIT, Department of Economics), 1997.
Edward C. Walterscheid, "The Early evolution of the United States Patent Law: Antecedents(Part1)", 76 J.Pat.& Trademark Off. Soc'y, 1994.
J.H Reichman, "OF GREEN TULIPS AND LEGAL KUDZU Repackaging rights in subpatentable innovation", 「Vanderbilt Law Review」, 53(6), 2000.

제5장

박연식 · 전성근 · 차진만, 「정보통신기술과 인터넷」, 경상대학교 출판부, 2010.
송성수, 「기술의 역사 –뗀 석기에서 유전자 재조합 까지–」, 살림, 2009.
조화순, 「디지털 거버넌스 –국가 · 시장 · 사회의 미래–」, 책세상, 2010.
이희진, 「정보기술은 시간을 어떻게 변화시킬까?」, 삼성경제연구소, 2006.
정상조 · 박준석, 「지적재산권법」, 홍문사, 2011.
남희섭, "냅스터 사건 쟁점 정리": http://freeinternet.jinbo.net/napster_issue.html
박준석, "온라인서비스제공자의 저작권 침해책임에 관한 한국에서의 입법 및 판례 분석", 「창작과 권리」, 제63호, 2011.
백윤철, "소리바다와 온라인서비스사업자의 법적 책임", 「스포츠와 법」, 제9권, 2006.
안성수, "'소리바다' 판결 평석", 「법조」, 602(11), 2006.
양재모, "온라인서비스제공자의 책임론에 대한 독일법의 고찰", 「법학논총」, 22(2), 2005.

윤종민, “디지털저작권 보호와 온라인서비스제공자의 책임”, 「창작과 권리」, 63호, 2011.
정상조, “명예훼손에 대한 포탈의 책임”, 「서울대학교 법학」, 51(2), 2010.
황경환, “저작권 제102조 제2항의 온라인 서비스제공자의 면책조항의 법적 검토”, 「법학연구」, 16(1), 2008.
Brian K. Williams · Stacey Sawyer(노광현 · 이상민 · 이하운 · 주동현 옮김), 「컴퓨터와 정보통신의 이해」, 아이티씨, 2010.
Sara Baase(정진욱 · 안성진 · 이재규 옮김), 「인터넷 윤리」, 생능출판사, 2012.

William Aspray · Martin Campbell-kelly, 「Computer: a history of the information machine」, BasicBooks, 1996.

제6장

박상표, 「2009 Swine Influenza Pandemic의 정치경제학」, http://www.chsc.or.kr/xe/?document_srl=11477
육소영 · 윤권순 · 이승현, 「강제실시권 제도 변화에 따른 정부의 실질적 대응방안」, 한국발명진흥회, 2005.
조영선, 「특허법」, 박영사, 2011.
정상조 · 박성수 공편, 「특허법 주해 I」, 박영사, 2010.
제임스 E 매클렐란 3세 · 해럴드 도른 공저(전대호 옮김), 「과학과 기술로 본 세계사 강의」, 모티브, 2006.
최강석, 「바이러스의 습격」, 살림, 2009.
최연희, 타미플루 복제약 첫 허가, 헬스코리아뉴스, 2009. 12. 8.
테렌스 스티븐슨(제효영 옮김), 「신종플루의 진실」, 시그마북스, 2010.
백연상 · 이헌진, 연구용이라지만... ‘인간까지 전염’ 변종 AI바이러스 비상, 동아일보, 2012.1.1.

Kaufer, Erich, 「The Economics of the Patent System」, Harwood Academic Publishers, 1989.

제7장

마이클 샌델(강신명 옮김), 「생명의 윤리를 말하다」, 동녘, 2010.
로렝드고(김성희 옮김), 「복제는 정말로 비윤리적인가?」, 황금가지, 2006.
루이스 월퍼트(최돈찬 옮김), 「하나의 세포가 어떻게 인간이 되는가」, 궁리, 2001.
황신영, 「톰슨이 들려주는 줄기세포이야기」, 자음과 모음, 2010.
고봉진, "생명과학기술 연구에 대한 법정책의 책무", 「안암법학」, 25권, 2007.
김수갑, "유전자기술의 규제원리", 「법학연구」, 19(1), 2008.
김인자 · 박형준, "과학기술규제 정책의 형성과 변동 과정분석 –'생명윤리 및 안전에 관한 법률'을 중심으로–", 「한국정책학회보」, 20(1), 2011.
서경, "착상 전 배아의 도덕적 지위", 「대한산부회지」, 51(3), 2008.
오유경, "유전자 전달기술", 「NICE」, 28(2), 2010.
정상조 · 박준석, 「지적재산권법」, 홍문사, 2011.
정성창, 「Knowledge–based economy and patent system」, 특허청 수요아카데미, 2000.

J.D. Watson · F.H.C. Crick, "Molecular Structure of Nucleic Acids", 「Nature」. no. 4356., 1953.

제8장

마라–모나크 로뱅(이선혜역), 「몬산토, 죽음을 생산하는 기업」, 이레, 2009.
매트 리들리(하영미 · 전성수 · 이동희 옮김), 「게놈」, 김영사, 2001.
정혜경, "GMO: 논란을 넘은 성장의 역사, 1994–2000", 「담론 201」, 8(2), 2005.
톰 스탠디지(박중서 옮김), 「식량의 세계사」, 웅진지식하우스, 2009.
한겨레신문사편, 「GMO 논쟁상자를 다시열다」, 한겨레신문사, 2010.
박민선, "초국적 농식품체계와 먹거리의 위기", 「농촌사회」, 19(2), 2009.
이세정, "LMO/GMO의 표시제도에 관한 법적 문제", 「환경법연구」, 33(2), 2011.
이헌석, "유전자 변형식품에 대한 규제", 「아 · 태 공법연구」, 2000.
전영평 · 이곤수, "유전자변형생명체(GMO) 규제의 정치: 규제삼각형과 옹호연합모형의 결합을 통한 EU의 GMO 규제 역동성 분석", 「행정논총」,

46(1), 2008.
조은희, "유전자재조합 기술의 수용과정을 통해 본 과학자의 책임과 역할", 「Biowave」, 7(7), 2005.

Center for Environmental Risk Assessment, 「A Review of the Environmental Safety of the CP4 EPSPS Protein」, ILSI Research Foundation, 2010.
EC, 「Communication from the commission to the European Parliament, the Council, The Economic and Social Committee of the Regions on the freedom for Member States to decide on the cultivation of genetically modified crops」, 2010. 7. 13. COM(2010) 380 final.
FDA Federal Register, "Statement of policy: Foods derived from new plant varieties", 57(104), 1992.
Joint FAO/WHO Expert Consultation on Biotechnology and Food Safety, 1996.
OECD, 「Safety evaluation of foods derived by modern biotechnology: Concepts and Principle」, 1993.

제9장

댄 쿠퍼(승영조 옮김), 「현대물리학과 페르미」, 바다출판사, 2002.
리차드 뮬러(장종훈 옮김), 「대통령을 위한 물리학」, 살림, 2011.
막스 페루츠(민병준 · 장세헌 옮김), 「과학자는 인류의 친구인가 적인가?」, 솔, 2004.
송은영, 「페르미가 들려주는 핵분열, 핵융합 이야기」, 자음과 모음, 2011.
안준호, 「핵무기와 국제정치」, 열린책들, 2011.
정욱식, 「글로벌 아마겟돈」, 책세상, 2010.
카이버드 · 마틴 셔윈(최형섭 옮김), 「아메리칸 프로메테우스」, 사이언스북스, 2010.
한스 요나스(이유택 옮김), 「기술 의학 윤리」, 솔, 2005.
수열, "NPT와 핵 없는 세계-2010년 NPT 평가회의와 향후 과제", 「반전평화 모니터보고서 3호」, 2010.
이상현, "핵비확산 외교와 원자력정책", 「한국과 국제정치」, 27(1), 2011.

이장희, “핵무기비확산조약(NPT) 체제의 분석과 국제법적 평가”, 「고려법학」, 2008.

이종선, “핵비확산체제의 지속가능성: 구조적 한계와 극복방안을 중심으로”, 「비교민주주의 연구」, 7(2), 2011.

조동준, “핵확산의 추세 vs. 비확산의 방책”, 「한국과 국제정치」, 27(1), 2011.

조성복, 「탈냉전기 미국의 외교 · 안보정책과 북한의 핵정책」, 오름, 2011.

한인택, “핵폐기 사례연구: 남아프리카공화국 사례의 함의와 한계”, 「한국과 국제정치」, 27(1), 2011.

IAEA, 「Management of high enriched uranium for peaceful purposes: Status and trends」, 2005.

Leo Szilard · Spencer R. Weart · Gertrud Weiss Szilard, 「Leo Szilard: His Version of the Facts」, MIT Press, 1980.

William Lanouette · Bela A. Silard 「Genius in the Shadows: A Biography of Leo Szilard, the Man Behind the Bomb」, University of Chicago Press, 1994.

Lise Meitner · Otto Frisch, “Disintegration of Uranium by Neutrons; A New Type of Nuclear Reaction”, 「Nature」, 1939.

제10장

게르트 로젠크란츠(박진희 옮김), 「왜 원전을 폐기해야 하는가」, 시금치, 2011.

김명자, 「원자력딜레마」, 사이언스북스, 2011.

댄 쿠퍼(승영조 옮김), 「현대물리학과 페르미」, 바다출판사, 2002.

리차드 뮬러(장종훈 옮김), 「대통령을 위한 물리학」, 살림, 2011.

이상윤, 「원자력 관련법령 체계 개편에 관한 연구」, 한국법제연구원, 2011.

이필렬, 「에너지 대안을 찾아서」, 창작과 비평사, 1999.

장마르크 카브동(정은비 옮김), 「방사능은 정말 위험할까?」, 황금가지, 2006.

성해동, 「기계해석분야 안전현안 및 규제방향」, 제11회 원자력안전기술징보회의 발표자료, 2006.

클로드 알레그르 · 도미니크 드 몽발드(이소영 옮김), 「원자력, 대안은 없다」, 흐름출판, 2011.

한국원자력안전기술원, 「고리1호기 종합 안전점검결과 보고서」, 2012.7.

강구철, "원자력안전규제에 대한 사법통제와 다단계적 행정절차", 「법학논총」, 제8집, 1996.

권용우, "원자력손해배상책임에 관한 연구", 「법학논총」, 31(2), 2007.

권태호, 한국, 고농축우라늄 쓸 특별한 용도 없다, 한겨레신문, 2012.7.25.

김종천, "그린에너지 원자력발전소의 안전성 확보를 위한 공법적 연구", 「홍익법학」, 12(3), 2011.

박방주, 우라늄 농축 처리에만 '외국에 연 6000억씩' 왜, 중앙일보, 2012. 7. 23.

송종순, "일본 후쿠시마 원전사고와 우리나라의 원자력발전", 「Urban Affairs」, 2011.

송채경화 · 이근영, 무자격 원자력안전위, 고리1호기 재가동 허용, 한겨레신문, 2012.7.26.

안경희, "독일원자력책임법에 관한 소고", 「법학논총」, 24(1), 2011.

양이원영, 혹사당한 한국 원전, 수명연장 안 된다, 경향신문, 2012.3.30.

오근배, 「한국의 핵주권」, 신동아, 제567권, 2006.

유웅조, '한 · 미 원자력협정' 개정 협상의 쟁점과 과제, 「이슈와 논점」, 제504호, 2012.

이상현, "핵비확산 외교와 원자력정책", 「한국과 국제정치」, 27(1), 2011.

이재마, "원자력발전의 딜레마", 「전기전자재료」, 24(7). 2011.

정성춘, "동일본 대지진 이후 일본의 에너지 선택: '발전단가검증위원회' 결과 분석 및 시사점", 「오늘의 세계경제」, 12(3), 2012.

정연미, "독일의 원자력정책과 생태적 근대화", 「환경정책」, 19(3), 2011.

진상현, "한국 원자력 정책의 경로의존성에 관한 연구", 「한국정책학회보」, 18(4), 2009.

차성민, "원자력법의 체계에 관한 입법정책적 고찰", 「법과 정책연구」, 9(2), 2009.

하승수, 원자력 '불안전위원회', 주간경향, 제986호, 2012.7.31.

Jeffrey Masters, "The Skeptics vs. the Ozone Hole": http://www.wunderground.com/resources/climate/ozone_skeptics.asp

Mario J. Molina & F. S. Rowland, "Stratospheric sink for chlorofluo romethanes: chlorine atom-catalysed destruction of ozone", 「Nature」, no.249, 28 June 1974

U.K Office for Nuclear Regulation, 「An agency of HSE HM Chief Inspector's Final Fukushima Report」, 2011. 9.

U.S. Department of Energy, 「The History of Nuclear Energy」, DOE/NE-0088.

제11장

김명자, 「원자력딜레마」, 사이언스북스, 2011.

디냐르 고드레지(황성원 옮김), 「기후변화, 지구의 미래에 희망은 있는가?」, 이후, 2010.

레이첼 카슨(김을령 옮김), 「침묵의 봄」, 에코리브르, 2011.

리차드 뮬러(장종훈 옮김), 「대통령을 위한 물리학」, 살림, 2011.

시장경제연구원, 「탄소배출권 거래시장의 인프라 구축방안」, 2007.

엘 고어(김명남 옮김), 「불편한 진실」, 좋은 생각, 2006.

E.F. 슈마허(이상호 옮김), 「작은 것이 아름답다」, 문예출판사, 2001.

이필렬, 「에너지 대안을 찾아서」, 창작과 비평사, 1999.

조홍식 · 이재협 · 허성욱 편저, 「기후변화와 법의 지배」, 박영사, 2010.

폴 마티스(이수지 옮김), 「재생에너지란 무엇인가?」, 황금가지, 2006.

프레드 싱거 · 데니스 에이버리(김민정 옮김), 「지구온난화에 속지마라」, 동아시아, 2009.

김경렬, "두 얼굴의 오존 VI", 「과학과 기술」, 한국과학기술단체총연합회, 2011.

김은지, 산업계가 투자한 20분 원전9기 멈추게 한다, 사사IN, 제256호, 2012.

산하온 환경연구소(김기순 소장), "1987 몬트리올 의정서 체제": http://sanhaon.or.kr/agreement/2/Montreal.htm.

윤정현, 탄소배출권 거래 무상할당…산업계 3년 더 늘려달라, 한국경제신문, 2012. 8. 6.

전정윤, 탄소배출권이 되레 오존층 파괴 촉진?, 한겨레신문, 2012.8.9.

정연미, "독일의 원자력 정책과 생태적 근대화", 「환경정책」, 19(3), 2011.

조병선, "원자력 안전규제 법규의 개정 -미국, 유럽, 일본, 한국의 경험을 근거로 한 비교법적 고찰–", 「환경법연구」, 24(1), 2002.
조홍식, "우리나라 기후변화대책법의 전망", 「환경법연구」, 30(2), 한국환경법학회, 2008.
최은정, "탄소배출권시장과 청정개발체제(CDM)사업의 위험분석", 「KIS Credit Monitor」, 2009.

Qilai Shen, "Profits on Carbon Credits Drive Output of a Harmful Gas", The New York Times, August 8, 2012.
Smith B., "Ethics of Du Pont's CFC Strategy 1975–1995", Journal of Business Ethics, 17(5), 1998, p. 558.

제12장

김정태 · 홍성욱, 「적정기술이란 무엇인가」, 살림출판사, 2011.
김정태 외, 「인간중심의 기술 적정기술과의 만남」, 에이지, 2012.
김찬중 편, 「36.5도의 과학기술 적정기술」, 허원미디어, 2011.
막스 페루츠(민병준 · 장세헌 옮김), 「과학자는 인류의 친구인가 적인가」, 솔, 2004.
E.F. 슈마허(이상호 옮김), 「작은 것이 아름답다」, 문예출판사, 2001.
칼 폴리니(홍기빈 옮김), 「거대한 전환」, 길, 2009.

Roberts, Mark W. "The Montreal Protocol Must Act to Prevent Global Climate Change While Restoring the Ozone Layer." Sustainable Development Law & Policy, Spring 2009.

▪ 주요 참고법령: 국내

특허법 [법률 제11117호, 2011.12.2, 일부개정]

저작권법 [법률 제11110호, 2011.12.2, 일부개정]

과학기술기본법 [법률 제10878호, 2011.7.21, 일부개정]

정보통신망 이용촉진 및 정보보호 등에 관한 법률 [시행 2012.8.18] [법률 제11322호, 2012.2.17, 일부개정]

위치정보의 보호 및 이용 등에 관한 법률 [법률 제11423호, 2012.5.14, 일부개정]

생명공학육성법 [법률 제10872호, 2011.7.21, 일부개정]

뇌연구 촉진법 [시행 2011.10.22] [법률 제10870호, 2011.7.21, 일부개정]

생명윤리 및 안전에 관한 법률 [법률 제10605호, 2011.4.28, 일부개정]

유전자변형생물체의 국가간 이동 등에 관한 법률[법률 제9932호, 2010.1.18, 타법개정]

유전자재조합식품 등의 표시기준 [식품의약품안전청고시 제2009-83호, 2009.8.24, 일부개정]

원자력진흥법 [법률 제10909호, 2011.7.25, 전부개정]

원자력안전법 [법률 제10911호, 2011.7.25, 제정]

원자력안전위원회의 설치 및 운영에 관한 법률 [시행 2011.10.26] [법률 제10912호, 2011.7.25, 제정]

원자력손해배상법 [법률 제10912호, 2011.7.25, 타법개정]

저탄소 녹색성장 기본법 [법률 제10599호, 2011.4.14, 타법개정]

온실가스 배출권의 할당 및 거래에 관한 법률 [법률 제11419호,

2012.5.14, 제정]

대기환경보전법 [시행 2013.5.24] [법률 제11445호, 2012.5.23, 일부개정]

에너지이용합리화법 [시행 2011.10.26] [법률 제10954호, 2011.7.25, 일부개정]

신에너지 및 재생에너지 개발 · 이용 · 보급 촉진법 [시행 2012.1.1] [법률 제10445호, 2011.3.9, 타법개정]

핵융합에너지 개발진흥법 [시행 2011.10.26] [법률 제10911호, 2011.7.25, 타법개정]

저자 약력

■ 윤권순
- 서울대학교 화학과 및 동대학원 졸업(이학석사)
- 런던대학교 QMW 법학부 졸업(지식재산권 석사)
- 충북대학교 법학과 졸업(법학박사)

- 현, 한국지식재산연구원 연구위원
- 이메일: ks6180@naver.com

주요논문 및 저서

- "Plant Variety Protection in the Republic of Korea", 「Agricultural Biotechnology and Intellectual Property -Seeds of Change-」, CABI International, 2007.
- 「화학정보, 어떻게 찾을 것인가?」, 전파과학사, 1991.

과학기술과 법의 대화

2012년 10월 5일 초판 인쇄
2012년 10월 10일 초판 1쇄 발행

저 자 윤 권 순
발행인 배 효 선
발행처 도서출판 法 文 社

413-756 경기도 파주시 문발동 526-3
등 록 1957. 12. 12 / 제2-76호 (윤)
TEL 031) 955-6500~6 FAX 031) 955-6525
e-mail (영업): bms@bobmunsa.co.kr
(편집): edit66@bobmunsa.co.kr
홈페이지 http://www.bobmunsa.co.kr
조 판 법 문 사 전 산 실

저자와의 협의하에 인지생략

정가 20,000원 ISBN 978-89-18-08023-9

이 책은 한국출판문화산업진흥원의 '2012년 우수저작 및 출판지원사업' 당선작입니다.